Martin Kähmer

ExPDT

VIEWEG+TEUBNER RESEARCH

Martin Kähmer

ExPDT

Vergleichbarkeit von Richtlinien für Selbstregulierung und Selbstdatenschutz

VIEWEG+TEUBNER RESEARCH

Bibliografische Information der Deutschen Nationalbibliothek
Die Deutsche Nationalbibliothek verzeichnet diese Publikation in der
Deutschen Nationalbibliografie; detaillierte bibliografische Daten sind im Internet über
<http://dnb.d-nb.de> abrufbar.

Dissertation an der Technischen Fakultät der Albert-Ludwigs-Universität Freiburg, 2009

1. Auflage 2010

Alle Rechte vorbehalten
© Vieweg+Teubner | GWV Fachverlage GmbH, Wiesbaden 2010

Lektorat: Dorothee Koch | Anita Wilke

Vieweg+Teubner ist Teil der Fachverlagsgruppe Springer Science+Business Media.
www.viewegteubner.de

Das Werk einschließlich aller seiner Teile ist urheberrechtlich geschützt. Jede Verwertung außerhalb der engen Grenzen des Urheberrechtsgesetzes ist ohne Zustimmung des Verlags unzulässig und strafbar. Das gilt insbesondere für Vervielfältigungen, Übersetzungen, Mikroverfilmungen und die Einspeicherung und Verarbeitung in elektronischen Systemen.

Die Wiedergabe von Gebrauchsnamen, Handelsnamen, Warenbezeichnungen usw. in diesem Werk berechtigt auch ohne besondere Kennzeichnung nicht zu der Annahme, dass solche Namen im Sinne der Warenzeichen- und Markenschutz-Gesetzgebung als frei zu betrachten wären und daher von jedermann benutzt werden dürften.

Umschlaggestaltung: KünkelLopka Medienentwicklung, Heidelberg
Gedruckt auf säurefreiem und chlorfrei gebleichtem Papier.
Printed in Germany

ISBN 978-3-8348-1000-7

Für die nie endende Unterstützung danke ich meinen Eltern und Euch, Heidi und Sebastian

Zusammenfassung

Dem Angebot personalisierter Dienste stehen die Probleme des Kundendatenschutzes gegenüber. Personalisierte Dienste erfordern einerseits eine umfassende Datensammlung. Andererseits müssen die Kundendaten auch vor unautorisiertem Zugriff und unerwünschter Verwendung geschützt werden. Nur so kann gewährleistet werden, dass das Angebot personalisierter Dienste nicht an den Anforderungen des Datenschutzes scheitert.

Die bisherigen Herangehensweisen an den Datenschutz bestanden einerseits in der Selbstregulierung durch die Dienstanbieter mittels einseitig vorgegebener Datenschutzrichtlinien, andererseits im Selbstdatenschutz der Kunden mittels Datensparsamkeit. Allerdings sind Kunden oft bereit, für besser auf sie zugeschnittene Dienste mehr Daten herauszugeben, falls deren Schutz gewährleistet wird. Doch ist diese Bereitschaft individuell und abhängig vom jeweiligen Dienst und der aktuellen Situation. Ansatz ist hier die Zusammenführung von Selbstregulierung und Selbstdatenschutz durch die Vereinbarung individueller Datenschutzrichtlinien zwischen Anbieter und Kunden.

Diese Arbeit präsentiert mit den Extended Privacy Definition Tools (ExPDT) eine formale Richtliniensprache. Basierend auf dem NAPS-Rahmenwerk ermöglicht sie die Spezifikation ausdrucksstarker Datenschutzrichtlinien. Zur Unterstützung der Vereinbarung individueller Richtlinien zwischen Anbieter und Kunden wird der Differenzoperator definiert. Mit ihm lassen sich Datenschutzrichtlinien automatisiert vergleichen und Konflikte zwischen ihnen identifizieren. Die Funktionsweise der ExPDT-Sprache sowie der prototypisch entwickelten Werkzeuge zur Richtlinienauswertung und -anzeige wird anhand des konkreten Anwendungsbeispiels eines Einkaufszentrums demonstriert.

Inhaltsverzeichnis

1 Privatsphäre als gesellschaftliche Forderung   **1**
    1.1 Personalisierung auf Kosten der Privatsphäre? 1
        1.1.1 Personalisiertes Einkaufen 2
        1.1.2 Risiko des Privatsphärenverlustes 4
    1.2 Schutz der Privatsphäre 5
        1.2.1 Bereiche der Privatsphäre 6
        1.2.2 Bedeutung des Datenschutzes 6
        1.2.3 Rechtliche Definitionen von Datenschutz 7
    1.3 Selbstregulierung und Selbstdatenschutz 10
    1.4 Beitrag der Arbeit 12
    1.5 Aufbau der Arbeit 13

2 Datenschutz in der Informatik   **15**
    2.1 Bedrohungsanalyse im Systemmodell 15
    2.2 Technologien für den Datenschutz 17
        2.2.1 Anonymisierung 17
        2.2.2 Benutzerseitige Datenverarbeitung 17
        2.2.3 Identitätsmanagement 18
        2.2.4 Nutzungskontrolle 18
    2.3 Rahmenwerk für Selbstregulierung und Selbstdatenschutz 19
    2.4 Sprachanforderungen für Datenschutzrichtlinien 22
        2.4.1 Ausdrucksstärke 23
        2.4.2 Richtlinienoperatoren 26

3 Gegenwärtige Richtliniensprachen   **27**
    3.1 Richtlinien für den Selbstdatenschutz 27
        3.1.1 Vertrauenssiegel 27
        3.1.2 Platform for Privacy Preferences (P3P) 29
        3.1.3 Customer Profile Exchange (CPExchange) 37
    3.2 Richtlinien für die Selbstregulierung 38

	3.2.1 Enterprise Privacy Authorisation Language (EPAL)	38
	3.2.2 Obligation Specification Language (OSL)	46
	3.2.3 eXtensible Access Control Markup Language (XACML)	48
3.3	Zusammenfassung	52

4 Richtliniensprache der Extended Privacy Definition Tools (ExPDT)   55
- 4.1 Richtlinienkombination im NAPS-Rahmenwerk 56
- 4.2 Ebenen von ExPDT 61
- 4.3 Syntax von ExPDT-Richtlinien 63
  - 4.3.1 Richtlinien und Regeln 63
  - 4.3.2 Wächter 66
  - 4.3.3 Bedingungen 67
  - 4.3.4 Obligationen 68
  - 4.3.5 Regelentscheidung und Richtlinienanfrage 69
- 4.4 Semantik einer ExPDT-Richtlinie 70
  - 4.4.1 Entscheidung einer Regel 70
  - 4.4.2 Entscheidung einer Richtlinie 71
- 4.5 Vergleich von Richtlinien 73
  - 4.5.1 Äquivalenz und Verfeinerung 74
  - 4.5.2 Differenz zweier Richtlinien 75
- 4.6 Konstruktion der Differenz 77
  - 4.6.1 Normalisierung 77
  - 4.6.2 Differenz über regelweisen Vergleich 87
  - 4.6.3 Wächterhülle 89
  - 4.6.4 Erfüllbarkeitsrelation für Bedingungen 90
  - 4.6.5 Normalisierung mit Domänenwissen 92
  - 4.6.6 Regelweiser Vergleich mit Domänenwissen 94

5 Implementierung der ExPDT-Werkzeuge   95
- 5.1 Werkzeugkette von ExPDT 95
- 5.2 Auswertungseinheit 98
- 5.3 Richtlinieneditor 100

6 Evaluation von ExPDT   103
- 6.1 Datenschutz mit ExPDT im Einkaufszentrum 103
- 6.2 Definition von Domänenwissen 105
- 6.3 Spezifikation und Auswertung von Richtlinien 108
  - 6.3.1 Fallbeispiele für ExPDT-Richtlinien 109
  - 6.3.2 Auswertung von Richtlinienanfragen 111

6.4	Vergleich von Richtlinien	114
	6.4.1 Differenzvergleich mit restriktiveren Richtlinie	115
	6.4.2 Differenzvergleich mit freizügigeren Richtlinie	117
6.5	Ergebnis	119

7 Zusammenfassung und Perspektiven   **123**

Anhang   **129**

A.1	Wahrheitstabellen für die Łukasiewicz-Logik L_3	129
A.2	Von XML zu OWL DL	130
A.3	ExPDT-Spezifikation in OWL DL	134

Literaturverzeichnis   **145**

Abbildungsverzeichnis

1.1	Personalisierte Dienste im Szenario Einkaufszentrum	3
2.1	Systemmodell für den Datenschutz	16
2.2	Rahmenwerk zur Datenschutzautomatisierung	20
2.3	Kundenpräferenzen im Rahmenwerk	22
2.4	Elemente einer Datenschutzregel	23
2.5	Zugriffskontrollmonitor nach Lampson	24
2.6	Zeitliche Einordnung von Bedingungen und Obligationen	25
3.1	Vergabe und Verwendung von Vertrauenssiegeln	28
3.2	Interaktionen im P3P-Rahmenwerk	30
3.3	Vererbung einer Autorisierung bei EPAL	43
3.4	Vererbung eines Verbots bei EPAL	43
3.5	Sticky Policy-Paradigma	45
3.6	Modell für die Umsetzung von XACML	49
4.1	NAPS-Operatoren zur Richtlinienkombination	56
4.2	Logische Ebenen der ExPDT-Sprache	61
4.3	OWL DL-Klassendiagramm der ExPDT-Sprache	64
4.4	Benutzerhierarchie für Szenario Einkaufszentrum	66
4.5	Beispiel für ein Obligationenmodell	69
4.6	Anwendungsbereich einer Regel mit Anfrageelementen	72
4.7	Auswertungsdurchlauf einer Richtlinie	74
4.8	Normalisierung durch Segmentierung	78
4.9	Regelweiser Vergleich zweier normalisierter Richtlinien	87
4.10	Konstruktion der Wächterhülle	90
4.11	Beschneidung des Rekursionsbaums zur Konstruktion von $\mathcal{R}_D^{\text{norm}}$	92
4.12	Anwendungsbereiche der Beispielwächter	93
5.1	Werkzeugkette von ExPDT	96
5.2	Abhängigkeiten der Ein- und Ausgabedateien	99

5.3	ExPDT-Richtlinie für die Gesundheitsberatung im ExPDT-Editor	100
5.4	Richtlinienoperationen im ExPDT-Editor	101
6.1	Szenario des Einkaufszentrums	104
6.2	Domänenansicht im ExPDT-Editor	107
6.3	Erstellung und Auswertung von Anfragen im ExPDT-Editor	114
6.4	Richtlinienvergleiche im Szenario	115
6.5	Kundenrichtlinie in normierter Form	116
6.6	Richtlinie des Beratungsdienstes in normierter Form	118
6.7	Differenz der Richtlinien von Beratungsdienst und Kunden	118
7.1	Geschäftsprozess- mit Compliance-Management	125
7.2	Workflow mit zwei alternativen Kontrollprozessen	127

Tabellenverzeichnis

3.1	Bewertung von Vertrauenssiegeln	29
3.2	Bewertung der Platform for Privacy Preferences (P3P)	35
3.3	Bewertung des Customer Profile Exchange (CPExchange)	37
3.4	Bewertung der Enterprise Privacy Authorisation Language (EPAL)	46
3.5	Bewertung der Obligation Specification Language (OSL)	48
3.6	Bewertung der eXtensible Access Control Markup Language (XACML)	52
3.7	Bewertungsüberblick gegenwärtiger Richtliniensprachen	53
4.1	NAPS Komposition	59
4.2	NAPS Konjunktion	60
4.3	Modalitäten in ExPDT	71
4.4	Normalisierte Richtlinie	85
4.5	Differenz zweier Richtlinien	87
4.6	Erfüllbarkeitstests	94
6.1	ExPDT im Vergleich zu gegenwärtigen Richtliniensprachen	119
A.1	Wahrheitstabellen für die Łukasiewicz-Logik L_3	129
A.2	Für ExPDT wichtige Operatorkombinationen	129

Algorithmenverzeichnis

4.1 Auswertung einer ExPDT-Richtlinie 73
4.2 Normalisierung einer Richtlinie – finale Regeln 81
4.3 Normalisierung einer Richtlinie – anwendbare Regeln 82
4.4 Normalisierung einer Richtlinie – Standardregeln 83
4.5 Differenz zweier normalisierter Richtlinien 88

Quelltextverzeichnis

3.1 Beispiel einer P3P-Richtlinie 32
3.2 Beispiel einer XPref-Benutzerpräferenz 34
3.3 Beispiel einer EPAL-Richtlinie 40
3.4 Beispiel einer EPAL-Anfrage 41
3.5 Beispiel einer OSL-Richtlinie 47
3.6 Beispiel einer XACML-Richtlinie 51
4.1 ExPDT-Richtlinie für den Allergieberatungsdienst in OWL DL 65
4.2 Komposition und Konjunktion in ExPDT 70
6.1 Spezifikation einer Benutzerhierarchie 106
6.2 Spezifikation einer Bedingungsrelation 108
6.3 Bedingungsformel in OWL DL-Repräsentation 108
6.4 Klassendefinition von Elementarobligationen 109
6.5 Obligationsmenge als Instanz mehrerer Elementarobligationen 109
6.6 ExPDT-Richtlinie für den Kassierdienst 110
6.7 Komposition zweier Richtlinien 110
6.8 ExPDT-Kompositionsoperator für zwei Richtlinien 111
6.9 ExPDT-Richtlinie für Kunden 112
6.10 Auswertungsanfrage für eine Richtlinie 113
6.11 Beispiel für eine Variablenbelegung 113

1 Privatsphäre als gesellschaftliche Forderung

1.1 Personalisierung auf Kosten der Privatsphäre?

Fast zwanzig Jahre nach Mark Weisers inspirierendem Artikel über Ubiquitous Computing [Weis91] wird seine Vision des allgegenwärtigen Rechnens technisch umsetzbar. Objekte des alltäglichen Lebens werden zunehmend miteinander vernetzt, die Kommunikation bezieht mobile Geräte jeglicher Größe und Leistung ein [GüSK03]. So entstehen hochdynamische Systeme mit neuen Herausforderungen an die Informationsverarbeitung [MAHK07]: Kontinuierlich werden neue Geräte mit ihren Diensten in das System aufgenommen, andere Geräte verlassen es wieder; Reaktionen auf solche Veränderungen müssen im System möglichst autonom ablaufen [KrKF04, KrKä04, KrKS05, MüAK05]. Zu berücksichtigen sind dabei die sich über die Zeit ändernden und möglicherweise sogar miteinander im Konflikt stehenden Geräteanforderungen und Benutzerpräferenzen, die einer dynamischen Aushandlung der Anforderung bedürfen. Ständig steigt die Flut gesammelter Daten, die auf verschiedenste Weise weiter verarbeitet und genutzt werden.

Mit der Lösung dieser technischen Herausforderungen gehen hohe Erwartungen an das ökonomische Potential solcher Systeme einher [SaSA06]. Eine erste Realisierung ist die Einführung von Radio Frequency Identification (RFID) bei bedeutenden Einzelhandelsgruppen. Während dabei zunächst nur die Einsparung durch Prozessautomatisierung im Vordergrund steht, geht im Einzelhandel die mögliche Verwendung solcher Technologien weit über die Optimierung der Lieferketten hinaus. Es können nicht nur Kosten gesenkt werden, sondern durch verbesserte Dienstleistungen kann auch mehr Umsatz erzielt werden. Eine Umsatzsteigerung kann erreicht werden, indem man neben der Auszeichnung von Artikeln mit RFID und Einsatz anderer Funk- und Sensortechnologien die Kunden mit mobilen Kommunikationsmitteln ausstattet und ihnen personalisierte Angebote und Dienste zur Verfügung stellt, wie dies etwa bereits im E-Commerce mit Recommender-Systemen geschieht [MuSa03].

1.1.1 Personalisiertes Einkaufen

Heutzutage werden in Geschäften des Einzelhandels Kunden[1] mit tausenden Produkten konfrontiert. Häufig müssen sie eine große Fläche absuchen, bis sie die gewünschten Artikel gefunden haben. Zur Lösung dieses Problems stehen dynamische IT-Systeme zur Verfügung, die den Aufbau direkter, elektronischer Eins-zu-eins-Kommunikationskanäle zu den Kunden ermöglichen, um sie beispielsweise einem Navigationssystem gleich durch die Angebotspalette leiten, und gleichzeitig eine vergleichsweise billige und effektive Sammlung Kontextdaten erlauben.

In Geschäften wie dem Extra-Future-Store der METRO Gruppe werden kleine Computer mit Touch-Screen als Personal Shopping-Assistenten (PSA) an die Einkaufwagen angebracht und über die persönlichen Kundenkarten konfiguriert [LiWo06]. Aktuell sind diese Geräte mit Barcode-Lesern ausgestattet und können über WLAN mit dem Informationssystem des Händlers kommunizieren. Zukünftige Formen der Interaktion mit den Kunden könnten die Benutzung privater Mobiltelefone einschließen, um mit RFID ausgezeichnete Produkte zu identifizieren und Informationen vom Händlersystem zu erfragen [StSa04]. Des Weiteren könnten Sensoren, die in die Kleidung des Kunden eingearbeitet sind, Bestandteil der Interaktion werden. Eine solche technische Infrastruktur ermöglicht es, den Kontext des Kunden zu erfassen und mit in die Personalisierung der angebotenen Dienste einzubeziehen.

In Abbildung 1.1 ist ein solches Geschäft mit seinen Diensten skizziert. Betreten ihn nun mit entsprechenden PSAs ausgestattete Kunden, müssen sie, um ein bestimmtes Produkt zu finden, nur dessen Namen bzw. Beschreibung eingeben und bekommen gleich den Weg durch die Regalketten dorthin beschrieben. Um zusätzliche Informationen abzurufen, wie beispielsweise eine Liste möglicher Rezepte mit diesem Produkt als Zutat, scannen die Kunden nur dessen RFID-Tag. Ebenso können besondere Angebote entsprechend ihrer aktuellen Position im Ladengeschäft präsentiert werden. Auch können PSAs dafür verwendet werden, die laufenden Gesamtkosten der Artikel in den Warenkörben anzuzeigen und den Kunden so eine bessere Kontrolle über ihre Ausgaben zu gewähren. Schließlich müssen Kunden aufgrund automatisierter Kassierdienste nicht mehr in langen Schlangen anstehen und dann nach Kleingeld oder Karten suchen [LiWo06].

Solche Basisdienste können bereits auf Grundlage einfacher Kontextdaten angeboten werden. Deren Kombination mit Kundenprofilen erlaubt dem Händler jedoch, das Einkaufserlebnis der Kunden durch auf sie jeweils zugeschnittene Zusatzdienste weiter zu bereichern und durch Lock-in-Situationen eine möglichst enge Kundenbin-

---
[1] In dieser Arbeit verwendete Berufs- oder Funktionsbezeichnungen wie etwa Kunden, Händler oder Dienstanbieter gelten gleichermaßen für das weibliche wie für das männliche Geschlecht.

1.1. Personalisierung auf Kosten der Privatsphäre?

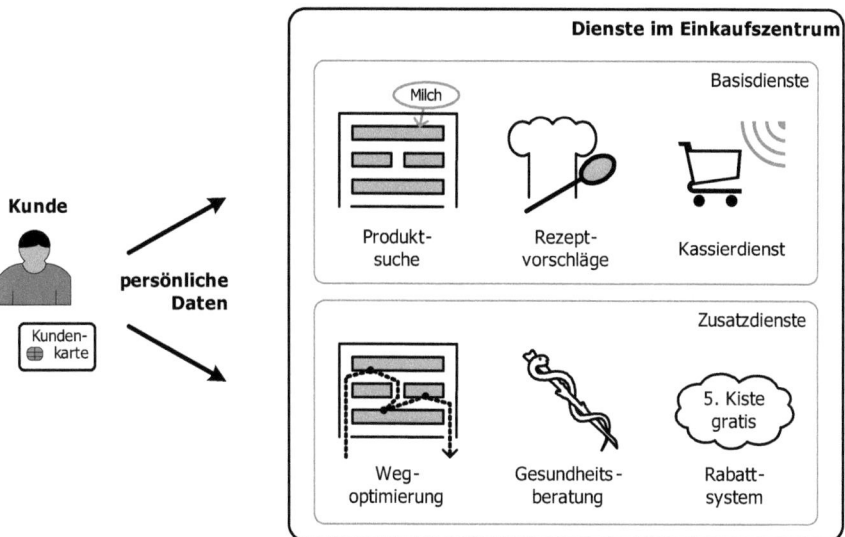

Abbildung 1.1: Für ein verbessertes Einkaufserlebnis und möglichst enge Kundenbindung werden die im Szenario angebotenen Dienste personalisiert und auf die jeweiligen Bedürfnisse der Kunden hin zugeschnitten.

dung zu erreichen [CDAL99, TaHo03, Choi06], um schließlich einen größeren Absatz von Produkten zu realisieren [SrBh05]. Für diese Personalisierung bedarf es allerdings umfangreicher persönlicher Daten wie etwa Name, Alter, Kaufhistorie oder Mitgliedschaft im Kundenprogramm.

Nach der Identifizierung der Kunden, beispielsweise durch ihre Kundenkarten, können ihre Einkaufszettel, die zuvor elektronisch auf den Kundenkarten selbst oder im Internet hinterlegt und dann verwendet werden, um eilige Kunden zielgerichtet durch den Geschäftsraum zu leiten. Ein solches System ermöglicht es Kunden nicht nur, in der Fülle der Waren die gewünschten Produkte zu finden, sondern darüber hinaus auf Angebote zu treffen, die genau auf ihre individuellen Bedürfnisse zugeschnitten sind. Den Kunden können besondere Angebote auf Bildschirmen angezeigt werden, nicht nur entsprechend der Position im Geschäftsraum, sondern auch entsprechend der Artikel auf den Einkaufslisten oder passend zu den Artikeln, die sich bereits in den Warenkörben befinden. Diese Angebote können dabei an den persönlichen Bedürfnissen der Kunden wie etwa nach fettfreier Nahrung oder Biokost ausgerichtet werden. In gleicher Weise können Allergiker von einer Gesundheitsberatung vor bestimmten Inhaltsstoffen in den ausgewählten Produkten gewarnt werden. Schließlich liefert die Historie zurückliegender Einkäufe die Basis für besondere Rabattprogramme, die vom Händler selbst oder von externen Dienstleistern wie beispielsweise dem Unternehmen Loyalty Partner angeboten werden können [Laue04, Loya08].

1.1.2 Risiko des Privatsphärenverlustes

Mit der fortschreitenden Technologieentwicklung werden die zur Datensammlung genutzten Geräte kleiner, nahezu unsichtbar für die Kunden. Zugleich werden die gesammelten Daten qualitativ hochwertiger. Nicht nur liefern einzelne Dienste mehr und Sensoren genauere Daten, sondern die für die Personalisierung erzielten Erkenntnisse decken durch Zusammenschluss, Verkettung und Interpretation der Daten ein breites Spektrum ab.

Dies trifft in dem hier betrachteten Szenario des Einzelhandels auf besonders große Skepsis bei Kunden, denn die Datensammlung dringt immer tiefer bis in die innersten privaten Lebensbereiche vor. Anders als im E-Commerce wird das reale Leben unmittelbar betroffen, die Konsequenzen aus der Personalisierung von den Kunden noch direkter wahrgenommen. Angewiesen auf die angebotenen Waren und Dienste der Einzelhändler, können sich Kunden der Datensammlung nicht mehr entziehen. Ihr ausgeliefert können Kunden Besorgungen nicht mehr anonym erledigen und müssen befürchten, gleichsam gläsern zu werden und so eine Analyse ihrer persönlichen Bedürfnisse und innersten Wünsche zuzulassen.

Obwohl das ökonomische Potential der Personalisierung im Einzelhandel sowohl für die Händler als auch die Kunden vielversprechend und gewinnbringend zu sein scheint, haben die Einzelhandelsgruppen als Reaktion ihr Engagement und ihre Aktivitäten in diesem Bereich reduziert. Während Wal-Mart die RFID-Auszeichnung von Artikeln mit einer Videoüberwachung kombinierte, versuchte die METRO Gruppe in die Kundenkarte einen RFID-Tag einzubetten. Nach scharfer Kritik, dass aufgrund der Verkettung von Informationen Kunden ihre Privatsphäre aufgeben müssten, stoppte Wal-Mart seine RFID-basierte Überwachung [KöWF06], und die METRO entschied sich gegen eine weitere Verwendung von RFID in ihren Kundenkarten. Des Weiteren werden nun auch die Auswirkungen dieser Technologien auf die Privatsphäre außerhalb der Geschäfte untersucht. So laufen etwa Bestrebungen, die RFID-Auszeichnung auf Artikelebene nur dann einzuführen, wenn eine Personenverfolgung und ein Eindringen in die Privatsphäre außerhalb der Geschäftsräume beispielsweise durch Zerstörung der Tags unterbunden werden kann [SWKG07].

Geprägt von Prognosen wie „the death of privacy" [Froo00] und „will privacy remain a luxury good?" [BöKo07] sowie der Aufdeckung versteckter Überwachungstechniken [FoeB03] weisen Benutzer bei ihrer Interaktion mit solchen Umgebungen eine negative Grundeinstellung auf. Eine Analyse der entscheidenden Bedenken zeigt, dass der Verlust der Kontrolle über die persönlichen Daten die Kunden am meisten beunruhigt. Nach einer Umfrage unter mehr als 1.000 U.S.-Kunden befürchteten mehr als zwei Drittel von ihnen, dass der Einsatz von RFID zusammen mit den nachgelagerten Technologien zu einer Weitergabe ihrer persönlichen Daten an dritte Parteien führen würde [CaNa04].

Entscheidend für den gewinnbringenden Einsatz von personalisierten Diensten ist für die Händler nicht allein die ausgedehnte Sammlung und Verwendung persönlicher Daten. Gleichzeitig müssen sie die Privatsphäre der Kunden achten und schützen [TeKo04]. Denn wenn Kunden die Verarbeitung ihrer Daten aufgrund ihrer Besorgnis generell ablehnten, wäre eine Personalisierung der angebotenen Dienste nicht mehr möglich.

1.2 Schutz der Privatsphäre

Das Verständnis von Privatsphäre hat sich über die Zeit und mit der betrachteten Umgebung verändert und weiterentwickelt [Solo06]. Mit dem *Justice of Peace Act* wurde in England bereits 1391 ein Gesetz zur Ahndung von Übergriffen auf Einzelne niedergeschrieben [Moir69]. 1890 vertraten Warren und Brandeis die These, dass nicht erst die physische Beeinträchtigung, wie Eingriffe in das Eigentum, körperlicher Zwang oder Entzug der Freiheit, rechtlich von Bedeutung ist, sondern bereits das Sammeln von persönlichen Informationen. Sie entwickelten das Recht auf Privatsphäre, das *Right to Privacy*: Das Recht sichert jedem Individuum das Recht zu, grundsätzlich selbst zu bestimmen, in welchem Ausmaß seine Gedanken, Gefühle und Empfindungen anderen mitgeteilt werden [WaBr90].

Für Warren und Brandeis stellte insbesondere die technische Weiterentwicklung, wie beispielsweise zu ihrer Zeit die Fotografie, eine Gefahr für die Privatsphäre dar. Mit ihrem Aufsatz reagieren sie auf indiskrete Veröffentlichungen von Fotos in der damals aufkommenden Boulevardpresse. Sie sahen hier allerdings den Gefahrenbereich noch auf den heimlichen Beobachter beschränkt, der ohne Einwilligung der fotografierten Person etwas zur Kenntnis nimmt, das für ihn nicht bestimmt ist, und diese intimen Kenntnisse der Öffentlichkeit oder an anderer Stelle offenbart und durch falsche Darstellung oder auch nur durch Weglassen wichtiger Details das Persönlichkeitsbild der betroffenen Person beeinträchtigt.

Die Beachtung der Privatsphäre ist mittlerweile in viele internationale Abkommen und nationale Gesetze eingeflossen. Hervorzuheben ist der Beschluss der Vereinten Nationen von 1948, in dem der Schutz der Privatsphäre des Individuums, hier gleichlautend mit Familie, Heim, Korrespondenz und mit der Ehre bzw. Reputation, zum Menschrecht erhoben wird [Unit48].

1.2.1 Bereiche der Privatsphäre

Für den Schutz der Privatsphäre eines Individuums gilt es, eine Vielzahl an unterschiedlichen Aspekten zu berücksichtigen. In der *Studie Privacy and Human Rights* [EPIC06] werden diese Aspekte betrachtet und in die folgenden vier Bereiche gegliedert:

1. **Ortsbezogene Privatsphäre:** Dieser Bereich schützt die Privatsphäre des Einzelnen innerhalb spezieller räumlicher Umgebungen wie der Wohnung und des Arbeitsplatzes, aber auch in der Öffentlichkeit. Eingriffen wie Videoaufnahmen oder Hausdurchsuchungen werden enge Grenzen gesetzt.

2. **Privatsphäre des Körpers:** Dies umfasst die Wahrung körperlicher Unversehrtheit, der Intimsphäre und der Schutz vor unerwünschten Eingriffen wie Blutproben oder Genanalysen.

3. **Privatsphäre der Kommunikation:** Dieser Bereich bezieht sich auf die Sicherheit der Kommunikationsmittel, d.h. unbeobachtete und private Kommunikation muss mit den gewählten Mitteln, beispielsweise per Post, Telefon oder E-Mail, möglich sein.

4. **Informations-Privatsphäre:** Dieser Aspekt betrifft den Schutz personenbezogener Daten vor unfreiwilliger Erhebung und missbräuchlicher Verwendung. Seine Regelung wird unter dem Begriff des **Datenschutzes** zusammengefasst.

1.2.2 Bedeutung des Datenschutzes

Wie bereits in Kapitel 1.1.2 dargelegt, erlangt der Datenschutz in der Informationsgesellschaft eine besondere Bedeutung, da sich in ihr nicht nur die Nutzungsräume globalisieren, sondern auch die Risiken für den Einzelnen [Gars03]. Während früher Beobachter zur richtigen Zeit durch das richtige Schlüsselloch spähen mussten, ermöglicht die rasante Entwicklung der Telekommunikation, Daten über jeden Beteiligten zu erheben und damit in seine Informations-Privatsphäre einzudringen. Die Schranken auf Ort, Zeit und erfassbare Daten sind spätestens im Internet gefallen. Ohne nennenswerten Zeitverlust können nahezu beliebig große Datenmengen an jeden beliebigen Ort der Welt transportiert werden, um dort gespeichert, aufbereitet und analysiert zu werden.

Dies ermöglicht eine Verkettung der Daten von einem vorher unbekannten Ausmaß [Swee02]. War früher der Aufwand, die gesammelten Daten mit Stift und Papier auszuwerten, enorm, führen heute Suchmaschinen im Internet die Leistungsfähigkeit aktueller Systeme vor Augen. Mit Data-Mining-Verfahren wird in kommerzi-

1.2. Schutz der Privatsphäre

ellem Umfeld versucht, diese Praktiken für die jeweiligen Fragestellungen des eigenen Geschäftsbereichs auszunutzen.

Sind die Daten erst einmal vorhanden, können sie ohne Weiteres sekundärer Verwendung zugeführt werden. Diese Zweckentfremdung stellt einen erheblichen Reiz dar. Jeder Aufruf einer Web-Seite hinterlässt im Internet eine Menge an Informationen, die auch zu einem späteren Zeitpunkt noch zur Zusammenführung, Auswertung und Analyse zur Verfügung steht. Mit diesen Informationen lassen sich Profile erstellen, die für vielfältige, weitere und oft unerwünschte Zwecke wie etwa Werbung oder Bestimmung der Kreditwürdigkeit genutzt werden können. Von den Auswirkungen solcher Analysen des persönlichen Verhaltens ist jeder betroffen.

1.2.3 Rechtliche Definitionen von Datenschutz

Im Folgenden werden die Datenschutzgesetzte beleuchtet. Neben den nicht bindenden internationalen Leitfäden gilt für den US-amerikanischen Raum, dass über erhobene persönliche Daten frei verfügt werden kann, sofern ihre Verarbeitung nicht durch ein branchenspezifisches Gesetz reguliert wird. Dies widerspricht Westin, der noch unter dem allgemeineren Begriff Privatsphäre fordert: *„Privacy is the claim of individuals, groups, or institutions to determine for themselves when, how, and to what extend information about them is communicated to others"* [West67]. Dass der Einzelne selbst über den Zeitpunkt, Art und Umfang der Erhebung und Verwendung seiner persönlichen Daten bestimmen kann, wird in der Bundesrepublik Deutschland als Recht auf informationelle Selbstbestimmung bezeichnet und ist als Ausdruck des allgemeinen Persönlichkeitsrechts gemäß Art. 2 Abs. 1 i.V.m. Art. 1 Abs. 1 GG im Grundgesetz verankert.

Leitfäden für den Datenschutz

Auf internationaler Ebene und insbesondere in den USA ist der Datenschutz durch das *Right to be left alone* von Warren und Brandeis geprägt. Letztere fordern für jeden Einzelnen das Recht, sich zurückziehen zu dürfen und keine Daten über sich zu veröffentlichen. Im US-amerikanischen Raum ist dieser Schutz persönlicher Daten nur für bestimmte Anwendungsbereiche gesetzlich geregelt [Hend02, Lang05]. Unter dem Begriff der Fair Information Practices definiert das United States Department for Health, Education and Welfare die Mindestprinzipien für den Schutz von Patientendaten, deren Einhaltung allerdings nicht rechtlich vorgeschrieben ist [Smit93]. Bindend für behördliche Dienstleistungen ist allerdings der US Privacy Act [Unit74].

Durch Diskussion über den Privacy Act in den USA wurden die Grundprinzipien entwickelt, die heute den Datenschutzstandard im wirtschaftlichen Bereich weltweit prägen. Diese Mindestprinzipien wurden von der Organization for Economic Cooperation and Development (OECD) aufgegriffen und als internationale Richtlinie standardisiert [OECD80]. Zu diesen Prinzipien gehören:

- **Limitierung der Daten (Collection Limitation Principle):** Der Umfang des erstellten Profils sollte zu dessen Verwendungszweck angemessen sein, die Datenerhebung mit legalen Mitteln und dem Wissen bzw. Einverständnis des betroffenen Individuums erfolgen.

- **Richtigkeit der Daten (Data Quality Principle):** Die erhobenen Daten sollen für den Zweck relevant und notwendig sein. Die Datenverarbeiter sind verpflichtet, richtige Daten zu verwenden und deren Richtigkeit regelmäßig zu prüfen.

- **Angabe des Verwendungszwecks (Purpose Specification Principle):** Der Zweck der Datenerhebung soll spätestens zum Zeitpunkt der Erhebung angegeben werden. Änderungen des Zwecks sind ebenfalls anzuzeigen und müssen mit dem Bisherigen kompatibel sein.

- **Eingeschränkte Datennutzung (Use Limitation Principle):** Persönliche Daten dürfen nicht für andere Zwecke als unter den angegebenen zur Verfügung gestellt, veröffentlicht oder auf andere Weise verwendet werden. Eine Ausnahme besteht, wenn der Eigentümer der Daten zugestimmt hat oder ein richterlicher Erlass vorliegt.

- **Angemessene Sicherheitsmaßnahmen (Security Safeguards Principle):** Persönliche Daten sollen vor unbeabsichtigtem Verlust und gegen unerlaubten Zugriff, Nutzung, Veränderung, Vernichtung und Veröffentlichung geschützt werden.

- **Offenheit bzgl. der Profilbildung (Openness Principle):** Es soll eine offene Politik bestehen, die Auskunft über Entwicklung, Praktiken und Regelungen bezüglich der persönlichen Daten gibt. Methoden sollen zur Verfügung stehen, mit denen die Existenz und die Art von persönlichen Daten, deren Verwendungszweck sowie die Kontaktdaten des Datenschutzbeauftragten der entsprechenden Organisation ermittelt werden können.

- **Individuelle Beteiligung (Individual Participation Principle):** Ein Betroffener sollte das Recht haben,

    - von einem Datenschutzbeauftragten einer Organisation zu erfahren, ob und ggf. welche persönlichen Daten über ihn erhoben wurden.

    - innerhalb einer angemessenen Zeit auf angemessene Art und Weise und in für ihn verständlicher Form über die erhobenen Daten in Kenntnis gesetzt zu werden.

- eine Begründung zu erhalten, wenn eine der beiden obigen Anfragen abgelehnt wurde, um diese juristisch anfechten zu können.
- eine Datenerhebung juristisch anzufechten und, falls die Anfechtung erfolgreich war, die Löschung, Richtigstellung oder Vervollständigung seiner Daten zu verlangen.

- **Haftungsumfang (Accountability Principle):** Für die Einhaltung der Prinzipien sollte ein Datenschutzbeauftragter verantwortlich sein.

Nahezu zeitgleich mit der OECD verabschiedete der Europarat 1981 mit der Europäischen Datenschutzkonvention [Euro81] eines der ersten internationalen Abkommen zum Datenschutz, das jedoch bis heute ebenfalls nur empfehlenden Charakter aufweist. Die Vereinten Nationen folgten 1990 mit ihren Richtlinien betreffend personenbezogener Daten in automatisierten Dateien.

Gesetzlicher Datenschutz in der Bundesrepublik Deutschland

Die Debatte um den Privacy Act löste Aktivitäten auch in der Bundesrepublik Deutschland aus, und die Notwendigkeit einer gesetzlichen Regelung wurde eingehend diskutiert. Bereits 1970 reagierte das Bundesland Hessen mit einem entsprechenden Gesetz und führte damit den Begriff Datenschutz in die deutsche Rechtssprache ein.

Das erste Bundesdatenschutzgesetz trat 1978 in Kraft, die Länder folgten mit ihren eigenen Landesdatenschutzgesetzten. Behörden sowie die Privatwirtschaft wurden auf die Einhaltung bestimmter Regelungen bei der Datenverarbeitung verpflichtet; gleichzeitig wurde ein umfangreiches Kontrollsystem geschaffen.

Im Jahr 1983 stellte das Bundesverfassungsgericht klar, dass das Recht auf informationelle Selbstbestimmung Ausdruck des allgemeinen Persönlichkeitsrechts gemäß Art. 2 Abs. 1 i.V.m. Art. 1 Abs. 1 GG ist. Nach dem sogenannten Volkszählungsurteil umfasst die informationelle Selbstbestimmung gegenüber öffentlichen Stellen den *„Schutz des Einzelnen gegen eine unbegrenzte Erhebung, Speicherung, Verwendung und Weitergabe persönlicher Daten [..] Das Grundrecht gewährleistet die Befugnis des Einzelnen, grundsätzlich selbst über die Preisgabe und Verwendung seiner persönlichen Daten zu bestimmen"* [Bund83], wenn nicht das Interesse der Allgemeinheit überwiegt, woran jedoch strenge Anforderungen zu stellen sind. Nach dem Volkszählungsurteil stellt die Verarbeitung persönlicher Daten stets einen Eingriff in das Persönlichkeitsrecht dar und ist als solche nur auf einer gesetzlichen Grundlage zulässig. Die entsprechenden Gesetze müssen für den Einzelnen erkennbar die zulässigen Aktionen regeln. Nur unbedingt erforderliche Daten dürfen erhoben und nur für den Zweck genutzt werden, für den sie ursprünglich erfasst worden sind.

In den Datenschutzdirektiven der Europäischen Union zum Schutz von Personen bei der Verarbeitung persönlicher Daten [Euro95, Euro02] wurden die unterschiedlichen europäischen Gesetzgebungen harmonisiert. Nach Umsetzung der Direktiven in nationale Gesetze der Bundesrepublik Deutschland wie dem Teledienstedatenschutzgesetz [Bund97] und der Neufassung des Bundesdatenschutzgesetztes [Bund03] ist der Datenschutz bzw. die informationelle Selbstbestimmung für öffentliche und auch private Organisationen gewährleistet, wenn die Mindestprinzipien der **Datenvermeidung** und der **Datensparsamkeit** befolgt werden.

Diese Mindestprinzipien definieren den vertraulichen Rahmen, in dem persönliche Daten verarbeitet werden dürfen durch die Vorgabe, dass *„die Gestaltung und Auswahl von Datenverarbeitungssystemen sich an dem Ziel auszurichten haben, keine oder so wenig persönliche Daten wie möglich zu erheben, zu verarbeiten oder zu nutzen"* [Bund03]. Sie regulieren die Erhebung, Verwendung, Speicherung und Weitergabe persönlicher Daten und ihre Einhaltung muss vor Beginn einer Datenverarbeitung gewährleistet sein. Um die Daten vor unbefugtem Zugriff zu schützen, werden organisatorische und technische Maßnahmen vorgeschrieben, beispielsweise die Umsetzung einer Zugriffskontrolle, für deren konforme Funktion ein Datenverarbeiter als verantwortlich genannt werden muss. Um deren Einhaltung zu überprüfen und ggf. Haftungsfragen zu klären, können die Maßnahmen von den Betroffenen, einer Kontrollstelle oder einem Datenschutzbeauftragten kontrolliert und ggf. Schadensersatz gefordert werden.

Die **informationelle Selbstbestimmung** wird nach dem Teledienstedatenschutzgesetz dadurch gewährleistet, dass die Speicherung persönlicher Daten nur dann zulässig ist, wenn die betroffene Person dazu eingewilligt hat oder eine Rechtsvorschrift die Verarbeitung erlaubt [Bund97]. Dies bedeutet, dass diese Person nicht nur das Recht besitzt, der Datenverarbeitung zu widersprechen, sondern dieser auch ausdrücklich zustimmen kann (informed consent), insbesondere dann, wenn vom Gesetz selbst nicht betrachtete oder nicht gestattete Formen der Datenverarbeitung, beispielsweise für Zwecke der Personalisierung von Dienstleistungen oder der Werbung und Marktforschung, durchgeführt werden sollen. Voraussetzung für die Wirksamkeit einer solchen Einwilligung ist, dass sie vor Beginn der Datenverarbeitung eingeholt wurde. Die Einwilligung ist neben der schriftlichen auch in elektronischer Form möglich und kann vom Betroffenen widerrufen werden. Zusätzlich haben Betroffene das Recht auf Berichtigung, Löschung und Sperrung ihrer gespeicherten persönlichen Daten.

1.3 Selbstregulierung und Selbstdatenschutz

Kerninhalt des Rechts auf informationelle Selbstbestimmung ist, dass der Betroffene selbst bestimmt, welche Informationen über ihn wann, wo und an wen weitergegeben werden. Es betont damit die *aktive* Rolle des jeweils Betroffenen. Aufgrund der zunehmenden Intransparenz der Informationsverarbeitung für Außenstehende ist die Beteiligung des Betroffenen an der Ausgestaltung der Datenschutzregelungen zwingend notwendig [TiPe01].

Laut Bundesdatenschutzgesetz können Berufsverbände und andere Vereinigungen ihre Verhaltensrichtlinien zur Einhaltung des Datenschutzes in Form einer **Selbstregulierung** selbst aufstellen. Sind diese durch Aufsichtsbehörden positiv geprüft, stellen die in den Richtlinien enthaltenen Grundsätze eine verbindliche Interpretation der gesetzlichen Regelungen dar.

Allerdings sind solche Vorgaben für individuelle und spontane Interaktionsformen unzureichend. Studien zeigen auf, dass die Besorgnis von Alter, Bildung und Einkommen der betroffenen Personen abhängt [MiBo00, PhNF00, AcGr05] und stark von zuvor gemachten Erfahrungen wie etwa dem erlebten Eingriff in die Privatsphäre [SmMi96]. Nach breit angelegten Umfragen in den USA zum Thema Privatsphäre stellt Westin drei Personengruppen auf [Tayl03, KuCr05]: Fundamentalisten, Pragmatiker und Unbekümmerte. Während die Fundamentalisten generell extreme Bedenken aufweisen und selbst dann keine persönlichen Daten herausgeben wollen, wenn entsprechende Schutzmechanismen zum Einsatz kommen, sorgen sich die Pragmatisten zwar um ihre Privatsphäre, sind aber bereitwilliger bei der Datenherausgabe, sobald sie die Notwendigkeit einsehen oder entsprechende Gegenleistungen erhalten. In die letzte Gruppe fallen alle diejenigen, die sich keine weiteren Gedanken machen. 2003 umfasste die Gruppe der Fundamentalisten etwa 26% der Bevölkerung, die der Pragmatisten 64% und die der Unbekümmerten 10%. Für den deutschen Raum stellt Spiekermann et al. [SpGB01] ähnliche Verhältnisse fest und zeigte des Weiteren auf, dass Fundamentalisten bei entsprechendem Anreiz in ihrem tatsächlichen Verhalten doch von ihrer angegebenen harten Linie abweichen (auch als Privacy-Paradoxon bezeichnet [Syve03, AcGr04]). Xu et al. zeigt sogar auf, dass bei Kunden die Bereitschaft zur Datenherausgabe signifikant ansteigt, sobald sie ihre individuellen Bedenken und eigenen Präferenzen adressiert sehen und sich nicht mehr um jeden Preis den Vorgaben des Dienstanbieters unterordnen müssen [XTHT03].

Von zentraler Bedeutung ist hier der **Selbstdatenschutz**, bei dem Betroffene selbst Mittel ergreifen, die dem Schutz ihrer personenbezogenen Daten dienen [Gars03, HaKr03]. Dies kann durch den limitierenden Einsatz von Mechanismen zur Datenvermeidung geschehen. Ohne diese Grenzen können beide Partner jedoch auch individuell den Umfang der zu erhebenden und zu verarbeitenden Daten gemeinsam vereinbaren. Bei entsprechenden Rahmenbedingungen, die Betroffenen auch die Durchsetzung ihres Rechtes auf informationelle Selbstbestimmung gewähren, können die

Partner diese Vereinbarung als rechtliche Grundlage für ihre weitere Interaktion verwenden. Dies bedarf jedoch Mechanismen, mit denen Kunden ihre jeweiligen Präferenzen gegenüber den Anbietern ausdrücken und einem Schiebregler gleich den Datenschutz ihren Bedürfnissen anpassen können. Denn sind sie nicht zur Herausgabe aller geforderten Daten bereit, bleibt ihnen als Alternative nur, die Nutzung der entsprechenden Dienste auszuschlagen. Um dem Verlust potentieller Kunden zu begegnen, dürften Anbieter somit nur auf den kleinsten gemeinsamen Datennenner der Kunden zurückgreifen, der jedoch oft für eine sinnvolle Dienstnutzung nicht ausreicht. Andererseits sind Kunden in einer gegebenen Situation häufig bereit, für die Dienstnutzung sogar mehr als die verlangten Daten zur Verfügung zu stellen.

Ohne die Möglichkeit für die Kunden, ihre Bereitschaft zur Datenherausgabe und -verwendung zu signalisieren, entgeht den Anbietern die Chance, beides gleichzeitig anzubieten: Personalisierung ihrer Dienste und für ihre Kunden personalisierten Schutz der Privatsphäre durch Selbstdatenschutz.

1.4 Beitrag der Arbeit

In dieser Arbeit werden die Extended Privacy Defintion Tools (ExPDT) vorgestellt, mit denen nicht nur Dienstanbieter ihre durch Selbstregulierung auferlegten Datenschutzpraktiken in Form von Richtlinien spezifizieren und in ihren IT-Systemen umsetzen können. Mit ExPDT können sich auch die Kunden selbst an der Steuerung der für die Nutzung personalisierter Dienste notwendigen Datensammlung und -verwendung beteiligen. Sie sind nicht mehr darauf angewiesen, die von Anbietern einseitig vorgegeben „Alles-oder-Nichts"-Richtlinien als unveränderlich zu akzeptieren. Als Selbstdatenschutz können sie ihre eigenen Datenschutzpräferenzen ebenfalls in Form von ExPDT-Richtlinien präsentieren und sich mit den Anbietern für die Dienstnutzung auf gemeinsame, aber individuelle Datenschutzrichtlinien einigen.

ExPDT hat dabei das Ziel, sowohl Kunden als auch Dienstanbieter mit einem automatisierten Richtlinienvergleich bei der Aushandlung dieser gemeinsamen Datenschutzrichtlinien zu unterstützen. Um mögliche Unterschiede in Richtlinien aufzuzeigen, bietet ExPDT neben einer formalen, ausdrucksstarken Sprache für die Richtlinienspezifikation einen Differenzoperator, mit dem auf Richtlinien gleichsam gerechnet werden kann. Des Weiteren wird von ExPDT sichergestellt, dass die vereinbarten Richtlinien von entsprechenden Sicherheitsmonitoren in den IT-Systemen auf Seiten der Dienstanbieter interpretiert und umgesetzt werden können. ExPDT besteht hierzu aus drei Teilen:

- Einer Sprache für ExPDT-Datenschutzrichtlinien, die nicht nur über die Ausdrucksstärke verfügt, sowohl die Sammlung als auch die weitere Verwendung von Daten zu regeln, sondern insbesondere auch Operatoren zum Vergleich von Richtlinien anbietet.

- Einem Werkzeug, das als Teil eines Sicherheitsmonitors die Auswertung von ExPDT-Richtlinien unter Berücksichtigung der aktuellen Umgebungseigenschaften übernehmen kann.

- Einem Werkzeug, mit dem ExPDT-Richtlinien spezifiziert, editiert und Vergleichsresultate visualisiert werden können.

Der Mehraufwand auf Seiten der Dienstanbieter durch die Verwendung von ExPDT kann durch die sich eröffnende Möglichkeit kompensiert werden, verstärkt auf die Datenschutzwünsche ihrer Kunden einzugehen. Dieser Wettbewerbsvorteil kann nicht nur zu einer stärkeren Kundenbindung führen, sondern auch allgemein zu einem verbesserten Ansehen in der Öffentlichkeit.

1.5 Aufbau der Arbeit

Nach einer Bedrohungsanalyse für das Szenario wird in Kapitel 2 die Nutzungskontrolle als technische Lösung für die Selbstregulierung durch Dienstanbieter und gleichzeitigen für den Selbstdatenschutz durch Kunden aufgezeigt. Anhand eines Rahmenwerks zur Umsetzung der Nutzungskontrolle werden individuelle Datenschutzrichtlinien als Schlüsselkomponente identifiziert und entsprechende Anforderungen an eine Spezifikationssprache abgeleitet.

Anhand dieser Anforderungen werden in Kapitel 3 gegenwärtige Richtliniensprachen für Selbstregulierung und Selbstdatenschutz vorgestellt und bewertet. Es wird gezeigt, dass sich keine von ihnen für die Vereinbarung individueller Datenschutzrichtlinien eignet. Sie erlauben Kunden und Anbietern nicht, für einen automatisierten Vergleich mit ihren Datenschutzrichtlinien gleichsam zu rechnen.

In Kapitel 4 wird daher die ExPDT-Richtliniensprache vorgestellt. Sie basiert auf dem algebraischen Rahmenwerk NAPS und erlaubt nicht nur die Spezifikation einzelner Datenschutzrichtlinien, sondern auch diese miteinander zu kombinieren. Die Vereinbarung individueller Richtlinien zwischen Anbieter und Kunden wird durch den in diesem Kapitel definierten Differenzoperator unterstützt, mit dessen Hilfe sich Unterschiede in den Richtlinien identifizieren lassen. Es werden entsprechende Konstruktionsalgorithmen präsentiert und ihre Korrektheit nachgewiesen.

Im anschließenden Kapitel 5 wird eine Einbettung von ExPDT in IT-Systeme beschrieben und die Funktionsweise der hierfür prototypisch entwickelten Werkzeuge, der Auswertungseinheit und des Richtlinieneditors, erläutert.

Als Proof-of-Concept wird die ExPDT-Sprache in Kapitel 6 anhand des konkreten Anwendungsbeispiels des Einkaufszentrums mit personalisiertem Dienstangebot aus Kapitel 1.1.1 evaluiert. Es wird aufgezeigt, dass sich mithilfe von ExPDT dieses Szenario beschreiben und für Kunden und Dienstanbieter entsprechende Richtlinien spezifizieren lassen. Für eine individuelle Richtlinienvereinbarung werden anschließend Differenzen dieser Richtlinien gebildet und im Hinblick auf eine Dienstauswahl aus Kundensicht interpretiert. Abschließend wird ExPDT bewertet und die Grenzen der Anwendbarkeit aufgezeigt.

Die Arbeit schließt in Kapitel 7 mit einer Zusammenfassung der gewonnen Ergebnisse und gibt als Ausblick eine Einschätzung der Potentiale von ExPDT für den Einsatz im Bereich IT-Compliance.

2 Datenschutz in der Informatik

Im Szenario sind Kunden für maßgeschneiderte Dienste durchaus zur Herausgabe persönlicher Daten bereit, wenn gleichzeitig Schutz vor unberechtigtem Datenzugriff und unerwünschter Datenverwendung gewährleistet wird. In diesem Kapitel wird nach einer Analyse der Datenschutzbedrohungen Nutzungskontrolle als technische Lösung aufgezeigt. Anhand eines Rahmenwerks zur technischen Umsetzung im Szenario wird aufgezeigt, wie Nutzungskontrolle nicht nur für die Selbstregulierung der Dienstanbieter, sondern gleichzeitig auch für den Selbstdatenschutz der Kunden genutzt werden kann. Hierbei werden Datenschutzrichtlinien als Schlüsselkomponente identifiziert und Anforderungen an eine entsprechende Richtliniensprache abgeleitet.

2.1 Bedrohungsanalyse im Systemmodell

Für eine generellere Sicht auf die Datenschutzbedrohungen in dem dynamischen System des Szenarios soll im Folgenden von der dort verwendeten Kommunikations- und Sensortechnologie abstrahiert werden. Wie und welche Daten gesammelt oder erhoben werden, ist für eine allgemeine Betrachtung nicht wichtig.

Hierzu wird auf das abstrakte Systemmodell von Pretschner et al. [PrHB06] zurückgegriffen, bei dem dynamische Systeme als verteilte Systeme mit einer Menge von Akteuren bzw. Teilnehmern dargestellt sind. Teilnehmer können dabei Aktionen wie die folgenden ausführen:

- Operationen auf sensitiven Daten, wie beispielsweise Lesezugriff, Modifikation, Speicherung, Weitergabe oder -verarbeitung und Daten und Erstellung von Meta-Daten.

- Kommunikation, d.h. das Senden und Empfangen von Nachrichten, die nicht sensitiv sind, wie beispielsweise die Anforderung von Daten oder Formen der Benachrichtigung.

Wie in Abbildung 2.1 gezeigt, können die Teilnehmer des Systems unterschiedliche Rollen einnehmen. Kunden können die Rolle von Datenanbietern annehmen und eine

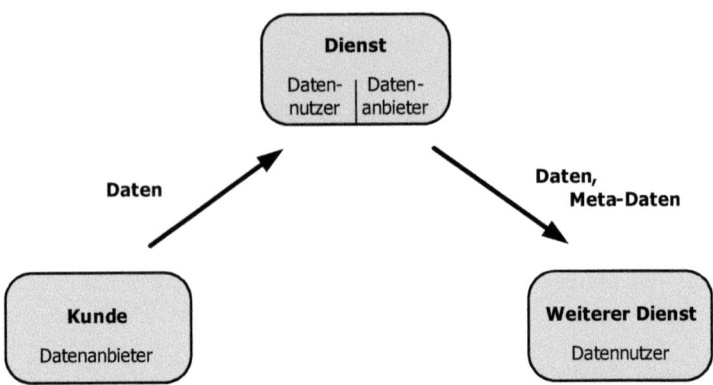

Abbildung 2.1: Im Szenario des Einkaufszentrums bieten Kunden ihre Daten an, der Dienst nutzt sie zur Personalisierung und bietet sie ggf. selbst – aufbereitet oder nicht – weiteren Diensten an.

Kopie ihrer Daten z.B. an die Händler und ihre Dienste senden. Diese weiteren Teilnehmer nehmen dann die Rolle von Datennutzern ein. Die Verteilung der Rollen muss jedoch nicht fest sein, sie kann sich dynamisch zur Laufzeit verändern. So können die Datennutzer später selbst zu Datenanbietern werden und die bis dahin gesammelten Daten zusammen mit möglicherweise anderen Daten an weitere Teilnehmer, wie etwa einem externen Dienstleister für Rabattprogramme, zur weiteren Verarbeitung zukommen lassen.

Die persönlichen Daten der Datenanbieter bzw. Kunden sind immer dann bedroht, wenn die Sammlung und Verwendung der Daten auf Seiten der Nutzer ohne explizite Zustimmung der Anbieter geschieht. Beispielsweise entsteht für die Privatsphäre eine Bedrohung in den folgenden Situationen [SaSA06]:

- Daten werden gesammelt ohne Kenntnis der Datenanbieter, entweder durch unbemerkten Zugriff auf deren Datenspeicher oder durch die versteckte Verwendung von Kontextdaten.

- Daten werden ohne oder gar entgegen der Zustimmung der Datenanbieter gesammelt.

- Auf die gesammelten Daten wird von weiteren Nutzern zugegriffen, obwohl ein Rollenwechsel der ursprünglichen Nutzer nicht autorisiert war.

- Die gesammelten Daten werden auf eine andere Weise oder für einen anderen Zweck verwendet als zuvor mit den Anbietern vereinbart.

- Einmal gesammelte Daten werden nicht mehr gelöscht.

2.2 Technologien für den Datenschutz

Um dieser Bedrohung der Privatsphäre entgegenzutreten, kann auf einige Mechanismen aus dem Bereich der Privacy-Enhancing Technologies (PET) zurückgegriffen werden. Nach dem Konzept von PET ist einerseits die Sammlung persönlicher Daten zu minimieren, anderseits muss die widerrechtliche Verarbeitung der Daten verhindert werden, ohne die Funktionalität des IT-Systems einzuschränken. Beide Maßnahmen können miteinander kombiniert werden. Ziel von PET ist es, bereits die Entstehung von Datenspuren im Netz zu verhindern.

So können Kunden vor der eigentlichen Interaktion selbst entscheiden, wie viele und welche Daten sie dem Dienstanbieter gegenüber preisgeben. Diese Art von Zugriffskontrolle auf persönliche Daten reicht insbesondere dann aus, wenn für die Dienstnutzung keine eindeutige Identifizierung benötigt wird. Zur Durchsetzung ihrer Interessen können Kunden dann auf Werkzeuge zur Anonymisierung oder Pseudonymisierung zurückgreifen.

2.2.1 Anonymisierung

Benutzeranonymität wird im Internet vornehmlich durch die Verschleierung der verwendeten IP-Adresse erreicht, denn diese kann unter Mithilfe des Internet-Anbieters zur Identifizierung des Benutzers herangezogen werden. Abhilfe schafft hier beispielsweise ein vor Zugriffen abgesicherter Anonymisierungs-Proxy [AnPS08], der die ursprüngliche Benutzer-IP in dessen Dienstanfragen mit seiner eigenen ersetzt und Antworten des Dienstes an die nur ihm bekannte Benutzer-IP zurückleitet. Um bei einem erfolgreichen Angriff auf einen solchen Proxy zu verhindern, dass dennoch direkt auf den Benutzer hinter einer IP geschlossen werden kann, werden bei Mix-Netzen [Chau81] die Benutzeranfragen zunächst durch mehrere solcher Proxy-Knoten geleitet, bevor schließlich die Anfragen an den Dienst weitergegeben werden. Vertreter solcher Mix-Netze sind das Crowds-Projekt [ReRu98] oder der JAP Anon Proxy [ANON08].

Auf der Netzwerkebene sind Dienste zur Anonymisierung zwar ohne großen Aufwand und separat zu anderen Verfahren zum Schutz der Privatsphäre einsetzbar, sie können jedoch nicht zum Schutz auf der Dienst- bzw. Anwendungsebene beitragen, wenn hier als Teil der Anwendung persönliche Daten übermittelt werden.

2.2.2 Benutzerseitige Datenverarbeitung

Dem Prinzip der Datenvermeidung folgend und dennoch die Vorzüge der Personalisierung bietend sind einige Ansätze für Web-Anwendungen entwickelt worden [CaWo01, CDMN04], bei denen persönlichen Daten nicht an den Dienst übermittelt werden, sondern auf Kundenseite verbleiben (d.h. im Web-Browser). Ebenso werden alle Prozesse, die auf diese Daten zugreifen und sie verarbeiten, ausschließlich auf der Kundenseite ausgeführt. Die Anbieter der Web-Seiten erhalten somit zu keinem Zeitpunkt Zugriff auf die persönlichen Daten der Kunden.

Obwohl diese Ansätze für einige Anwendungsfälle vielversprechend sind, kann mit ihnen ein Großteil der Methoden zur Benutzermodellierung und Profilbildung nicht verwendet werden. Denn einerseits enthalten diese oft vertrauliche Algorithmen oder Geschäftsregeln der Dienstanbieter, die nicht für die Augen der Kunden bestimmt sind, und anderseits beruht die Analyse zumeist auf Daten einer ganzen Kundenpopulation. Verfahren wie beispielsweise Collaborative Filtering oder Stereotype Learning können mit rein benutzerseitiger Datenverarbeitung nicht genutzt werden [Kobs07].

2.2.3 Identitätsmanagement

Das Identitätsmanagement setzt auf die Idee, den Dienstanbietern nur die absolut notwendigen persönlichen Daten zu übermitteln. Für eine solche Profilminimierung nach Chaum [Chau81] werden eindeutige, ansonsten aber nicht mit dem Benutzer verbundene Pseudonyme zur Identifizierung und Attributszertifikate für bestätigte persönliche Daten verwendet. Auf Chaums Idee basiert beispielsweise IBM's idemix [CaHe02]. Durch die Verwendung anonymisierter Attributzertifikate sind Kunden bei ihrer Authentifizierung gegenüber Dienstanbietern und Zertifizierungsstellen ausschließlich durch die verwendeten Pseudonyme und die durch die Zertifikate beglaubigten Eigenschaften bzw. offengelegten Daten bekannt. Nutzen die Kunden für ihre Transaktionen unterschiedliche Pseudonyme, lassen sich diese von ihren Kommunikationspartnern nicht miteinander verketten und erscheinen als voneinander unabhängig.

Die Kunden können vor der Interaktion mit den Dienstanbietern selbst bestimmen, welche Daten eines Attributzertifikats aufgedeckt werden sollen. Einmal aufgedeckt haben sie jedoch keine Kontrolle über die weitere Nutzung ihrer Daten.

2.2.4 Nutzungskontrolle

Können Kunden hingegen während der Interaktion ihre wahre Identität nicht vor dem Dienst verstecken, da sie beispielsweise für die abschließende Bezahlaktion oder für eine Lieferung auf dem Postweg eindeutig identifiziert werden müssen, oder wenn sie so viele Attribute über sich preisgeben müssen, dass sie aus der Anonymitätsmenge klar hervorstechen, reicht für den Schutz eine einfache Zugriffskontrolle seitens der Kunden nicht aus. Die Daten können frei verarbeitet, unerwünscht weiterverteilt und möglicherweise zur Profilvergrößerung verkettet werden, wenn sie erst einmal von ihm herausgegeben worden sind.

Kundenvertrauen können Dienstanbieter durch die Offenlegung ihrer internen Datenschutzpraktiken der Selbstregulierung gewinnen. Hierfür muss die einfache Zugriffskontrolle seitens der Kunden um eine Kontrolle der weiteren Datenverwendung erweitert werden [PaSa04, PrHB06]. Die entsprechenden Regelwerke erlauben den Dienstanbietern dann nicht nur vorher die Anzeige, welche Daten sie einsammeln, sondern auch, wie sie sie anschließend nutzen werden. Auf diese Weise über die Praktiken der Anbieter unterrichtet, haben Kunden das Verhalten der Dienste bzgl. ihrer Daten transparent vor sich und können auf dieser Basis im Einzelfall für sich entscheiden, ob sie das Dienstangebot annehmen und dafür ihre Daten herausgeben oder nicht.

Auch die Kunden selbst können sich über die Präsentation eigener Regelwerke, die ihre jeweiligen persönlichen Datenschutzpräferenzen widerspiegeln, an der Steuerung der für die Nutzung personalisierter Dienste notwendigen Datensammlung und -verwendung beteiligen. Akzeptieren Dienstanbieter solche individuellen Regelwerke, können Kunden mit ihnen über die Vorgabe, welche Daten gesammelt und wie diese verwendet werden dürfen, den Schutz ihrer Daten nach ihren individuellen Wünschen beeinflussen. Die Nutzungskontrolle ist somit für die technische Umsetzung auch von Selbstdatenschutz geeignet.

2.3 Rahmenwerk für Selbstregulierung und Selbstdatenschutz

Selbstregulierung der Dienstanbieter und individuelle Vereinbarungen mit Kunden auf Basis des Selbstdatenschutzes ergeben zusammen ein dichtes Regelwerk, das den Dienstanbietern den Rahmen zur Erhebung und Verwendung persönlicher Kundendaten vorgibt. Sie sind nicht nur verpflichtet, Kunden bzw. Datenschutzbeauftragten die Konformität ihrer Geschäftsprozesse bezüglich der Regelwerke zeitnah nachzuweisen (vgl. Kapitel 1.2.3). Schon aus rein ökonomischen Gründen haben sie ein Interesse, die Überprüfung der Richtlinieneinhaltung für ihre IT-Systeme zu automatisieren, um so möglichst schnell potentielle Verstöße aufzuspüren und möglichen Schaden klein zu halten.

Da die Vorgaben nicht unmittelbar in maschinenlesbaren Code übersetzt werden können, werden entsprechend dem in Abbildung 2.2 dargestellten Rahmenwerk Ebenen unterschiedlicher Abstraktion vorgeschlagen, die sowohl die nicht-technischen als auch technischen Aspekte abdecken [SaKä08, SKGL08]. Es werden zunächst alle Ebenen mit ihrem Zusammenspiel durchgesprochen, bevor anschließend der Schwerpunkt dieser Arbeit auf die Ebene der Richtlinien gelegt wird.

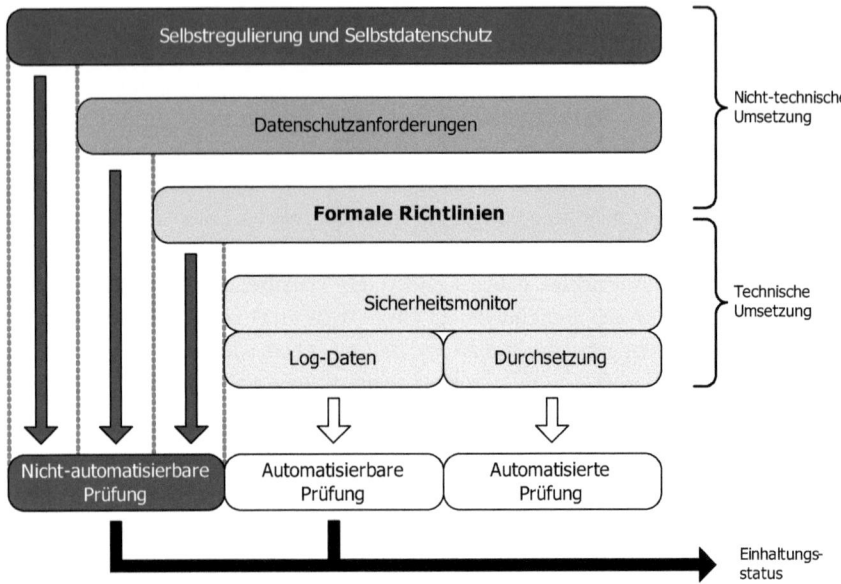

Abbildung 2.2: Rahmenwerk zur Datenschutzautomatisierung

In einem ersten Schritt werden die allgemeinen Datenschutzgesetze und Kundenwünsche auf die entsprechende Geschäftsdomäne hin interpretiert und in entsprechende Anforderungen bzw. Präferenzen übersetzt. Diese Interpretation ist nur schwer zu automatisieren, sie ist Beitrag der Selbstregulierung und des Selbstdatenschutzes (vgl. Kapitel 1.3). Bestenfalls bilden die Anforderungen und Präferenzen auf dieser Ebene die Gesetze und Kundenwünsche der übergeordneten Ebene korrekt und vollständig ab, so dass ihre Erfüllung gleichbedeutend ist mit der Befolgung der rechtlichen Anforderungen. Inkorrekte oder unvollständige Anforderungen auf dieser Ebene erfordern immer eine manuelle Nachkontrolle der tatsächlichen Operationen.

In einem nächsten Schritt müssen diese Anforderungen und Präferenzen in eine formale Richtlinie (Policy) übertragen werden. Während Anforderungen und Präferenzen zielgerichtet vorgeben, *was* zu erreichen ist, beschreiben Richtlinien, *wie* diese Ziele erreicht werden können. Diese Verfeinerung (Refinement) zu einer Beschreibung, welche Aktionen auf Systemebene erlaubt, welche verboten oder sogar vorgeschrieben sind [ScMH01], bleibt aufgrund der hierfür im Allgemeinen notwendigen Kreativität eine herausfordernde Aufgabe [Lams01, SaGN07], trotz einiger Erfolge durch die Verwendung von Prädikaten zur Identifizierung und Klassifizierung von Sprachmustern [KZBA07]. Wieder gilt: Bilden Richtlinien die Anforderungen und Präferenzen nicht korrekt und vollständig ab, muss auf dieser Ebene eine manuelle Nachkontrolle erfolgen.

Systemkonformität zu Richtlinien basiert auf dem Einsatz von Monitoren und kann entweder präventiv „*by design*" oder zurückblickend „*by detection*" bestätigt werden. Der präventive Ansatz stellt die Durchsetzung des vorgeschriebenen Verhaltens in den Mittelpunkt. Üblicherweise werden hierzu Sicherheitsmonitore eingesetzt, die auf dem Prinzip von Schneiders Execution Monitor [HaMS06] basieren. Dieser verfügt durch begrenzte Vorausberechnung aller möglichen Ausführungspfade über ein gewisses Zukunftswissen und verhindert die Ausführung all derjenigen Maschinenbefehle, die eine Richtlinienverletzung zur Folge hätten. Ansätze, die dieses Prinzip auf Middleware-Ebene portieren, sind beispielsweise IBM REALM, das automatisch Richtlinien auf low-level Prozessereignisse hin verfeinert und so einem Monitor die Flusskontrolle für Geschäftsprozesse erlaubt [GiMP06], oder die Hippocratic Database, die Zugriffe gemäß einfacher Richtlinien bezogen auf einzelne Einträge kontrolliert [JoGr07]. Ist der Monitor korrekt implementiert und im IT-System verankert, können Richtlinien nicht umgangen werden; eine weitere Überprüfung der Systemkonformität ist somit nicht notwendig.

Enthalten Richtlinien hingegen Verpflichtungen wie „Erlaube Zugriff auf Kundendaten, wenn sie nach Beendigung der Geschäftsbeziehung wieder gelöscht werden", übersteigen sie die Weitsicht eines Execution Monitor. Ihre Einhaltung kann nur nachträglich über ein Audit festgestellt werden. Für solche Audits bieten beispielsweise die Hippocratic Database oder das Sicherheitssystem IBM Tivoli eine Schnittstelle zum Monitor, der sämtliche Systemereignisse protokolliert. Der Abgleich der gesammelten Log-Daten zur vorgegeben Richtlinie ist automatisierbar [Acco08]. Um jedoch die tatsächliche Einhaltung bestätigen zu können, müssen diese Log-Daten korrekt und vollständig vorliegen [Acco06].

Dies kann nicht mehr garantiert werden, wenn die Erfüllung der Richtlinie außerhalb der eigenen Sicherheitsdomäne stattfindet, also bei der Datenherausgabe von Kunden an Dienstanbieter oder im Fall der Datenweitergabe von Dienstanbietern an Dritte. Dann muss die Richtlinie den Daten gleichsam angeklebt und mit übergeben werden (Sticky Policy, vgl. Kapitel 3.2.1). Die Daten selbst können dann entweder durch Verschlüsselung gegen Missbrauch gesichert [CaPB03] oder die Sicherheitsdomäne durch Einsatz von Trusted Computing entsprechend erweitert werden. Alternativ kann durch entsprechende Verträge die Erlaubnis eingeholt werden, jederzeit ein externes Audit durchführen zu dürfen, wobei dann auf die eben beschriebenen Methoden zurückgegriffen werden kann [HiBP05].

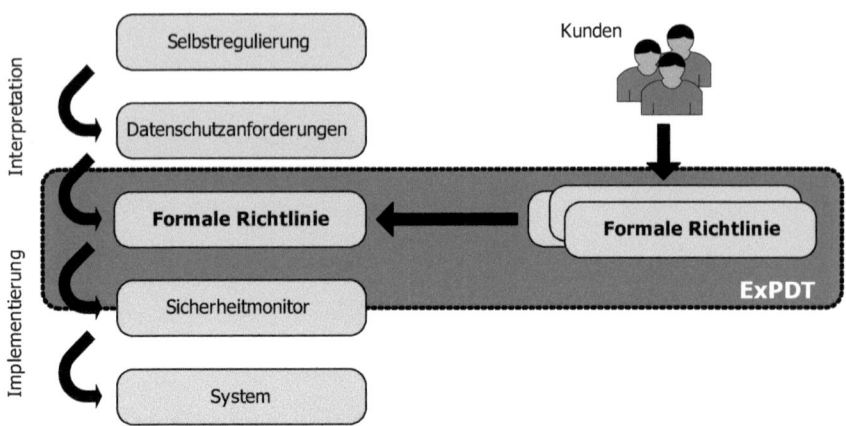

Abbildung 2.3: Für die Umsetzung des Selbstdatenschutzes werden die Kundenpräferenzen als formale Richtlinien in das IT-System der Dienstanbieter integriert.

Für beide Ansätze, den präventiven wie den zurückblickenden, gilt: Ist die Systemkonformität zu den Richtlinien bestätigt, und erfüllen diese die Anforderungen bzw. Präferenzen, so entspricht das System den Datenschutzpraktiken der Dienstanbieter und ist gleichzeitig mit den Kundenwünschen konform.

2.4 Sprachanforderungen für Datenschutzrichtlinien

Während für den umfassenden Datenschutz alle Ebenen des Rahmenwerks zu betrachten sind, betrachtet diese Arbeit ausschließlich die Ebene der Richtlinien. Sie bilden den Schlüssel zur Automatisierung, da sie die Lücke zwischen Anforderungen in natürlicher Sprache und ihrer technischen Realisierung innerhalb des IT-Systems überbrücken. Die Sprache, in der sie verfasst werden, bestimmt, zu welchem Grad die Anforderungen formalisiert und anschließend automatisiert umgesetzt werden können. Im Folgenden wird daher die notwendige *Ausdrucksstärke* für Richtliniensprachen diskutiert.

Neben der Spezifizierbarkeit von Richtlinien ist für den Datenschutz auch die Einbindung der Kundenpräferenzen in den IT-Ablauf von fundamentaler Bedeutung (vgl. Kapitel 1.3). Wieder bildet die Ebene der Richtlinien die erste Möglichkeit, diese automatisiert zu integrieren. Wie in Abbildung 2.3 skizziert, können Kunden ihre eigenen, individuellen Wünsche und Präferenzen wie auch die Dienstanbieter ihrerseits ihre Anforderungen in Richtlinien überführen. Erst auf dieser formalen Ebene kann mit Richtlinien gleichsam gerechnet werden, so dass sie automatisiert ausgetauscht, ver-

2.4. Sprachanforderungen für Datenschutzrichtlinien

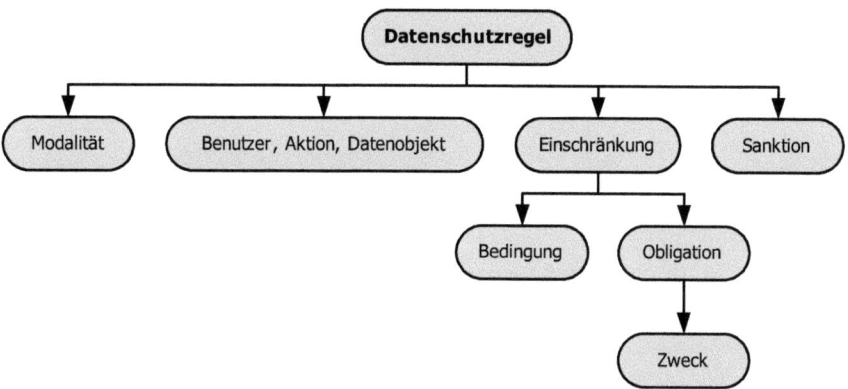

Abbildung 2.4: Um eine für das Szenario ausreichende Ausdruckstärke zu erreichen, muss eine Datenschutzregel mindestens über diese Regelelemente verfügen.

glichen und kombiniert werden können, bevor sie zur Umsetzung weitergereicht werden. Hierfür erforderliche *Operationen* auf Richtlinien werden im Folgenden ebenfalls erörtert.

2.4.1 Ausdrucksstärke

Für die Spezifizierung von Datenschutzrichtlinien ist eine gewisse Ausdrucksstärke der Richtliniensprache notwendig, die sowohl aus dem Szenario (vgl. Kapitel 1.1.1) als auch den Gesetzen und Standards [Parr01, PaSa04, BAKK05, PRIM05, KCLC07] abgeleitet wird.

So kann dort beispielsweise gefordert sein, dass Kundenpersonal oder entsprechende Dienste eines Anbieters zwar die auf den Kundenkarten vermerkten Allergien der Kunden auslesen dürfen, um vor gefährlichen Inhaltsstoffen in anvisierten Artikeln zu warnen. Doch kann eine solche Erlaubnis eingeschränkt sein auf den Kundenkreis der Volljährigen und einer Vorhaltedauer der gesammelten Allergiedaten von höchstens einem Tag. Andernfalls soll umgehend der ausgewiesene Sicherheitsbeauftragte informiert werden.

Wie auch in Abbildung 2.4 dargestellt, müssen die Regeln von Datenschutzrichtlinien, die mächtig genug für die Beschreibung solcher Anforderungen sind, mindestens folgende Elemente aufweisen:

- **Benutzer, Aktion, Daten, Modalität:** Bisherige Datenschutzbemühungen sind ausgerichtet auf die Spezifikation unerwünschten Verhaltens und das Verhindern schlechter Systemzustände, indem sie über Regeln den Zugriff auf die Daten

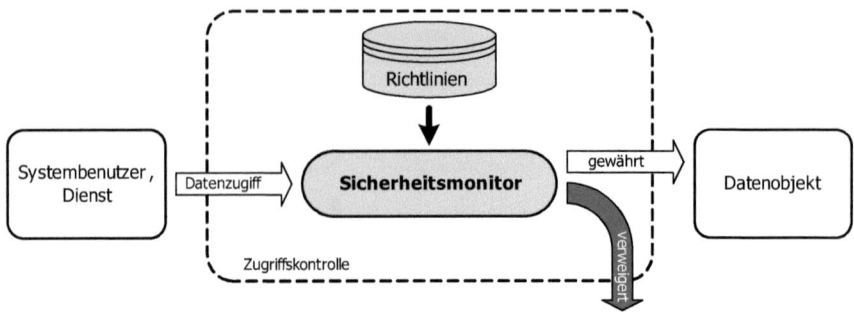

Abbildung 2.5: Ein Sicherheitsmonitor nach Lampson et al. [LABW92] kann den Zugriff auf Daten kontrollieren.

kontrollieren. Diese Autorisierungen beschreiben über die Modalitäten Erlaubnis und Verbot, was mit Datenobjekten geschehen „darf" oder eben „nicht darf". Der Anwendungsbereich einer Autorisierung wird eingeschränkt über die Angabe von Systembenutzer (Subjekt), Aktion und Datenobjekt.

Dies entspricht der Funktion des bereits im Abschnitt 2.3 vorgestellten klassischen Zugriffskontrollmonitors. Will der Systembenutzer eine Aktion auf einem Datenobjekt ausführen, entscheidet der mit der Datenschutzrichtlinie konfigurierte Monitor wie in Abbildung 2.5 dargestellt, ob diese ausgeführt werden darf oder nicht.

Solch eine Zugriffskontrolle allein ist jedoch nicht ausreichend; um zu garantieren, dass sich das System wie erwünscht verhält, müssen auch gute Zustände erreicht werden. In einer Richtlinie kann dies durch die Angabe von Befehlen umgesetzt werden. Diese nutzen die „muss"-Modalität in dem Sinne, dass die geforderte Aktion auf jeden Fall auszuführen ist. Während einfache Befehle vornehmlich in allgemeinen Richtlinien im Bereich des Sicherheits- und Netzwerkmanagement vorkommen [DDLS01, DBSL02, Kaga04], beispielsweise um regelmäßige Backups zu forcieren, bilden Befehle, die die Zugriffskontrolle mit Obligationen verknüpfen, die wesentliche Neuerung der Nutzenkontrolle gegenüber der einfachen Zugriffskontrolle.

- **Einschränkungen:** Über die Beschreibung der Umstände, unter denen eine Aktion autorisiert bzw. gefordert wird, können weitere Einschränkungen für die Anwendbarkeit von Regeln angegeben werden. Entsprechend ihres zeitlichen Charakters bezüglich dieser Aktion werden sie wie in Abbildung 2.6 in Bedingungen und Obligationen unterteilt [BJWW03].

2.4. Sprachanforderungen für Datenschutzrichtlinien

- **Bedingungen:** Umstände, die zum Zeitpunkt des Zugriffs erfüllt sein müssen, sich also auf die Vergangenheit bzw. Gegenwart beziehen, werden Bedingungen genannt. Sie können sich auf Attribute wie geographische Nähe des Datenkonsumenten oder Zustimmung und Alter des Datenanbieters beziehen, auf die Zugriffshistorie oder die physikalische und technische Umgebung durch die Einschränkung der Zugriffszeit oder auf die Forderung nach sicheren Log-Verfahren.

- **Obligationen:** Obligationen spezifizieren Aktionen, die bezogen auf die Zugriffszeitpunkt in der Zukunft ausgeführt werden müssen, also nach dem eigentlichen Zugriff auf die Daten. Als essentieller Teil von Datenschutzregulierungen stellen Obligationen verknüpft mit positiven Autorisierungen sicher, dass die Nutzung von Datenobjekten auch nach erfolgtem Zugriff weiter kontrolliert werden kann [HiBP05].

  Geht ein Systemnutzer beispielsweise für den Zugriff auf einen Datensatz die Verpflichtung ein, diesen Datensatz nach Gebrauch sofort wieder zu löschen, ist zumindest auf der Richtlinienebene sichergestellt, dass dieser nicht für eine spätere, noch unbestimmte Verwendung auf Vorrat gespeichert wird.

  * **Zweckbindung:** Die Obligation der Zweckbindung einer Aktion besitzt einen besonderen Stellenwert in den Regulierungen (vgl. z.B. [Euro95]). Sie wird daher explizit als Regelelement geführt. Sie ermöglicht die Unterscheidung, ob der Datenzugriff beispielsweise ausschließlich für administrative Zwecke erfolgen darf, oder ob er auch mit dem Vorsatz ausgeführt werden darf, die Daten anschließend für Markting-Zwecke weiter zu nutzen.

- **Sanktionen:** Grundsätzlich ist das Regelwerk einer Richtlinie einzuhalten. Es kann jedoch unvorhergesehene Situationen geben, die eine Umgehung bestimmter Entscheidungen erforderlich machen, beispielsweise das Zugriffsverbot auf Kontaktdaten im Notfall eines schnellen Produktrückrufes. Damit eine solche

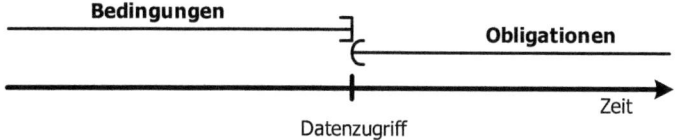

Abbildung 2.6: Zeitlich beziehen sich Bedingungen auf Umstände *vor* und Obligationen auf Aktionen *nach* erfolgtem Datenzugriff.

Umgehung jedoch nicht zum normalen Verhalten der Systembenutzer wird, muss sie sanktionierbar sein [SaKä08].

Eine Richtliniensprache muss nicht nur die obigen Regelelemente umfassen, sondern auch eine **formale Semantik** aufweisen. Denn ist die Semantik der Sprache unklar, können sich aus der Spezifikation Vieldeutigkeiten ergeben, und es kann nicht gewährleistet werden, dass unterschiedliche Implementierungen von Sicherheitsmonitoren die vorgegebenen Richtlinien in allen Situationen zu den gleichen Entscheidungen auswerten. Das Verhalten der kontrollierten Systeme bleibt so unkontrolliert. Ebenso ist eine formale Semantik für den präzisen Vergleich von Richtlinien unerlässlich, damit Kunden und Dienstanbieter das gleiche Verständnis einer Richtlinie besitzen und sie diese nicht auf unterschiedliche Weise interpretieren.

2.4.2 Richtlinienoperatoren

Datenschutzrichtlinien können von unterschiedlichen Quellen für Anforderungen und Präferenzen abgeleitet werden. Es wird in dieser Arbeit gefordert, dass mit Richtlinien gleichsam gerechnet werden kann, indem zumindest Operatoren für Vergleich und Kombination mehrerer Richtlinien geboten werden [SKGL08].

- **Richtlinienvergleich:** Sollen mehrere Richtlinien gleichzeitig berücksichtigt werden, müssen Inkonsistenzen und sogar widersprüchliche Regelungen behandelt werden. Beispielsweise kann die Verpflichtung zur Dokumentation einer vorgenommen Aktion mit den Kundenpräferenzen im Konflikt stehen, sämtliche Daten sofort nach Beendigung eines Geschäftsvorgangs zu löschen.

    Hierfür müssen Operatoren existieren, die die im Konflikt stehenden Regeln über einen formalen Richtlinienvergleich identifizieren [Kähm06, KäAc07]. Nur so kann gewährleistet werden, dass Unterschiede in Richtlinien aufgezeigt werden und sich mehrere Parteien auf eine gemeinsame Richtlinie einigen können.

- **Richtlinienkombination:** Mehrere Richtlinien müssen zu einer einzigen, gültigen Richtlinie zusammengeführt werden können [RaSt06]. Dies ist beispielsweise notwendig, um sowohl die Datenschutzpräferenzen von Kunden als auch die Anforderungen aus Gesetzen und internen Vorgaben gleichzeitig umsetzen zu können. Aus Gesetzten resultierende Richtlinien müssen dabei Vorrang vor denen aus Konsumentenvorgaben haben. Bei der Kompositionen modularer Dienste müssen die entsprechenden Datenschutzrichtlinien gleichwertig kombiniert werden können.

3 Gegenwärtige Richtliniensprachen

Aus der Reihe bereits vorhandener Richtliniensprachen werden in diesem Kapitel zunächst die wichtigsten Vertreter für den Selbstdatenschutz vorgestellt. Anschließend werden die Richtliniensprachen präsentiert, die für die interne Umsetzung der Datenschutzregularien entwickelt wurden, die sich die Dienstanbieter selbst auferlegen. An dieser Stelle wird auch beispielhaft eine Richtliniensprache gezeigt, die zwar auf allgemeines Sicherheits- und Netzwerkmanagement ausgerichtet ist, sich jedoch auch für die Nutzungskontrolle von Datenobjekten verwenden lässt.

Bei der Vorstellung der Sprachen wird jeweils ihr Einsatzgebiet skizziert, sowohl ihre Syntax als auch Auswertungssemantik beschrieben und die Sprache bezüglich der im vorigen Kapitel gestellten Anforderungen bewertet. Das Kapitel schließt mit einer Zusammenfassung.

3.1 Richtlinien für den Selbstdatenschutz

Sprachen für Selbstdatenschutz erlauben eine Vereinbarung zwischen Kunden und Dienstanbietern auf einen individuellen Umfang der Datenerhebung und -nutzung. Für den (halb-)automatisierten Abgleich vor der Dienstnutzung können Kunden mit ihnen ihre Datenschutzpräferenzen formalisieren, Dienstanbieter ihre Datenschutzpraktiken in maschinenlesbarem Format veröffentlichen.

Prominentester Vertreter ist hier die P3P-Sprache für Datenschutzpraktiken mit ihrem Gegenpart APPEL bzw. XPref für Kundenpräferenzen; ohne Erfolg blieb der Einbezug von Kundenpräferenzen mittels CPExchange. Zunächst werden jedoch kurz Vertrauenssiegel vorgestellt, da sie einem ähnlichen Zweck wie P3P dienen, ohne jedoch eine einheitliche Syntax oder gar formale Semantik für ihre Richtlinien aufzuweisen.

3.1.1 Vertrauenssiegel

Mit der Ausstellung von Vertrauenssiegeln (Trust Seals) bestätigt eine Dritte Partei für einen Dienstanbieter die Existenz einer Datenschutzerklärung. Die Gründe für eine solche Zertifizierung sind die Bereitstellung von Zusicherungen des Datenschutzes,

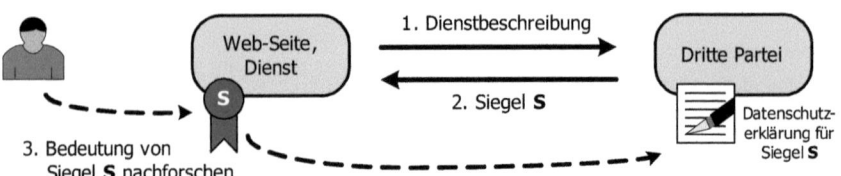

Abbildung 3.1: Nach einer Kontrolle der Dienstbeschreibung durch Dritte wird ein Dienst mit einem Vertrauenssiegel versehen. Die dem Siegel zugrundeliegende Datenschutzerklärung kann der Benutzer bei der Dritten Partei einsehen.

die Nennung von Sicherheitszusagen, die Präsentation von Kundenzufriedenheit, der Ausdruck von Zuverlässigkeit und das Angebot von Garantien [HuLZ01]. Beispiele für solche Zertifizierungsstellen sind TRUSTe[1], VeriSign[2] und BBBOnline[3].

Ein Vertrauenssiegel reduziert für Benutzer die Datenschutzerklärung auf ein Symbol, das auf der Web-Seite des Dienstanbieters als graphisches Logo der Zertifizierungsstelle abgebildet ist. Um das Siegel zu erlangen muss der Dienstanbieter, wie in Abbildung 3.1 gezeigt, den Umfang und die Methoden seiner Datensammlung bestimmen und eine ausführliche Beschreibung an die Zertifizierungsstelle senden. Diese überprüft daraufhin, ob ihren Anforderungen genüge getan wird, und stellt das Siegel aus. Ein Kunde kann nun auf der Web-Seite des Dienstanbieters dem Link hinter dem Siegel folgen und die Kriterien in natürlicher Sprache einsehen, denen sich der Dienstanbieter mit dem Siegel unterwirft.

Bewertung

Obwohl Vertrauenssiegel das Kundenvertrauen effektiv erhöhen, werden sie für die fehlende Überprüfung der tatsächlichen Einhaltung der Anforderungen kritisiert [KoSc03]. Die Datenschutzerklärungen hinter den Vertrauenssiegeln liegen ausschließlich in natürlicher Sprache vor, die für die Beschreibung von Richtlinien zwar eine vorzügliche **Ausdrucksstärke** aufweist: wie in Tabelle 3.1 dargestellt, können mit ihr alle in Kapitel 2.4 als notwendig abgeleiteten Regelelemente, wie beispielsweise Obligationen oder Zweckbestimmungen, detailliert beschrieben werden. Jedoch schließt das grundsätzliche Fehlen einer maschinenlesbaren Syntax und insbesondere das einer formalen **Semantik** ihre Verwendung für die Umsetzung von Richtlinien in IT-Systemen aus. Weder ihre Auswertung noch Operationen wie der **Vergleich** oder die **Kombination** von Richtlinien können automatisiert werden.

---

[1] http://www.truste.org
[2] http://www.verisign.com
[3] http://www.bbb.org

3.1. Richtlinien für den Selbstdatenschutz

Ausdrucksstärke	Modalität	+
	Bedingungen	+
	Obligationen	+
	Zweckbindung	+
	Sanktionen	+
	Formale Semantik	∅

Operationen	Vergleich	∅
	Kombination	∅

gut +
schlecht –
nicht beachtet ∅

Tabelle 3.1: Bewertung von Vertrauenssiegeln gemäß den Sprachanforderungen aus Kapitel 2.4

Des Weiteren können Benutzer keine eigenen Wünsche und Präferenzen für den Schutz ihrer Daten formulieren. Sie müssen den Dienst so akzeptieren, wie er mit dem Siegel angeboten wird. Doch nicht einmal der Dienstanbieter kann eigene, interne Anforderungen beliebig umsetzen: Er muss sich den Kriterien der Zertifizierungsstelle vollständig unterordnen. Datenschutz im Sinne von Selbstdatenschutz bzw. Selbstregulierung (vgl. Kapitel 1.3) ist mit Vertrauenssiegeln nicht möglich.

3.1.2 Platform for Privacy Preferences (P3P)

Die Platform for Privacy Preferences (P3P) ist ein vom WWW Consortium (W3C) verabschiedeter Standard für den Austausch von Datenschutzinformationen im World Wide Web [CLMPM02, Cran02]. Benutzer sollen mit Hilfe von P3P einen schnellen Überblick über die Datenschutzpraktiken einer Web-Seite bekommen, indem sie die Datenschutzerklärung des Betreibers mit ihren eigenen, in APPLE oder XPref geschriebenen Präferenzen (halb-)automatisiert abgleichen können.

In Abbildung 3.2 ist der Ablauf hierfür skizziert. Der Dienstanbieter formalisiert dafür seine Datenschutzerklärung als maschinenlesbare P3P-Richtlinie und hinterlegt sie im XML-Format auf seiner Web-Seite an einer bekannten Adresse. Von dort bezieht der um einen P3P-Agent erweiterte Web-Browser die Richtlinie. Stimmt der vom Benutzer konfigurierte Agent der P3P-Richtlinie zu, so gilt dies als Einwilligung für die Datenerhebung und -verarbeitung und die Web-Seite wird normal angezeigt. Andernfalls kann der Agent die Kommunikation mit der Web-Seite ganz oder auch nur teilweise unterbinden, so dass keine persönlichen Daten erhoben werden können.

Syntax

Eine P3P-Richtlinie besitzt zehn wichtige Elemente und ist in zwei Teile gegliedert. Der erste Teil beinhaltet generelle Aussagen über die gesamte Richtlinie. In ihm listet das Element **Entity** Kontaktinformationen mit zugehöriger Bezugsperson für den Herausgeber der Richtlinie auf, also für die Organisation bzw. den Dienstanbieter, dem die

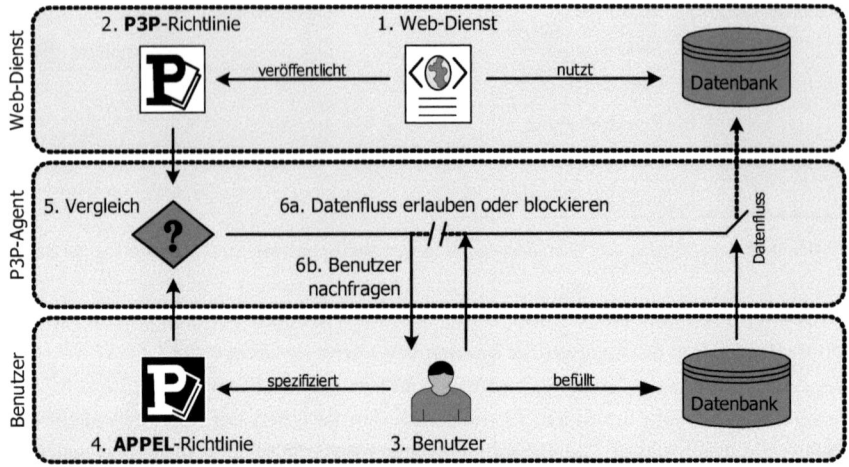

Abbildung 3.2: P3P-Agenten vergleichen für Benutzer die in P3P veröffentlichten Datenschutzpraktiken des Web-Dienstes mit den Benutzerpräferenzen in APPEL und erlauben oder blockieren den Fluss persönlicher Daten. Im Zweifel überlassen sie diese Entscheidung den Benutzern.

Web-Seite gehört. Über das **Access**-Element können Kunden herausfinden, wo sie die über sie gesammelten Daten einsehen können. Dort sollten sie sich sowohl über den Umfang der Daten informieren als auch diese verifizieren und ggf. ändern können. Das Tag *nonident* gibt hierbei an, dass keine personenbezogenen Daten gesammelt werden. Ebenso kann der allgemeine Teil der Richtlinie das Element **Disputes** umfassen, das für den Konfliktfall den Gerichtsstand und weiteres Prozedere beschreibt.

Der zweite Teil der Richtlinie beschreibt mit dem Regelwerk den eigentlich relevanten Teil. Mit ihm werden die Details über die Datensammelpraktiken und – zumindest zu einem gewissen Teil – über die anschließende Datennutzung spezifiziert. Eine Regel der Richtlinie entspricht dabei einem **Statement**-Element, das sich aus den folgenden Unterelementen zusammensetzt (Auszug):

- **Data-Group:** Bezeichnet die Art der Daten, auf die sich das Statement bezieht. Hier ist eine Auswahl aus den 17 Kategorien der P3P-Spezifikation möglich.

- **Purpose:** Zeigt an, wie die gesammelten Daten verwendet werden sollen. Die wichtigsten Werte für dieses Element sind:

    - *current:* Für die Anzeige, dass die Daten gemäß der Dienstbeschreibung auf der Web-Seite verwendet werden. Sollen die Daten auch noch anderweitig verwendet werden, müssen zusätzliche Zwecke angegeben werden.

3.1. Richtlinien für den Selbstdatenschutz 31

- *tailoring:* Erlaubt, die Daten für die Personalisierung einer Web-Sitzung (session) zu nutzen. Über diese Sitzung hinaus werden die Daten nicht gespeichert.

- *individual-decision:* Sammelt Daten für die dauerhafte Profilbildung und Benutzeranalyse, beispielsweise um später über die Kaufhistorie weitere Produkte zu empfehlen.

- *admin:* Für die technische Unterstützung und Administration der Web-Seiten. Informationen dürfen beispielsweise für die Führung von Zugangskonten oder die Pflege und Absicherung des IT-Systems verwendet werden.

- *develop:* Zeigt an, dass die gesammelten Daten für die Verbesserung der Web-Seite ausgewertet werden dürfen.

- **Recipient:** Beschreibt den Empfänger, an den die gesammelten Daten weitergeleitet werden dürfen. Neben *ours* für die rein interne Weitergabe geben die Tags *other-recipient* oder einfach nur *unrelated* Hinweis auf die Weitergabe an Dritte, ohne dieser jedoch näher zu bestimmen.

- **Retention:** Gib an, wie lange die Daten gespeichert werden. Der Wert *indefinetly* bedeutet, dass die gesammelten Daten auf unbestimmte Zeit vorgehalten werden können, und *stated-purpose*, dass sie zum frühest möglichen Zeitpunkt gelöscht werden müssen.

- **Non-identifiable:** Gibt an, dass über diese Regel keine identifizierenden Daten gesammelt werden oder dass die entsprechenden Daten anonymisiert werden.

- **Consequence:** Informiert den Kunden in natürlicher Sprache, warum es für ihn lohnenswert sein kann, seine Daten überhaupt herauszugeben.

Für die Spezifizierung der Daten in den einzelnen Statements gibt der Standard eine Reihe an Basisdaten vor, die von allen P3P-Implementierungen beherrscht werden müssen. Sie umfassen Informationen, die häufig in Web-Formulare eingetragen werden. Beispiele sind Benutzerdaten wie Name, Adresse, Geburtstag, Telefon- und Kontonummern, aber auch dynamische Daten wie Suchbegriffe, cookies oder HTTP-Protokolldaten. Die meisten dieser Daten sind in einer hierarchischen Baumstruktur angeordnet und lassen sich weiter unterteilen, so dass beispielsweise statt des gesamten Geburtsdatums nur das entsprechende Jahr in einer Regel referenziert werden kann.

Im Quelltext 3.1 ist eine P3P-Richtlinie für den Allergieberatungsdienst des Einkaufszentrums aus Kapitel 1.1.1 aufgezeigt. Im allgemeinen Teil befindet sich der Na-

```
<POLICIES xml:lang="en">
  <POLICY name="SC-Allergieberatung"
          discuri="http://www.sc.com/privacy/policy.html">

    <ENTITY>
      <DATA-GROUP>
        <DATA ref="#business.name">SC GmbH</DATA>
        <DATA ref="#business.contact-info.online.email">
          datenschutz@sc.com</DATA>
      </DATA-GROUP>
    </ENTITY>
    <ACCESS> <ident-contact /> </ACCESS>

    <STATEMENT>
      <DATA-GROUP>
        <DATA ref="#user.home-info.postal" />
        <DATA ref="#user.bdate.year" />
        <CATEGORIES><health /></CATEGORIES>
      </DATA-GROUP>
      <PURPOSE> <current /> <tailoring /> <contact /> </PURPOSE>
      <RETENTION> <stated-purpose /> </RETENTION>
      <RECIPIENT> <ours /> </RECIPIENT>
      <CONSEQUENCE>personalisierte Allergieberatung</CONSEQUENCE>
    </STATEMENT>

  </POLICY>
</POLICIES>
```

Quelltext 3.1: Diese P3P-Richtlinie erlaubt es dem Dienstanbieter SC, neben Geburtsjahr und Anschrift alle gesundheitsbezogenen Daten für eine Allergieberatung und spätere Kontaktaufnahme zu nutzen.

me des Unternehmens, hier im Beispiel *SC GmbH*, die E-Mail-Adresse des Datenschutzbeauftragten und die URL, an der diese Richtlinie in natürlicher Sprache hinterlegt wurde. Kunden haben Zugriff auf ihre eigenen Kontaktinformationen und können sie bei Bedarf ändern. Das Regelwerk der Richtlinie weist nur eine einzige Regel auf. In ihr weist der Anbieter darauf hin, dass er von Kunden Geburtsjahr, postalische Adresse und alle gesundheitsbezogenen Daten sammeln wird, um mit diesen Daten den angebotenen Dienst zu personalisieren und eine Allergieberatung durchzuführen. Als weiterer Zweck wird für die Sammlung eine spätere Kontaktaufnahme aufgeführt.

Semantik

Eine Regel wird in P3P über ein Statement-Element angegeben, das für eine Menge von Datenelementen eine Menge von Zweckbestimmungen, Speicherfristen und ggf. für die Datenweitergabe weitere Empfänger angibt. Dabei gilt es, die Baumstruktur der Daten zu berücksichtigen: ein Statement bezieht sich nicht nur auf die in ihm angegeben Datenelemente selbst, sondern auch auf alle Daten, die in der entsprechenden Hierarchie tiefer stehen.

P3P-Richtlinien besitzen eine einfache Mengensemantik. Soll für ein gegebenes Datenelement ausgewertet werden, ob es für einen bestimmten Zweck verwendet, gespeichert und weitergeben werden darf, muss in der Richtlinie nur ein Statement gefunden werden, das diese Wertkombination in seinen Unterelementen aufweist. Wird kein solches Statement gefunden, ist die Datensammlung nicht erlaubt. Ein explizites Verbieten kann nicht ausgedrückt werden, so dass die Auswertungsfunktion bei sehr restriktiven Richtlinien alle Statements überprüfen muss.

APPEL und XPref

Gleichzeitig mit P3P wurde von der W3C eine Sprache zur Spezifikation von Benutzerpräferenzen verabschiedet. A P3P Preference Exchange Language (APPEL) erlaubt Benutzern den Austausch ihrer Präferenzen in einem einheitlichen Format und die Installation in den verschiedenen P3P-Agenten [CrLM05].

Eine APPEL-Präferenz besteht aus einer Liste einzelner Regeln. Hat ein Agent die P3P-Richtlinie einer Web-Seite geladen, gleicht er sie nacheinander mit jeder APPEL-Regel ab. Wird eine Übereinstimmung gefunden, wird die Seite entsprechend dem in dieser Regel vorgegebenen Verhalten entweder angezeigt (request) oder blockiert (block). Ebenso kann für einen konkreten Fall eine Nachfrage beim Benutzer erzeugt werden (limited).

In [AKSX03] wird jedoch aufgezeigt, dass APPEL für Benutzer viele Fallen aufstellt und APPEL-Präferenzen nur schwer korrekt zu spezifizieren sind. Da Benutzer nur beschreiben können, welche Elementkombinationen für sie in P3P-Richtlinien akzeptabel sind, und logische Operationen nur auf der Ebene dieser P3P-Elemente möglich sind, gestaltet sich die Spezifikation einfacher Präferenzen umständlich und die Angabe komplexerer Ausdrücke als sehr fehleranfällig.

Abhilfe verschafft XPref [AKSX05], das mit XPath [ClDe99] auf einem Standard basiert, der zur Identifizierung und Auswertung beliebiger Elemente innerhalb einer XML-Datei wie eben einer P3P-Richtlinie geschaffen wurde. Eine XPref-Präferenz besteht aus einer Liste von **Rule**-Elementen. Anstatt jedoch wie APPEL Unterelemente für die Angabe zu nutzen, ob bestimmte Kombinationen von P3P-Elementen erlaubt oder verboten sind, kommen XPath-Ausdrücke als *condition*-Attribute zum Einsatz. Eine Regel trifft zu, wenn der XPath-Ausdruck ein nicht leeres Ergebnis zurückliefert, also in der P3P-Richtlinie eine entsprechende XML-Struktur gefunden wurde. Dann wird die im *behavior*-Attribut angegebene Aktion wie bei APPEL vom Agenten ausgeführt.

```
<RULESET>
    <RULE behavior="block"
        condition="/POLICY/STATEMENT/PURPOSE/*
                    [name(.) = "contact" or
                     name(.) = "individual-decision"] />
    <RULE behavior="request"
        condition="true" />
</RULESET>
```

Quelltext 3.2: Die Benutzerpräferenz in XPref blockiert für jeglichen Zweck Kontaktaufnahmen und Profilbildungen.

Eine Beispielpräferenz mit zwei Regeln wird im Quelltext 3.2 gezeigt. Die erste Regel blockiert eine Web-Seite, wenn ihre P3P-Richtlinie für die Zwecke der Kontaktaufnahme oder der persistenten Profilbildung Daten sammelt. Die zweite Regel beschreibt, dass ansonsten alle Web-Seiten angezeigt werden sollen, und gibt so dem P3P-Agenten ein Standardverhalten vor.

Privacy Bird

Um die Spezifikation von Benutzerpräferenzen auch für Laien zu ermöglichen, wurde der P3P-Agent Privacy Bird[4] von AT&T Corp. entworfen, er wird mittlerweile vom CMU Usable Privacy and Security Laboratory weiter gepflegt. Den Namen verdankt der P3P-Agent seinem Vogel-Icon, das er in die Titelleiste des MS Internet Explorer einbettet. Ein grüner Vogel zeigt an, dass die P3P-Richtlinie der gerade besuchten Web-Seite den Benutzerpräferenzen entspricht, ein roter, dass sie ihnen widerspricht, und ein gelber Vogel zeigt eine Web-Seite ohne P3P-Richtlinie an.

Für die Konfiguration des Agenten wurde das P3P-Vokabular drastisch reduziert. Nach Auswertung mehrerer Benutzbarkeitsstudien wurde eine kleine Untermenge als für „typische U.S.-Bürger" relevant ausgewählt [CrGA06]. Verwandte Begriffe wurden zusammengefasst und eine für Laien eingängigere Terminologie als die der P3P-Spezifikation eingeführt.

In seinem Präferenzdialog bietet der P3P-Agent nur noch zwölf Ankreuzfelder, die nach den Bereichen Gesundheit, Finanzen, Identität und ohne Benutzerbezug kategorisiert sind. Jedes Feld entspricht einer Teilpräferenz und besitzt eine kurze Beschreibung, beispielsweise dass eine Warnung ausgegeben werden soll, wenn eine Web-Seite identifizierende Daten sammelt und diese an Dritte weitergeben möchte. Benutzer können entweder eine eigene Feldauswahl treffen, oder sie übernehmen eine der drei Voreinstellungen für hohen, mittleren oder niedrigen Datenschutz.

---

[4] http://www.privacybird.org/

3.1. Richtlinien für den Selbstdatenschutz

Ausdrucksstärke	Modalität	−		Operationen	Vergleich	−
	Bedingungen	∅			Kombination	∅
	Obligationen	−				
	Zweckbindung	+				
	Sanktionen	∅			gut	+
	Formale Semantik	∅			schlecht	−
					nicht beachtet	∅

Tabelle 3.2: Bewertung der Richtliniensprachen von P3P gemäß den Anforderungen aus Kapitel 2.4

Hinter dem Vogel-Icon verbirgt sich eine Zusammenfassung der P3P-Richtlinie der aktuellen Web-Seite. Es werden die P3P-Regeln in natürlicher Sprache unter Verwendung der neuen, reduzierten Terminologie aufgelistet. Aufgrund der einfachen Mengensemantik lassen sich die P3P-Regeln, die einer der zwölf Teilpräferenzen nicht entsprechen, durch einen direkten Vergleich ermitteln und mit einer Warnung versehen hervorheben. Hierdurch ist es für Benutzer möglich, Datenschutzerklärungen über Web-Seiten hinweg zu vergleichen und die gewonnen Informationen in die Kaufentscheidungen einfließen zu lassen.

Bewertung

P3P ist das erste und bisher einzige technische Rahmenwerk für den Datenschutz, das im WWW einige Verbreitung gefunden hat. Die Verwendung eines fest vorgeschriebenen Vokabulars verspricht die für dieses Einsatzgebiet notwendige hohe Interoperabilität zwischen P3P-Richtlinien und den verschiedenen Implementierungen der Agenten. Gleichzeitig erlaubt es die Entwicklung stark auf Benutzbarkeit getrimmter Agenten, wie das Beispiel des Privacy Bird zeigt. Die Mengensemantik mit ihrer einfachen Regeldisjunktion hält die interne Logik der Agenten zudem schlicht. Der Vergleich von P3P-Richtlinien mit Benutzerpräferenzen als zentraler Anforderung (vgl. Kapitel 2.4) ist Bestandteil jedes Agenten.

Doch zeigt die Richtliniensprache sonstige Schwächen, die in Tabelle 3.2 dokumentiert sind und P3P letztendlich den Durchbruch im WWW verwehrten. Als besonders gravierend gilt, dass die **Semantik** für die Auswertung von P3P-Richtlinien nicht wohl-definiert ist [CrRe02, YuLA04]. So ist nicht gewährleistet, dass Dienstanbieter und Benutzer ein gemeinsames Verständnis einer P3P-Richtlinie besitzen. Je nach Implementierung können Richtlinien von den Agenten unterschiedlich interpretiert und repräsentiert werden. Ein **Vergleich** von Richtlinien unterschiedlicher Dienstanbieter kann so nicht präzise geführt werden. Ein Beispiel für die Problematik ist eine Richtlinie, die mehrere Regeln mit unterschiedlichen Speicherfristen für ein und dasselbe

Datenelement aufweist. Erlaubt die eine Regel, das Datenelement auf unbestimmte Zeit zu speichern, während eine andere die Speicherung untersagt, ist unklar, welche Regel Vorrang hat, und welches Ergebnis die Auswertungsfunktion liefern wird.

Unklare **Semantik** und Vieldeutigkeit ist auch ein Problem des Datenvokabulars. Auch wenn P3P grundsätzlich die Möglichkeit zur Erweiterung des ausschließlich auf die Erfordernisse von Web-Diensten ausgerichteten Datenvokabulars vorsieht, beispielsweise eine Erweiterung um Video- und Sensordaten für die Verwendung von P3P im Ubiquitous Computing [Lang05], wird von dieser Maßnahme allgemein abgeraten [CrWe02, Hogb03]. Ein XML-Schema zur Spezifikation möglicher Elemente weist keine wohl-definierte Semantik auf. Mittlerweile gibt es einen ersten Ansatz, das Datenvokabular nicht mehr „proprietär", sondern wie bei dem in dieser Arbeit präsentierten ExPDT als formale Ontologie mit Sprachen des Semantic Web zu spezifizieren [Hogb04].

Fundamentale Mängel sehen viele Dienstanbieter auch bei der gebotenen Ausdrucksstärke. So können die auf Datensätzen erlaubten Aktionen nicht weiter bestimmt werden. Das implizit angenommene „verwenden" reicht für eine sinnvolle Prozesssteuerung im IT-System des Anbieters nicht aus [AsKa03]. Hinzu kommt die eingeschränkte **Modalität**: Aktionen können nur erlaubt werden, obwohl die Angabe von Verboten für viele intuitiver ist. Eine entsprechende Erweiterung von P3P verhindert die Regeldisjunktion; Konsistenz innerhalb einer Richtlinie könnte nicht mehr gewährleistet werden [BaMR04].

Des Weiteren kann die Regelanwendbarkeit nicht ausreichend eingeschränkt werden. Sie kann zwar für einzelne Regeln auf einen bestimmten **Zweck** begrenzt werden, doch ist es weder möglich, über **Bedingungen** Umgebungsparameter wie etwa die Forderung nach einer gesicherten Kommunikationsverbindung einzubeziehen, noch über die Auflage von **Obligationen** die weitere Datennutzung zu steuern. P3P erlaubt zwar Aussagen über die Speicherdauer und über die generelle Datenweitergabe, doch bildet es im Wesentlichen nur eine einfache Zugangskontrolle. Die Spezifikation von **Sanktionen** ist in P3P nicht vorgesehen.

Unbeantwortet bleibt die Frage, wie P3P-Richtlinien im Falle einer Dienstorchestrierung **kombiniert** werden können. Sie sind ausschließlich für die Anzeige der Datenschutzpraktiken einzelner Web-Seiten entwickelt worden. Ebenso wurde keine Vorkehrung getroffen, die Richtlinien auch für die tatsächliche Umsetzung der beschriebenen Praktiken in den dahinterliegenden IT-Systemen nutzbar zu machen. P3P-Richtlinien können nicht zur Nutzungskontrolle eingesetzt werden; sie weisen vielmehr den Charakter von Datenschutz*versprechen* auf.

Ausdrucksstärke	Modalität	−
	Bedingungen	∅
	Obligationen	+
	Zweckbindung	+
	Sanktionen	∅
	Formale Semantik	∅

Operationen	Vergleich	∅
	Kombination	∅

gut +
schlecht −
nicht beachtet ∅

Tabelle 3.3: Bewertung von CPExchange gemäß den Sprachanforderungen aus Kapitel 2.4

3.1.3 Customer Profile Exchange (CPExchange)

Für die Umsetzungsunterstützung individueller Datenschutzrichtlinien, wie sie beim Selbstdatenschutz anfallen, kann die Spezifikation für Customer Profile Exchange (CPExchange) eingesetzt werden [BoHo00]. Sie integriert Kundendaten in ein XML-basiertes Datenmodell, um einen einzigen, holistischen Blick auf einen Kunden zu gewinnen. Ziel dieses einheitlichen Datenformats mit definierten Transportwegen und einer Abfragespezifikation ist der standardisierte Informationsaustausch zwischen den verschiedenen Anwendungen und Diensten innerhalb eines Unternehmens und die vereinfachte Weitergabe von Kundendaten an Dritte.

Neben dem Datenformat definiert CPExchange zusätzlich Meta-Daten in den jeweiligen Dokumentköpfen. Hier ist zur Verbindung der Daten mit den Schutzmechanismen des jeweiligen Unternehmens die Deklaration von Datenschutzrichtlinien möglich. Für diese Richtlinien nutzt CPExchange eine P3P-ähnliche Syntax und Semantik, die es jedoch um die Angabe der Kommunikationspartner und die Regelung der Datenweitergabe erweitert. Im Gegensatz zu P3P ist jedoch bei CPExchange ein Richtlinienvergleich nicht vorgesehen.

Bewertung

CPExchange geht für Unternehmen einen ersten Schritt, die Datenschutzkontrollen in ihren IT-Systemen individuell auf ihre Kunden auszurichten und so einen Grundstein für den Selbstdatenschutz zu legen. Die Richtliniensprache ist stark an der von P3P angelehnt, so dass sich ihre Bewertung in Tabelle 3.3 nur in der verbesserten Spezifizierbarkeit von **Obligationen** für die Datenweitergabe unterscheidet. Eine breite Akzeptanz der Spezifikation blieb jedoch aus. Denn anstatt nur P3P-ähnliche Richtlinien an die Kundendaten zu binden, forderte die Industrie einen Weg zur Formalisierung und Umsetzung ihrer kompletten, unternehmenseigenen Datenschutzrichtlinien. Aus diesem Wunsch heraus wurde später EPAL (vgl. Kapitel 3.2.1) entwickelt, dessen Ausdrucksstärke echt größer ist als die der Datenschutzinformationen der CPExchange-

Meta-Daten. Konsequenterweise kann die CPExchange-Regelung zur Datenherausgabe von EPAL-Richtlinien übernommen werden.

3.2 Richtlinien für die Selbstregulierung

Sprachen für den Datenschutz innerhalb von Unternehmen werden seit bald zehn Jahren vorgeschlagen. Sie repräsentieren die internen Richtlinien eines Unternehmens und unterstützen es bei der Umsetzung ihrer Datenschutzerklärungen. Prominentester Vertreter in dieser Kategorie ist EPAL mit seiner formalen Grundlage E-P3P. Des Weiteren werden hier die Sprache OSL aus dem Anwendungsgebiet des Digital Rights Management (DRM) und als Vertreter für Sicherheitsrichtlinien die Sprache XACML vorgestellt.

3.2.1 Enterprise Privacy Authorisation Language (EPAL)

Für Kunden können im WWW Datenschutzpraktiken mittels P3P kodiert und angezeigt werden. Für den internen Einsatz in einem Unternehmen, zur einheitlichen Konfiguration der Datenhandhabung innerhalb und zwischen Anwendungen, ist diese Richtliniensprache jedoch zu grobgranular und ausdrucksschwach. Um die dem Kunden versprochenen Datenschutzpraktiken unternehmensweit umsetzen und deren Einhaltung demonstrieren zu können, entwickelte IBM die Enterprise Privacy Authorization Language (EPAL) und reichte 2003 deren technische Spezifikation beim W3C zur Standardisierung ein.

Mit der Platform for Enterpise Privacy Practices (E-P3P) wurde zunächst im akademischen Umfeld eine formale Grundlage für die Auswertungssemantik geschaffen [AHKS02, KaSW02], bevor anschließend die abstrakte XML-Syntax von EPAL spezifiziert wurde [AHKP03]. Wichtigste technische Erweiterung gegenüber P3P bilden der Einbezug von Verboten, Berücksichtigung von Bedingungen und die mögliche Auferlegung von Obligationen. Des Weiteren lässt sich das Vokabular nachträglich erweitern, das modulare Zusammenfügen von Richtlinien wird in Ansätzen unterstützt.

EPAL konzentriert sich ausschließlich auf die direkten Belange des Datenschutzes und abstrahiert von Details der tatsächlichen IT-Systeme wie den Datenmodellen oder der Authentifizierung von Benutzern. Zur Überbrückung wird eine Zwischenschicht zwischen konfigurierenden Richtlinien und ausführendem Monitor eingefügt, die die in den Richtlinien verwendeten Vokabeln mit den tatsächlichen Systemeinheiten zur Laufzeit verbindet. Anschließend kann die Richtlinie beispielsweise vom IBM Tivoli-Sicherheitsmonitor [Tivo09] interpretiert und umgesetzt werden. Die Zugriffsentscheidung und insbesondere die spätere Einhaltung von Obligationen können über eine Audit-Schnittstelle nachverfolgt werden.

Syntax

Eine EPAL-Richtlinie besteht aus einer Liste von Regeln. Jede Regel enthält das notwendige Attribut **Ruling** zur Bestimmung der Regelmodalität. Es zeigt an, ob eine Regel eine Erlaubnis, ein Verbot oder einen Befehl darstellt. Um den Anwendungsbereich einer Regel auf bestimmte Situationen zu begrenzen, weist jede Regel ein oder mehrere Elemente der Attribute User-Category, Action, Data-Catagories und Purpose auf. Des Weiteren kann sie mehrere Condition- und schließlich mehrere Obligation-Attribute umfassen. Die Bedeutung dieser Attribute ist wie folgt:

- **User-Category:** Identifiziert Dienste oder Personen, die auf einen Satz persönlicher Daten zugreifen oder diesen empfangen.

- **Action:** Bezeichnet eine Operation, die auf einem Datensatz ausgeführt werden kann.

- **Data-Category:** Identifiziert diesen Datensatz über seinen Typ.

- **Purpose:** Zeigt den Zweck an, für den eine Operation auf einem Datensatz ausgeführt werden kann.

- **Obligation:** Beschreibt Aktionen, die nach einer Erlaubnis oder einem Verbot zusätzlich auszuführen sind.

- **Condition:** Definiert Bedingungen, die die Anwendbarkeit einer Regel zusätzlich einschränken.

- **Container:** Referenziert für die Auswertung der Bedingungen die Datenstrukturen, die die aktuelle Kontextinformation enthalten.

Die Elemente von User-Category, Data-Category und Purpose sind in hierarchischen Strukturen angeordnet. Dies erlaubt die Reduktion der Regelmenge aufgrund von Entscheidungsvererbung, wie im folgenden Abschnitt im Rahmen der Auswertungsfunktion erläutert wird. Ebenso tragen die Bedingungen in Form logischer Ausdrücke zur hohen Ausdrucksstärke von EPAL-Regeln bei. Um für die Spezifikation der Ausdrücke das Rad nicht neu zu erfinden, greift EPAL hierfür auf die Bedingungssprache von XACML zurück. Neben Konstanten können die logischen Ausdrücke auch

```
<epal-policy default-ruling="deny"
             global-condition="KundenkarteVorhanden"
             version="1.2">
    <epal-vocabulary-ref id="SC-GmbH"
                         location="http://www.sc.com"
                         revision-number="1.0" />

    <rule id="Marketing" ruling="deny">
        <user-category refid="Marketing" />
        <action refid="lesen" />
        <data-category refid="Gesundheitsdaten" />
        <purpose refid="Alle" />
    </rule>

    <rule id="Allergieberatung" ruling="allow">
        <user-category refid="Kundenpersonal" />
        <action refid="lesen" />
        <data-category refid="Gesundheitsdaten" />
        <purpose refid="Allergieberatung" />
        <obligation id="Speicherfrist">
           <parameter id="Tage">1</parameter>
        </obligation>
        <condition refid="volljährig" />
        <condition refid="ZustimmungErziehungsberechtigter" />
        <container refid="Kundenkarte" />
    </rule>
</epal-policy>
```

Quelltext 3.3: Die EPAL-Richtlinie verbietet der Abteilung Marketing den Zugriff auf die Gesundheitsdaten, erlaubt sie aber dem Kundenpersonal für eine Allergieberatung, wenn Kunden volljährig sind oder Zustimmung der Eltern haben.

Variablen enthalten, die zur Laufzeit mit aktuellen Kontextwerten aus dem entsprechenden Container belegt werden. Nur wenn alle Teilbedingungen erfüllt sind, kann die Regel zur Anwendung kommen.

Auf globaler Ebene der Richtlinie kann eine weitere Bedingung die Anwendbarkeit des gesamten Regelwerks steuern. Auf diese Weise kann eine Richtlinie wie mit einem Hauptschalter für bestimmte Situationen ein- bzw. ausgeschaltet werden. Des Weiteren wird für die gesamte Richtlinie mit dem **Default-Ruling** für den Fall eine Standardentscheidung spezifiziert, dass bei der Auswertung keine einzige Regel zutrifft. Da EPAL – anders als P3P – nicht fix auf eine Anwendungsumgebung ausgerichtet ist, muss jede Richtlinie einen Verweis auf das von ihr verwendete Domänenwissen enthalten. Nur so ist gewährleistet, dass die Elemente der Regelattribute bei der Auswertung korrekt interpretiert werden können.

Als Beispiel wird im Quelltext 3.3 eine vereinfachte EPAL-Richtlinie mit zwei Regeln spezifiziert. Die erste Regel verbietet es der Abteilung Marketing, die Gesund-

3.2. Richtlinien für die Selbstregulierung 41

```
<epal-query>
  <user-category refid="Apotheker" />
  <action refid="lesen" />
  <data-category refid="Gesundheitsdaten" />
  <purpose refid="Allergieberatung" />

  <container refid="Kundenkarte">
    <attribute refid="Kundennummer"><value>083502</value></attribute>
    <attribute refid="Alter"><value>16</value></attribute>
    <attribute refid="ZustimmungErziehungsberechtigter">
      <value>ja</value>
    </attribute>
  </container>
</epal-query>
```

Quelltext 3.4: Eine solche EPAL-Anfrage wird zur Entscheidungsfindung über den Datenzugriff eines Apothekers auf die Gesundheitsdaten ausgewertet. Die Belegung der Bedingungsvariablen ist Teil der Anfrage.

heitsdaten der Kunden einzusehen, für welchen Zweck auch immer. In der zweiten Regel wird dem Kundenpersonal Zugriff auf diese Daten für den Zweck einer Allergieberatung gewährt, wenn die Kunden volljährig sind oder ihre Eltern bzw. Erziehungsberechtigten zugestimmt haben. Sie dürfen die Gesundheitsdaten jedoch nur maximal einen Tag vorhalten. Weitere Datenzugriffe werden von der Standardentscheidung verboten.

Eine Anfrage besteht aus einem Vier-Tupel von Elementen der Attribute Usercategory, Action, Data-category und Purpose. Weiterer Bestandteil einer Anfrage sind die Container, die die für die Auswertung von Bedingungen notwendige Kontextinformation liefern. In Quelltext 3.4 wird angefragt, ob ein Apotheker auf die Gesundheitsdaten des Kunden für eine Allergieberatung zugreifen darf. Im Container der Kundenkarte sind die Variablen Kundennummer, Alter und Zustimmung der Erziehungsberechtigten mit konkreten Werten belegt. Das Ergebnis der Anfrage ist eine Erlaubnis unter der Auflage, die Daten für höchstens einen Tag zu speichern, wie im folgenden Absatz erklärt wird.

Semantik

Die Semantik von EPAL stellt die Auswertungsvorschrift für eine solche Anfrage dar. Mit ihr wird berechnet, ob die in der Anfrage beschriebene Operation erlaubt oder verboten ist, und zu welchen Obligationen der Ausführende verpflichtet wird, wenn der Zugriff autorisiert wird. Die Vorschrift lautet wie folgt:

1. Der Algorithmus wertet die globale Bedingung der Richtlinie aus. Ist sie nicht erfüllt, wird je nach Vorgabe des Unternehmens entweder mit einer Fehlermeldung abgebrochen oder die Standardentscheidung zurückgegeben.

2. Es wird überprüft, ob die vier Elemente der Anfrage in dem von der Richtlinie referenzierten Vokabular enthalten und gültig sind. Ggf. wird mit einer Fehlermeldung abgebrochen.

3. Es wird eine leere Menge initialisiert, in der beim Regeldurchlauf Obligationen für die Ausgabe akkumuliert werden können.

4. Die Regeln werden entsprechend der Reihenfolge in der Richtlinienspezifikation bearbeitet. Hierfür werden jeweils folgende Schritte durchlaufen:

   (a) Sind nicht alle vier Attribute User-Category, Action, Data-Category und Purpose der Anfrage im Bereich der entsprechenden Regelattribute, ist die Regel nicht anwendbar. Es wird mit der Bearbeitung der nächsten Regel fortgefahren.

   (b) Treffen die Regelbedingungen unter der Variablenbelegung des entsprechenden Container nicht zu, wird mit der Bearbeitung der nächsten Regel fortgefahren.

   (c) Sind in der Regel Obligationen definiert, werden diese der Obligationsmenge der Ausgabe hinzugefügt.

   (d) Ist die Regelmodalität ein Befehl, wird mit der Bearbeitung der nächsten Regel fortgefahren. Ansonsten wird die Entscheidung der Regel (Verbot oder Erlaubnis) zusammen mit der Obligationsmenge zurückgegeben.

Sind alle Regeln durchlaufen und wurde keine Entscheidung gefunden, gibt der Algorithmus die Standardentscheidung zusammen mit der Obligationsmenge zurück.

Ob im Schritt 4a eine Anfrage im Bereich der Regel steht, hängt auch von der Regelmodalität ab. Für eine Autorisierung bzw. einen Befehl ist es notwendig, dass das Anfrageelement entweder gleich dem der Regel ist, oder aber in der entsprechenden Hierarchie niedriger steht. Die Regelentscheidung vererbt sich also, wie in Abbildung 3.3 dargestellt, auf alle direkten und indirekten Kindelemente in der Hierarchie weiter unten.

Auch bei einem Verbot vererbt sich die Entscheidung auf alle Unterelemente. Zusätzlich vererbt sich das Verbot jedoch auch die Hierarchie hinauf. Es gilt zusätzlich

3.2. Richtlinien für die Selbstregulierung

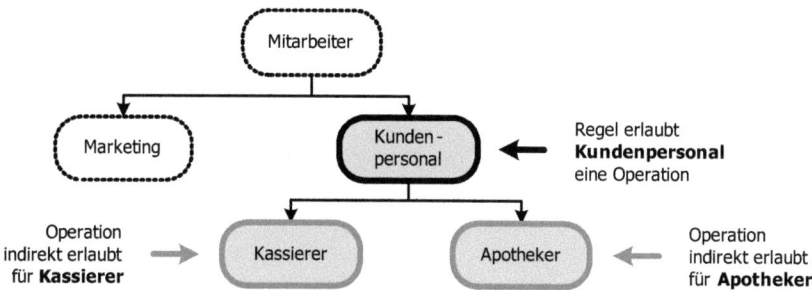

Abbildung 3.3: Eine Autorisierung (schwarzer Rand) vererbt sich bei EPAL auf Kindelemente (grauer Rand) der jeweiligen Hierarchie

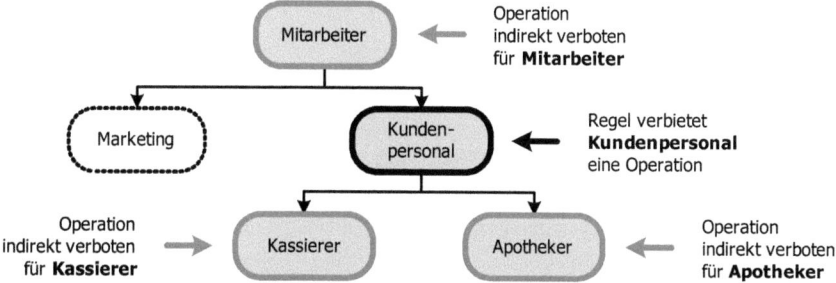

Abbildung 3.4: Ein Verbot vererbt sich bei EPAL auf alle Kind- und zusätzlich alle Vaterelemente.

für alle Elemente, die in der Hierarchie in direkter Linie bis zur Wurzel stehen. Denn ist beispielsweise wie in Abbildung 3.4 eine Operation für das Kundenpersonal verboten, muss sie auch für alle Mitarbeiter an sich verboten sein. Ansonsten könnte ein Angestellter vom Kundenpersonal statt mit der ID „Kundenpersonal" mit seiner ID „Mitarbeiter" eine Anfrage starten und so dieses Verbot umgehen, ggf. sogar über eine nachfolgende Regel oder die Standardentscheidung eine Autorisierung für die gewünschte Operation erlangen. Unberührt hiervon bleibt die Abteilung Marketing, da sie nicht in Hierarchielinie mit dem Regelelement Kundenpersonal steht.

Kombination von Richtlinien

EPAL wurde für den Einsatz in großen Unternehmen mit vielen Abteilungen entworfen. Um die Frage nach einem modularen Richtlinienaufbau zu beantworten, wurde die formale Abstraktion E-P3P um eine Algebra für die Kombination von Datenschutzrichtlinien erweitert [BaPS03, BaDS04]. Neben einem Kompositionsoperator für die Zusammenführung von Richtlinien unterschiedlicher Priorität wurde ein Operator für die Konjunktion von Richtlinien gleicher Priorität eingeführt.

Die Operatoren wurden jedoch nicht nach EPAL übertragen. Aufgrund einiger fundamentaler Limitierungen der Ausdrucksweise von E-P3P bzw. EPAL lassen sich die Operatoren nicht intuitiv definieren. Insbesondere ist jedoch die Konjunktion nicht abgeschlossen; eine Konjunktion zweier Richtlinien ergibt nicht notwendigerweise eine semantisch korrekte neue Richtlinie. Um diesem zu begegnen, wurde zwar eine reduzierte Klasse von „wohldefinierten" Richtlinien eingeführt. Doch ist diese Klasse nun nicht mehr abgeschlossen unter der Komposition, so dass eine Kombination beider Operatoren nicht möglich ist.

Sticky Policy-Paradigma und Richtlinienvergleich

Ein wichtiger Aspekt bei EPAL ist das Management von Datenschutzrichtlinien pro Kunde und Datenelement. Dies ist erforderlich, wenn sich über die Zeit die Richtlinien eines Dienstanbieters verändern, die Daten vom Kunden jedoch nur unter der ursprünglichen freigegeben worden sind. Ebenso können für einen Dienst mehrere Datenschutzrichtlinien gelten, etwa eine für zahlende Kunden und eine weniger restriktive für Kunden, die im Gegenzug für Werbeeinblendungen die Dienste kostenlos nutzen können. Oder es müssen die gesetzlichen Vorschriften der unterschiedlichen Herkunftsländer der Kunden abgebildet werden.

Ähnlich zu CPExchange wurde hierfür das Paradigma „klebriger" Richtlinien (Sticky Policy) eingeführt [KaSW02]. Werden wie in Abbildung 3.5 Daten an einen Dienstanbieter übermittelt, stimmt der Kunde einer bestimmten Datenschutzrichtlinie zu. Diese wird fortan fest an die Daten gekoppelt, so dass zu jedem Zeitpunkt für die Daten genau diese Richtlinie im IT-System verwendet wird. Die Kopplung soll auch dann gehalten werden, wenn die Daten an Dritte weitergegeben werden.

Will ein Unternehmen nicht jedem Kunden eine eigene Richtlinie zuordnen und dessen Datensätze spezifisch behandeln müssen, kann es diese durch eine eigene Richtlinie ablösen, wenn sie nachgewiesen restriktiver ist als die der Kunden. Für den Vergleich von Richtlinien bietet EPAL den Test auf Verfeinerung (Refinement). Eine Richtlinie $\mathcal{P}_{Unt}$ ist eine Verfeinerung der Richtlinie $\mathcal{P}_{Kunde}$, wenn sie keine zusätzlichen Operationen erlaubt, und für die erlaubten nicht weniger Obligationen auferlegt. $\mathcal{P}_{Unt}$ ist somit restriktiver als $\mathcal{P}_{Kunde}$ und kann ohne Nachteile für den Kunden als neue Richtlinie mit den persönlichen Daten des Kunden verknüpft werden.

In [BKBS04] wird ein Algorithmus für den Test auf Verfeinerung angegeben, der die Semantik von EPAL ausnutzt und grob in drei Schritten arbeitet. Zunächst werden beide Regellisten so transformiert, dass die Anwendungsbereiche von Regeln gleicher

3.2. Richtlinien für die Selbstregulierung

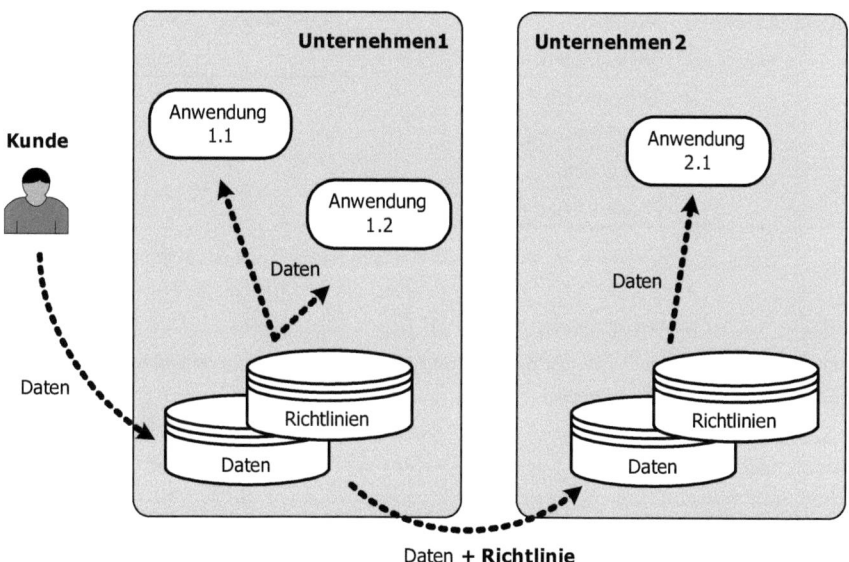

Abbildung 3.5: Beim Sticky Policy-Paradigma werden vor der Weitergabe Daten mit ihren Richtlinien fest verknüpft.

Entscheidung zusammengefasst werden können. Anschließend werden in diesen neuen Regelsätzen nie zutreffende Anwendungsbereiche eliminiert. Obligationen werden aus den verbleibenden Regeln gelöst und für den einfachen Vergleich in separaten Regeln zusammengefasst. Nach diesen zwei Vorverarbeitungsschritten können die so normalisierten Richtlinien nun effizient auf Verfeinerung getestet werden.

Bewertung

EPAL weist eine hohe Ausdrucksstärke auf, wie in Tabelle 3.4 aufgezeigt wird. Mit dem Ruling-Attribut lassen sich nicht nur die **Modalität** der Autorisierung, sondern auch des Verbots und des Befehls spezifizieren. Neben den üblichen Attributen für Benutzer, Aktion, Datensatz und **Zweck** lässt sich die Anwendbarkeit von Regeln über die Angabe von kontextbezogenen **Bedingungen** zusätzlich einschränken. Die weitere Datennutzung nach dem eigentlichen Zugriff durch den Benutzer kann über die **Obligation** zu nachfolgenden Aktionen geregelt werden. **Sanktionen** können jedoch nicht spezifiziert werden.

Anders als bei P3P ist das Vokabular nicht fest vorgegeben, sondern wird für den jeweils eigenen Geschäftsbereich definiert. Da das Vokabular jedoch als XML-Schema

Ausdrucksstärke	Modalität	+
	Bedingungen	+
	Obligationen	+
	Zweckbindung	+
	Sanktionen	∅
	Formale Semantik	+

Operationen	Vergleich	−
	Kombination	−

gut +
schlecht −
nicht beachtet ∅

Tabelle 3.4: Bewertung von EPAL gemäß den Sprachanforderungen aus Kapitel 2.4

vorliegt, muss die Vokabelsemantik natürlichsprachlich beschrieben werden, was bei der Datenweitergabe Dritte vor das Problem stellt, die Vokabeln in angeklebten Richtlinien richtig zu interpretieren.

Die **Semantik** der Sprache ist formal auf der Ebene E-P3P spezifiziert. Auf dieser Ebene sind auch Operatoren zur **Kombination** von Richtlinien definiert. Da Komposition und Konjunktion mehrerer Richtlinien jedoch nicht abgeschlossen und somit für den praktischen Einsatz ungeeignet sind, fanden sie in EPAL bisher keinen Eingang. Für den **Vergleich** wurde ein Verfeinerungstest implementiert, der überprüft, ob eine Richtlinie restriktiver ist als eine andere. Ist eine Richtlinie jedoch nicht restriktiver, können über diesen Test nicht ohne manuellen Aufwand zusätzlich erteilte Rechte identifiziert werden.

Zur Selbstregulierung in einem Unternehmen ist EPAL gut geeignet, nicht zuletzt aufgrund der Anbindung an bestehende Durchsetzungsmechanismen wie dem Tivoli-Sicherheitsmanager. Um den Kunden beim Selbstdatenschutz mit einzubeziehen, wird vorgeschlagen, aus der allgemeinen EPAL-Richtlinie eine P3P-Richtlinie abzuleiten und diese auf der Web-Seite des Unternehmens als haltbares Datenschutzversprechen zu präsentieren [KaSH03]. Doch ist dieser Schritt aufgrund des Gefälles der Ausdrucksstärke stark verlustbehaftet und nicht vollständig zu automatisieren. Insbesondere gewährt es Kunden keine individuellen, persönlichen Richtlinien. Wünschenswert wäre es, wenn Kunden ihre eigenen Präferenzen in der gleichen Sprache EPAL spezifizieren, mögliche Konflikte zu den Unternehmensrichtlinien aufspüren und schon bei der Herausgabe ihrer Daten Richtlinien ankleben könnten, die mit dem Unternehmen individuell abgestimmt sind.

3.2.2 Obligation Specification Language (OSL)

Mit der sich an der ETH Zürich noch in Entwicklung befindlichen Obligation Specification Language (OSL) steht eine Sprache für Richtlinien zur Verfügung, die die Datenschutzanforderungen einer Vielzahl von Anwendungsgebieten abbilden

3.2. Richtlinien für die Selbstregulierung

```
({
    (Play, usage, {(object, ObjID), (device, DevID)}),
    (Backup, usage, {(object, ObjID), (device, DevID)}),
}, {
    (UserA, permitonlyevname({Play, Backup}, {(object, Movie)})),
    (UserA, repmax(5,E_all ((Play, {(object, Movie)})))),
    (UserA, permitonlyparam({Player}, device, Play, {(object, Movie)})),
    (UserA, repmax(1,E_fst ((Backup, {(object, Movie)}))))
})
```

Quelltext 3.5: Mit dieser OSL-Richtlinie darf der Benutzer das Objekt Movie nur fünf Stunden abspielen und nur eine Sicherheitskopie anlegen.

kann [HPBS07]. Mit OSL können die üblichen Autorisierungen geregelt werden. Besonderer Fokus richtet sich dabei auf die Dauer der anschließenden Datennutzung. Eine Spezifikation der Obligation „Datei F muss nach spätestens sieben Tagen gelöscht werden" bleibt in dieser Sprache keine Blackbox, sondern kann im Detail gesteuert werden. Die formale Semantik von OSL basiert auf temporaler Logik, so dass eine genaue zeitliche Beschreibung, Auswertung und Überwachung der Einhaltung von Obligationen möglich ist.

OSL-Richtlinien können sowohl in Z, einer auf typisierter Mengentheorie basierenden Sprache, und in der Prädikatenlogik mit Gleichheit formalisiert werden. Die komplexe Syntax und Semantik soll hier nur anhand der Beispielrichtlinie in Quelltext 3.5 beleuchtet werden. Diese regelt Belange des Digital Rights Management (DRM), ein Anwendungsgebiet des allgemeinen Datenschutzes mit vertauschten Rollen der Akteure. Die Richtlinie drückt aus, dass der Benutzer *UserA* den Film *Movie* höchstens für fünf Stunden abspielen darf, und zwar nur auf dem Gerät *Player*. Des Weiteren kann *UserA* höchstens eine Sicherheitskopie des Films anlegen. Weitere Nutzung ist untersagt.

Im ersten Teil der Richtlinie werden die Aktionen *Play* und *Backup* definiert, im zweiten Teil ihre Anwendung geregelt. Hier verbietet die erste Obligation alle Nutzung des Objekts *Movie* außer durch *Play* und *Backup*. Die zweite Obligation beschränkt *Play* auf fünf Wiederholungen, die dritte setzt die Hardware-Beschränkung für *Play*, und die letzte Obligation verhindert mehr als eine Ausführung der *Backup*-Aktion. Für diese OSL-Richtlinie wird ein Zeitschritt von einer Stunde zugrunde gelegt, um die Zeitspanne von fünf Stunden beschreiben zu können: Fünf Wiederholungen entsprechen so fünf Stunden.

Neben dem Einsatz temporaler Logik liegt ein weiterer Schwerpunkt von OSL auf dem flexiblen Einsatz von bereits vorhandenen Durchsetzungsmechanismen. Hierzu wird eine Semantik zur Vorgabe von Konfigurationsparametern definiert. Diese regeln

Ausdrucksstärke	Modalität	+
	Bedingungen	−
	Obligationen	+
	Zweckbindung	∅
	Sanktionen	∅
	Formale Semantik	+

Operationen	Vergleich	∅
	Kombination	∅

gut +
schlecht −
nicht beachtet ∅

Tabelle 3.5: Bewertung von OSL gemäß den Sprachanforderungen aus Kapitel 2.4

für jede OSL-Richtlinie präzise, wie sie im IT-System umzusetzen ist. Mit einer Übersetzungsvorschrift können diese Vorgaben dann in die konkreten Konfigurationssprachen der Zugriffskontrollmechanismen transformiert werden, wie beispielhaft für die Konfigurationssprache ODRL [Iann02] gezeigt wurde [HPSW06].

Bewertung

Für die Regulierung von Datenzugriffen und der anschließenden Datennutzung liegt mit OSL eine ausdrucksstarke Richtliniensprache mit den **Modalitäten** der Autorisierung und des Verbots vor. Wie auch in Tabelle 3.5 dargestellt, lässt ihre Fokussierung auf **Obligationen** zur temporalen Einschränkung der Rechte nach dem Zugriff jedoch den Einbezug von Umgebungsparametern in Form von **Bedingungen** und die **Zweckbindung** zu kurz kommen. Als Ablösung ihrer bisherigen, komplexen Syntax wird zwar eine benutzerfreundlichere entwickelt, doch ohne Eingriff in das Grundmodell lassen sich Bedingungen nicht nachträglich einfügen.

Obwohl die formal spezifizierte **Semantik** die Voraussetzung liefert, kann OSL bisher nicht die in Kapitel 2.4 aufgestellten Forderungen nach Operatoren für den **Vergleich** und die **Kombination** von Richtlinien erfüllen. OSL wurde für ein DRM-Szenario entwickelt und verfolgt ein anderes Ziel: Es versucht, über die präzise Konfiguration der Durchsetzungsmechanismen die Richtlinien von der reinen Beschreibung der abstrakten Rechte und Verpflichtungen weiter in Richtung Hardware zu rücken. Auf dieser Ebene besteht keine Notwendigkeit, Richtlinien zu kombinieren oder gar miteinander zu vergleichen. Ebenso ist die Angabe von **Sanktionen** in den Richtlinien nicht vorgesehen, denn OSL geht von einer vorbehaltlosen Durchsetzung der spezifizierten Richtlinien aus.

3.2.3 eXtensible Access Control Markup Language (XACML)

Die eXtensible Access Control Markup Language (XACML) ist ein Standard der Organisation for the Advancement of Structured Information Standards (OASIS) zur For-

3.2. Richtlinien für die Selbstregulierung

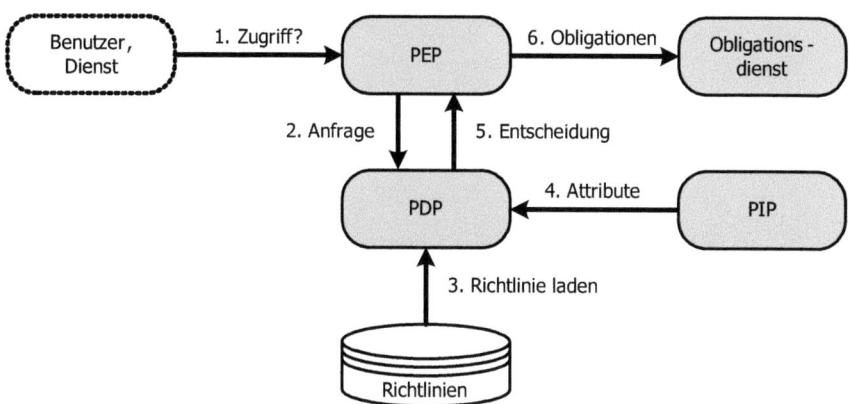

Abbildung 3.6: Das Modell für die Umsetzung von XACML umfasst Einheiten zur Erfassung von Umgebungsparametern, zur Auswertung und Durchsetzung von Richtlinien.

mulierung allgemeiner Sicherheitsrichtlinien [Mose05a]. Er bietet einen regelbasierten Zugriffskontrollansatz, der zwar nicht originär für den Datenschutz entwickelt wurde. Doch obwohl Datenminimierung bzw. Nutzungskontrolle nicht im Fokus stehen, kann XACML auch zu diesem Zweck eingesetzt werden. Tatsächlich sind die meisten Unterschiede zu E-P3P bzw. EPAL nur von syntaktischer Natur [Ande02].

XACML umfasst ein Modell für die Umsetzung in IT-Systemen und entsprechend Kommunikationsprotokolle (vgl. Abbildung 3.6). Die bewachende Systemeinheit, hier Policy Enforcement Point (PEP) genannt, basiert auf den Attributen des Benutzers, der Zugriffsaktion und der Ressource. Will ein Benutzer oder ein Dienst Zugriff auf eine Ressource, stellt der PEP eine Anfrage an den Policy Decision Point (PDP). Dieser erfragt aktuelle Werte für sonstige, den Zugriff betreffende Kontextattribute, wertet die Anfrage gemäß der Richtlinie aus und liefert die Entscheidung an den PEP zurück. Der PEP kann daraufhin den Zugriff entweder verhindern oder gewähren. Sieht die Entscheidung weitere Verpflichtungen vor, werden sie einem Obligationsdienst zur späteren Überprüfung mitgeteilt. Die Trennung von PEP und PDP in separate Einheiten erlaubt den Einsatz als Verteiltes System.

Syntax

An der Wurzel aller XACML-Richtlinien steht eine Richtlinie **Policy** oder eine Richtlinienmenge **PolicySet**. Ein PolicySet kann wiederum Policies oder auch weitere PolicySets halten. Eine Policy besteht aus folgenden Elementen:

- **Target:** Spezifiziert eine Menge von Benutzern *subjects*, Aktionen *actions*, Ressourcen *resources* und ggf. Umgebungsparameter, auf die sich die Policy bezieht.

- **Obligation:** Gibt zusätzliche Verpflichtungen für die Benutzer an, wenn diese Richtlinie zum Einsatz kommt.

Eine Policy repräsentiert eine einzelne Zugriffskontrollrichtlinie, die in Regelform angegeben wird. Eine Regel ist dabei die elementarste Einheit in XACML und besteht aus:

- **Target:** Ähnlich zum Policy Target wird hier eine Menge von Benutzern *subjects*, Aktionen *actions*, Ressourcen *resources* und ggf. Umgebungsparameter spezifiziert, auf die sich die Regel bezieht.

- **Effect:** Der Effekt einer Regel gibt mit den Werten „permit" und „deny" die Modalität einer Regel an.

- **Condition:** Über einen booleschen Ausdruck kann die Anwendbarkeit der Regel über die Rule Target-Attribute hinaus eingeschränkt werden.

Ein stark gekürztes Beispiel für eine XACML-Richtlinie wird in Quelltext 3.6 gegeben. Die erste Regel erlaubt allen Mitgliedern der Gruppe Kundenpersonal, lesend auf die Daten in der Kundendatenbank zuzugreifen. Eine zweite, finale Regel verbietet alle möglichen Aktionen.

Semantik und Kombination von Richtlinien

Eine Richtlinienmenge kann mehr als eine Richtlinie und eine Richtlinie mehr als eine Regel enthalten, die jeweils zu unterschiedlichen Zugriffsentscheidungen führen können. Zur Schlichtung solcher Konflikte kann in XACML auf jeder Ebene ein eigener Auswertungsalgorithmus bestimmt werden. Jeder dieser PolicyCombining- bzw. RuleCombining-Algorithmen repräsentiert dabei eine bestimmte Art, mehrere Ergebnisse in eine einzige Entscheidung zu überführen. Ein solcher Algorithmus bestimmt, welche Richtlinien oder Regeln ausgewertet, wie Entscheidungen „permit" und „deny" verbunden, und wie mögliche Obligationen behandelt werden sollen.

XACML definiert einige Standardalgorithmen wie „gib das Ergebnis der Policy (oder Rule) zurück, die als erstes zutrifft", „deny, falls auch nur eine Policy (oder Rule) als Ergebnis deny liefert" oder wie im Beispiel „permit, wenn auch nur eine Policy (oder Rule) permit liefert". Eigene Algorithmen können ebenfalls spezifiziert werden.

3.2. Richtlinien für die Selbstregulierung

```xml
<Policy PolicyId="SC-GmbH"
    RuleCombiningAlgId="rule-combining-algorithm:permit-overrides">
  <Target> ... </Target>
  <Rule RuleId="Kundenpersonal" Effect="Permit">
    <Target>
      <Subjects>
        <SubjectMatch MatchId="function:string-equal">
          <SubjectAttributeDesignator AttributeId="Gruppe"
            DataType="http://www.w3.org/2001/XMLSchema#string" />
          <AttributeValue
            DataType="http://www.w3.org/2001/XMLSchema#string">
            Kundenpersonal
          </AttributeValue>
        </SubjectMatch>
      </Subjects>
      <Actions>
        <ActionMatch MatchId="function:string-equal">
          <AttributeValue
            DataType="http://www.w3.org/2001/XMLSchema#string">
            lesen
          </AttributeValue>
          <ActionAttributeDesignator AttributeId="KundenDB"
            DataType="http://www.w3.org/2001/XMLSchema#string">
        </ActionMatch>
      </Actions>
      <Resources> <AnyResource /> </Resources>
    </Target>
    <Condition> ... </Condition>
  </Rule>
  <Rule RuleId="FinaleRegel" Effect="Deny" />
</Policy>
```

Quelltext 3.6: Diese XACML-Richtlinie erlaubt dem Kundenpersonal, lesend auf die Kundendatenbank zuzugreifen.

Bewertung

XACML wurde zwar für die Spezifizierung von Sicherheits- und Netzwerkrichtlinien entwickelt, eignet sich aber von seiner Ausdrucksstärke her durchaus für die Selbstregulierung des Datenschutzes innerhalb von Unternehmen. Wie auch in Tabelle 3.6 aufgezeigt, umfasst die Ausdrucksstärke daher die notwendigen **Modalitäten, Bedingungen, Obligationen** und sogar **Sanktionen**. Die explizite **Zweckbestimmung** (vgl. Kapitel 2.4) erfordert jedoch die Einbindung einer XACML-Erweiterung. Diese liefert zusätzlich Richtlinienattribute für Datenressourcen zur Angabe des Zwecks, für den diese Daten gesammelt wurden, und Anfrageattribute, um den Zweck der auszuführenden Aktion zu beschreiben [Mose05b].

Die **Kombination** mehrerer Richtlinien, ebenfalls eine zentrale Sprachanforderung, wird von XACML über die Bereitstellung verschiedener Auswertungsalgorithmen auf

Ausdrucksstärke	Modalität	+
	Bedingungen	+
	Obligationen	+
	Zweckbindung	+
	Sanktionen	+
	Formale Semantik	∅

Operationen	Vergleich	∅
	Kombination	+

gut +
schlecht −
nicht beachtet ∅

Tabelle 3.6: Bewertung von XACML gemäß den Sprachanforderungen aus Kapitel 2.4

äußerst flexible Weise erfüllt. Doch sind diese Algorithmen gleichzeitig eine Schwäche von XACML, denn formal ist ihre **Semantik** bisher nicht spezifiziert. Für den Selbstdatenschutz eignet sich die Sprache hingegen weniger, denn **Vergleiche** von Kundenpräferenzen mit Unternehmensrichtlinien sind nicht möglich: Die Schnittmenge zweier allgemeiner Richtlinien ist nicht definiert.

3.3 Zusammenfassung

Dienstanbietern soll ein Werkzeug an die Hand gegeben werden, mit dem sie bei Personalisierung ihrer Dienstangebote den Schutz persönlicher Kundendaten in ihren IT-Systemen gewährleisten können. Dies erfordert eine Richtliniensprache, die **ausdrucksstark** genug ist für die Steuerung der Datensammlung und -verarbeitung entsprechend der *Selbstregulierung* der Anbieter. Für größere Unternehmen mit mehreren Abteilungen oder für die Orchestrierung von Diensten unterschiedlicher Datenanforderungen ist insbesondere eine **modulare Kombinierbarkeit** von Richtlinien unabdingbar.

Gleichzeitig muss die Richtliniensprache auf der anderen Seite die *Selbstdatenschutz*präferenzen der Kunden beschreiben können, um Kundenwünsche berücksichtigen und eine Dienstoption über das bisherige „Alles-oder-Nichts" hinaus anbieten zu können. Der Fokus liegt hier insbesondere auf den Operationen zum automatisierten **Vergleich von Richtlinien**, damit Kunden den „Datenhunger" der Anbieter gegenüber ihren eigenen Präferenzen abschätzen und Anbieter ihre Dienste genauer auf die von ihren Kunden angebotenen Daten zuschneiden können.

Vertrauenssiegel gelten zwar als Mittel für den Selbstdatenschutz, da sie dem Kunden zumindest einen Abgleich der Datenschutzpraktiken der Dienstanbieter mit den eigenen Präferenzen ermöglichen sollen. Es fehlt ihnen jedoch jegliche abstrakte Syntax oder gar formale Semantik. Da somit an eine Automatisierung der Richtlinienverarbeitung nicht zu denken ist, werden Vertrauenssiegel im Folgenden nicht weiter betrachtet.

3.3. Zusammenfassung

		P3P	CPEx.	EPAL	OSL	XACML
Ausdrucksstärke	Modalität	−	−	+	+	+
	Bedingungen	∅	∅	+	−	+
	Obligationen	−	+	+	+	+
	Zweckbindung	+	+	+	∅	+
	Sanktionen	∅	∅	∅	∅	+
	Form. Semantik	∅	∅	+	+	∅
Operationen	Vergleich	−	∅	−	∅	∅
	Kombination	∅	∅	−	∅	+

Tabelle 3.7: Gegenwärtige Richtliniensprachen in Bezug auf die Anforderung aus Kapitel 2.4 bewertet mit + für gute, mit − für schlechte und mit ∅ für keine Realisierung bzw. Nicht-Beachtung.

P3P bietet zusammen mit APPLE bzw. XPref hierfür zwar maschinenlesbare Richtlinien, doch sind diese Sprachen vom Ausdruck her für eine ernsthafte Selbstregulierung der Anbieter-Systeme viel zu schwach. Der Vergleich von P3P-Richtlinien mit APPLE- bzw. XPref-Präferenzen ist zwar Bestandteil jedes P3P-Agenten, doch aufgrund fehlender formaler Semantik sind die Ergebnisse implementierungsabhängig und somit gerade wieder nicht vergleichbar. Gleiches gilt für CPExchange, dessen Datenschutzregeln P3P-ähnliche Syntax und Semantik aufweisen.

Speziell für die Selbstregulierung entwickelt, bietet die Sprache EPAL bzw. ihre mathematische Abstraktion E-P3P zwar alle notwendigen Ausdruckselemente für den unternehmensinternen Datenschutz, ihre Kombinationsoperatoren sind jedoch aufgrund fehlender Abgeschlossenheit nicht praxistauglich. Für eine Verwendung im Selbstdatenschutz reicht ihr Verfeinerungstest nicht aus, da im Konflikt stehende Richtlinienteile nicht identifiziert werden und somit weder Kunden noch Dienstanbieter die Situation weitergehend einschätzen können.

OSL ist mit seiner temporalen Logik auf die zeitliche Beschreibung von Obligationen spezialisiert. Da OSL aus dem Anwendungsbereich des DRM kommt, liegt das Ziel dieser Sprache jedoch in einer starken Bindung von Richtlinien an Hardware und betrachtet folglich Operationen auf Richtlinien wie Vergleich und Kombination nicht.

Als potenter Sprachvertreter für Richtlinien des Sicherheits- und Netzwerkmanagements liefert XACML mit der Erweiterung um ein Datenschutzprofil bis auf Sanktionen die notwendige Ausdrucksstärke und sogar hervorragende Kombinationsmöglichkeiten von Richtlinien. Doch ist der für den Einsatz im Selbstdatenschutz notwendige Richtlinienvergleich aufgrund fehlender formaler Semantik nicht definierbar.

Zusammenfassend zeigt Tabelle 3.7 den Stand der Richtliniensprachen bezüglich der in Kapitel 2.4 aufgestellten Anforderungen. Für die gleichzeitige Verwendung einer Sprache in der Selbstregulierung und im Selbstdatenschutz eignet sich keine der bisherigen Sprachen. Im folgenden Kapitel wird daher die ExPDT-Sprache für Datenschutzrichtlinien vorgestellt. Sie erfüllt nicht nur die Anforderungen an die Ausdrucksstärke, um sowohl die Sammlung als auch die weitere Verwendung von Daten aus zu regeln, sondern bietet insbesondere auch Operatoren zum Vergleich und zur Kombination von Richtlinien.

4 Richtliniensprache der Extended Privacy Definition Tools (ExPDT)

In diesem Kapitel wird die Richtliniensprache der Extended Privacy Definition Tools (ExPDT) vorgestellt, mit der sich deklarative Datenschutzrichtlinien über einem bestimmten Domänenwissen bzw. einem gegebenen Szenario spezifizieren lassen. Ihre formale Grundlage bildet das Novel Algebraic Privacy Specification Framework (NAPS). Dies ermöglicht der ExPDT-Sprache nicht nur eine vergleichsweise hohe Ausdrucksstärke zur Spezifikation einzelner Richtlinien, sondern erlaubt auch die Definition von Operatoren zu deren Kombination, so dass Richtlinien modular spezifiziert und frei kombiniert werden können.

Wesentlicher Beitrag der ExPDT-Sprache gegenüber NAPS und den im vorigen Kapitel 3 vorgestellten Sprachen ist jedoch nicht ihre Ausdrucksstärke. Vielmehr ergänzt ExPDT die Kombinationsoperatoren zur Handhabung mehrerer Richtlinien um den hier neu definierten Differenzoperator. Über ihre Differenz lassen sich zwei Richtlinien miteinander vergleichen: Es lässt sich nicht nur feststellen, ob eine der beiden Richtlinien restriktiver bzw. freizügiger ist als die andere. Anhand der Differenz zweier Richtlinien können Benutzer auch, beispielsweise bevor sie einem Wechsel oder einer Abänderung der bisher verwendeten Richtlinie zustimmen, genau die Situationen bestimmen, die unter der neuen Richtlinie zu einem freizügigeren Verhalten führen könnten und daher von ihnen neu zu bewerten sind.

Des Weiteren verfügt ExPDT über eine Repräsentation der Richtlinien, die auf der Web Ontology Language (OWL) des Semantic Web beruht. Hierdurch wird für die Auswertungseinheit und den Richtlinieneditor von ExPDT eine maschinelle Les- und Verarbeitbarkeit der Richtlinien ebenso erreicht wie eine einfache Erweiterbarkeit des Domänenwissens für den Fall, dass Veränderungen am Einsatzszenario in den Richtlinien nachvollzogen werden.

Zunächst wird in diesem Kapitel kurz das NAPS-Rahmenwerk vorgestellt, wobei der Schwerpunkt auf dessen Kombinationsoperatoren liegt. Ausführlich wird anschließend die Syntax und Semantik der ExPDT-Sprache beschrieben, und der neue Operator zur Richtliniendifferenz mit seiner Definition und Konstruktion vorgestellt.

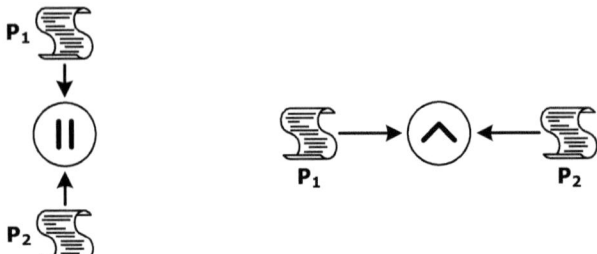

(a) Die Komposition ∥ priorisiert die erste ihrer beiden Richtlinien.

(b) Die Konjunktion ∧ verknüpft beide Richtlinien gleichwertig.

Abbildung 4.1: Kombinationsoperatoren von NAPS

In Kapitel 5 wird dann die Arbeitsweise der prototypischen Auswertungseinheit mit Editor dargelegt, bevor in Kapitel 6 die Einsatztauglichkeit von ExPDT sowohl für die Selbstregulierung von Unternehmen als auch für den Selbstdatenschutz ihrer Kunden anhand von Anwendungsfällen nachgewiesen wird.

4.1 Richtlinienkombination im NAPS-Rahmenwerk

Das Novel Algebraic Privacy Specification (NAPS) Framework [Raub04, RaSt06] ist eine Weiterentwicklung der Universität Karlsruhe von E-P3P bzw. EPAL (vgl. Kapitel 3.2.1). Wie in Abbildung 4.1 skizziert, liefert NAPS für die Definition von unternehmensweiten Mindestanforderungen und deren Verfeinerung zu spezifischeren Richtlinien, beispielsweise für einzelne Abteilungen oder Mitarbeiter, den Kompositionsoperator. Für die gleichwertige Kombination von Richtlinien, wie etwa für die Verknüpfung mehrerer Dienste erforderlich, unterstützt es die Konjunktion. Die Menge der NAPS-Richtlinien ist dabei abgeschlossen unter allen Folgen der definierten Kombinationsoperatoren, für die auch eine Reihe algebraischer Gesetzmäßigkeiten nachgewiesen sind.

Syntax

Eine NAPS-Richtlinie beschreibt Benutzer U, die eine Aktion A auf gewissen Daten D zu einem bestimmten Zweck P ausführen möchten. Wie bei E-P3P sind die verschiedenen Benutzer, Daten und Zwecke – und zusätzlich nun auch die möglichen Aktionen – jeweils in Hierarchien angeordnet. Eine Hierarchie $(H, \leq_H)$ ist dabei als geordnete,

4.1. Richtlinienkombination im NAPS-Rahmenwerk

endliche Menge gegeben, beispielsweise für eine Benutzerhierarchie des Einkaufszentrums aus Kapitel 1.1.1 als:

$$(\text{Verkäufer} \leq_U \text{Kundenpersonal} \leq_U \text{Mitarbeiter} \geq_U \text{Marketing}) \quad (4.1)$$

Eine Anfrage an eine Richtlinie besteht aus einem Tupel aus der Menge $Q = (U \times A \times D \times P)$. Auf Q ist eine Ordnung $\leq$ auf konische Art gegeben, d.h. für zwei Anfragen $(u, a, d, p), (u', a', d', p') \in Q$ gilt:

$$(u, a, d, p) \leq (u', a', d', p') :\Leftrightarrow (u \leq u') \text{ und } (a \leq a') \text{ und } (d \leq d') \text{ und } (p \leq p') \quad (4.2)$$

Durch Auswertung eines logischen Ausdrucks (Wächter) über dem Prädikat $\leq$ wird bestimmt, ob eine Richtlinienregel auf eine Anfrage $q \in Q$ zutrifft. Diese Wächterlogik G folgt einer booleschen Prädikatenlogik ohne Quantoren mit der Variablenmenge p, den Operatoren $\land, \lor, \neg$, den Symbolen $1, 0$ und den Hilfssymbolen (und). Um die Anwendbarkeit einer Regel zusätzlich einzuschränken, können in NAPS Bedingungen aktuelle Kontextinformationen in die Auswertung einbeziehen. Diese lassen sich als Formel einer dreiwertigen, mehrsortigen Bedingungslogik C formulieren, deren Semantik der Łukasiewicz-Logik L_3 [Gall88] folgt.

Ein Obligationenmodell erzeugt eine Ordnung auf Mengen von Obligationen. Es besteht aus einem unteren Halbverband $(O, \leq, \land, \top, \bot)$, also einem kommutativen, idempotenten Monoid mit maximalem Element $\top$ als der leeren Obligation und dem minimalen Element $\bot$ als der unerfüllbaren Obligation. In Übereinstimmung mit der Definition eines Halbverbandes gilt:

$$\forall o_1, o_2 \in O : o_1 \leq o_2 :\Leftrightarrow o_1 \land o_2 = o_1 \quad (4.3)$$

Falls einem Benutzer die unerfüllbare Obligation $\bot$ auferlegt wird, darf er die entsprechende Aktion nicht ausführen. Das Auferlegen der leeren Obligation $\top$ hingegen bedeutet, dass eine Aktion ohne weitere Einschränkung ausgeführt werden darf. Um eine Regel formulieren zu können, die keine finale Entscheidung darüber trifft, ob eine Aktion ausgeführt werden muss oder nicht, aber dennoch für beide Fälle Obligationen vorsehen soll, besteht eine Entscheidung aus einem Tupel von Obligationenmengen $r := (o^+, o^-)$. Hierbei muss die Obligation o^+ erfüllt werden, wenn der Zugriff später ausgeführt, und o^- wenn die Ausführung unterlassen wird. o^- hat somit die Eigenschaften von Sanktionen.

Eine NAPS-Richtlinie besteht nun aus einer Standardentscheidung $r_d \in (O \times O)$ und einem Regelsatz R. Jede Regel ist dabei ein Tupel (i, g, c, r) aus einer laufenden

Priorität $i \in \mathbb{Z}$ und den soeben eingeführten Bausteinen für Wächter $g \in G$, Bedingung $c \in C$ und Entscheidung $r \in (O \times O)$.

Eine Beispielrichtlinie wird in (4.4) gegeben. Die erste Regel verbietet es allen Mitarbeitern der Abteilung Marketing, auf die Gesundheitsdaten der Kunden zuzugreifen, wenn diese nicht volljährig sind und die Erziehungsberechtigten dem Zugriff nicht zugestimmt haben. Die zweite Regel erlaubt es allen Mitarbeitern des Unternehmens, diese Daten für eine Beratung der Kunden zu lesen, wenn sie die Daten anschließend wieder löschen. Ansonsten darf laut Standardentscheidung auf keine Daten zugegriffen werden.

$$R := \{(-1, g_1, c_1, r_1), (-2, g_2, c_2, r_2)\} \quad (4.4)$$

$g_1 := (p \leq (\text{Marketing}, \text{Lesen}, \text{Gesundheitsdaten}, \text{Alle}))$

$c_1 := \neg(\text{ZustimmungErziehungsberechtigter}(\text{Erlaubnis})) \vee \text{Volljährig}(\text{Geburtsdatum}))$

$r_1 := (\bot, \top)$

$g_2 := (p \leq (\text{Mitarbeiter}, \text{Lesen}, \text{Gesundheitsdaten}, \text{Beratung}))$

$c_2 := \text{true}$

$r_2 := (\text{löscheDaten}, \top)$

$r_d := (\bot, \top)$

Semantik

Die Semantik der Richtliniensprache wird wie üblich durch die Auswertungsfunktion $eval_\alpha(\mathcal{P}, q)$ einer Anfrage q bezüglich einer Richtlinie $\mathcal{P}$ und aktueller Belegung α der Umgebungsvariablen der Bedingungslogik bestimmt. Die einzelnen Regeln der Richtlinie $\mathcal{P}$ werden hierfür mit absteigender Priorität nacheinander auswertet und darüber das Entscheidungsergebnis der Funktion aufgebaut. Dabei wird zunächst mithilfe von (4.2) überprüft, ob die Anfrage im Geltungsbereich des Wächters g der betrachten Regel liegt. Anschließend wird die Bedingungsformel c der Regel ausgewertet. Hieraus ergibt sich eine Fallunterscheidung in terminale, anwendbare und nicht anwendbare Regeln.

Werten sowohl Wächter g als auch die Bedingung c jeweils zu 1 aus, ist die Regel terminal. Das Obligationstupel der Regelentscheidung wird mit dem bisherigen, ggf. noch leeren Entscheidungsergebnis der Auswertungsfunktion konjunktiv verknüpft

4.1. Richtlinienkombination im NAPS-Rahmenwerk

$\|$	$(\mathbf{r_2, f})$	$(\mathbf{r_2, a})$	$(\mathbf{r_2, d})$
$(\mathbf{r_1, f})$	(r_1, f)	(r_1, f)	(r_1, f)
$(\mathbf{r_1, a})$	$(r_1 \wedge r_2, f)$	$(r_1 \wedge r_2, a)$	(r_1, a)
$(\mathbf{r_1, d})$	(r_2, f)	(r_2, a)	$(r_1 \wedge r_2, d)$

Tabelle 4.1: Auswertungstabelle für den Kompositionsoperator

und zurückgegeben. Ist der Wert der Bedingung aufgrund fehlender Kontextinformationen hingegen undefiniert, gilt eine Regel nur als anwendbar. Wieder wird die Regelentscheidung konjunktiv mit dem bisherigen Ergebnis verknüpft, anschließend die Richtlinienauswertung jedoch fortgesetzt. Hierdurch wird im Falle einer nur partiellen Parameterbelegung möglicherweise eine restriktivere Entscheidung, niemals jedoch eine freizügigere gefällt. Werten Wächter oder Bedingung zu 0 aus, ist die Regel nicht anwendbar, und die Auswertung fährt mit der nächsten Regel fort.

Sind beim Durchlauf durch den Regelsatz keine anwendbaren oder gar terminalen Regeln getroffen worden, wird die Standardentscheidung als Ergebnis der Funktion zurückgegeben. Zudem hält der Auswertungsstatus $v \in \{f, a, d\}$ fest, ob die Auswertung durch eine terminale Regel beendet wurde, ob nur anwendbare Regeln getroffen wurden, oder ob die Standardentscheidung zur Anwendung kam.

Kombination von Richtlinien

Das aufwändige Mitschleifen des Status v im Auswertungsergebnis erlaubt NAPS, für die Kombination von Richtlinien Abgeschlossenheit zu erreichen. Richtlinien werden somit sowohl durch die Komposition als auch die Konjunktion zu einer neuen, semantisch korrekten Richtlinie zusammengefügt. Gleichzeitig wird das sogenannte Stub-Verhalten der Richtlinien beibehalten. Dieses Stub-Verhalten beschreibt die Funktion der Standardentscheidung einer Richtlinie, nämlich so lange ein ordnungsgemäßes Arbeiten zu garantieren, bis eine Regel sie mit ihrer Entscheidung konkretisiert. Es muss daher möglich sein, dass auch nach einer Kombination die Standardentscheidung der einen Richtlinie durch eine finale oder auch nur anwendbare Regel der anderen Richtlinie verfeinert wird.

Die Komposition $\mathcal{P}_1 \parallel \mathcal{P}_2$ verbindet zwei Richtlinien mit unterschiedlicher Priorität, wertet beide Richtlinien also gleichsam sequentiell aus. Die Verknüpfungstabelle der Komposition ist in Tabelle 4.1 gegeben. Konstruiert wird sie durch die Vereinigung beider Regelsätze nach einer entsprechenden Verschiebung der Regelprioritäten für die zweite Richtlinie und durch die Konjunktion beider Standardentscheidungen. Die Standardentscheidung von $\mathcal{P}_1$ kann somit zwar eine gewisse Grundsicherung vorge-

$\wedge$	$(\mathbf{r_2, f})$	$(\mathbf{r_2, a})$	$(\mathbf{r_2, d})$
$(\mathbf{r_1, f})$	$(r_1 \wedge r_2, f)$	$(r_1 \wedge r_2, a)$	(r_1, a)
$(\mathbf{r_1, a})$	$(r_1 \wedge r_2, a)$	$(r_1 \wedge r_2, a)$	(r_1, a)
$(\mathbf{r_1, d})$	(r_2, a)	(r_2, a)	$(r_1 \wedge r_2, d)$

Tabelle 4.2: Auswertungstabelle für den Konjunktionsoperator

ben, doch kann sie im Gegensatz zu E-P3P durchaus noch von $\mathcal{P}_2$ überschrieben bzw. ergänzt werden.

Die Konjunktion $\mathcal{P}_1 \wedge \mathcal{P}_2$ verbindet die Richtlinien auf gleicher Prioritätsebene und wertet sie gleichsam parallel aus. Eine Definition des Verknüpfungsoperators ist mit Tabelle 4.2 gegeben. Während der Konstruktionsalgorithmus für die Komposition – wie soeben gezeigt – trivial ist, wird hier auf eine Beschreibung für die Konjunktion verzichtet und auf [Raub04] verwiesen.

Aufgrund der Abgeschlossenheit ergibt sich aus verknüpften Richtlinien wiederum eine gültige Richtlinie, und es können die folgenden allgemeinen Gesetzmäßigkeiten bewiesen werden können:

$$\mathcal{P}_1 \wedge \mathcal{P}_2 \equiv \mathcal{P}_2 \wedge \mathcal{P}_1 \quad (4.5)$$

$$(\mathcal{P}_1 \wedge \mathcal{P}_2) \wedge \mathcal{P}_3 \equiv \mathcal{P}_1 \wedge (\mathcal{P}_2 \wedge \mathcal{P}_3) \quad (4.6)$$

$$(\mathcal{P}_1 \parallel \mathcal{P}_2) \parallel \mathcal{P}_3 \equiv \mathcal{P}_1 \parallel (\mathcal{P}_2 \parallel \mathcal{P}_3) \quad (4.7)$$

$$(\mathcal{P}_1 \wedge \mathcal{P}_2) \parallel \mathcal{P}_3 \equiv (\mathcal{P}_1 \parallel \mathcal{P}_3) \wedge (\mathcal{P}_2 \parallel \mathcal{P}_3) \quad (4.8)$$

Für zwei Richtlinien $\mathcal{P}_1$ und $\mathcal{P}_2$ bedeuten diese Gesetze beispielsweise, dass die Auswertung einer Anfrage q an ihre Konjunktion Richtlinie $\mathcal{P}_1 \wedge \mathcal{P}_2$ zu dem gleichen Ergebnis kommt, als wenn die Anfrage jeweils separat für $\mathcal{P}_1$ und $\mathcal{P}_2$ ausgewertet und nur beide Ergebnisse anschließend konjunktiv verknüpft werden. Wie in Gleichung (4.9) gezeigt, können trotz der Konjunktion beide Richtlinien also weiterhin „lokal" ausgewertet werden. Eine analoge Gleichung (4.10) gilt für die Komposition.

$$eval_\alpha(\mathcal{P}_1 \parallel \mathcal{P}_2, q) = eval_\alpha(\mathcal{P}_1, q) \parallel eval_\alpha(\mathcal{P}_2, q) \quad (4.9)$$

$$eval_\alpha(\mathcal{P}_1 \wedge \mathcal{P}_2, q) = eval_\alpha(\mathcal{P}_1, q) \wedge eval_\alpha(\mathcal{P}_2, q) \quad (4.10)$$

Es ist somit möglich, Teilrichtlinien an unterschiedlichen Stellen lokal auszuwerten, beispielsweise die Präferenzen auf Seiten des Kunden und die Richtlinien der Dienste auf Seiten des Händlers, anstatt zuvor aufwändig eine entsprechende Kombination zu generieren.

4.2. Ebenen von ExPDT

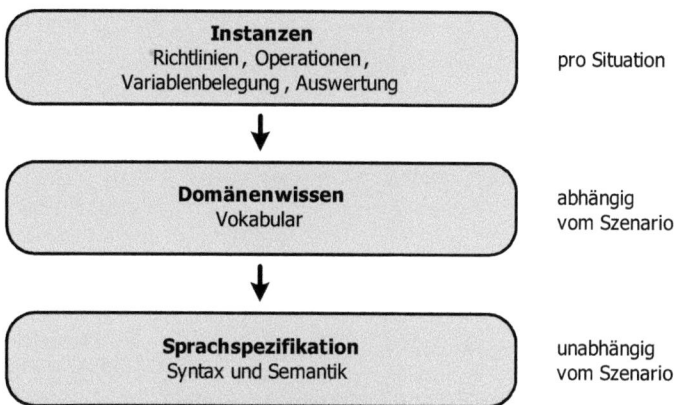

Abbildung 4.2: Die drei logischen Ebenen der ExPDT-Sprache bauen aufeinander auf und spiegeln die Beständigkeit der jeweiligen Spezifikationen wider.

Wichtigstes Merkmal des NAPS-Rahmenwerks ist die Abgeschlossenheit der Richtlinien unter den Operatoren Komposition und Konjunktion. Für die Handhabung mehrerer Richtlinien fehlen jedoch Verfahren zum Vergleich. NAPS definiert zwar Richtlinien als äquivalent, wenn sie für alle möglichen Anfragen und Variablenbelegungen jeweils die gleichen Entscheidungen liefern. In gleicher Linie definiert NAPS eine Richtlinie als Verfeinerung, wenn sie restriktiver ist als eine andere. Konkrete Algorithmen zur tatsächlichen Überprüfung werden jedoch nicht geliefert.

Ebenso ist das NAPS-Rahmenwerk ein rein mathematisches Konstrukt. Für den praktischen Datenschutz in Form einer unternehmensweiten Selbstregulierung oder gar auf Seiten der Kunden in Form von Selbstdatenschutz fehlt es an einer menschen- und maschinenlesbaren Syntax. Im Folgeden erweitert ExPDT die Arbeiten von NAPS um die Spezifikation einer geeigneten Syntax, definiert den Differenzoperator für den Richtlinienvergleich und liefert eine prototypische Auswertungseinheit, mit der die praktische Tauglichkeit der ExPDT-Sprache nachgewiesen werden kann.

4.2 Ebenen von ExPDT

Für die Präsentation der ExPDT-Sprache werden drei logische Ebenen zur Abstraktion eingeführt: die eigentliche Sprache, das Domänenwissen und die Instanzen der Richtlinien. Diese Ebenen bauen aufeinander auf und sind in Abbildung 4.2 dargestellt.

- **Sprachspezifikation:** Auf der untersten Ebene werden Syntax und Semantik der ExPDT-Sprache definiert. Unter der *Syntax* wird ihre Grammatik, also die mögliche Zusammenstellung der erlaubten Wörter zu Regeln und ganzen Richtlinien, verstanden. Die *Semantik* einer Richtlinie ist operational über die Auswertungsfunktion der Sprache definiert, die das Ergebnis für eine konkrete Auswertungsanfrage an eine Richtlinie liefert.

Neben der Auswertungsfunktion für Anfragen sind auch die Algorithmen zur Konstruktion der Richtliniendifferenz und der Kombinationsoperatoren Teil dieser Ebene.

- **Domänenwissen:** Die Grammatik der Sprachebene wird auf der Domänenebene um ein für das Szenario spezifisches Vokabular ergänzt. Diese Menge aller zulässigen Wörter beschreibt Begriffe und Namen von Benutzern, Aktionen, Daten und Verwendungszwecke sowie mögliche Bedingungen und Verpflichtungen. Zusammen mit den Beziehungen dieser Wörter untereinander, beispielsweise dass ein gewisser Benutzer „Bob" der Abteilung „Marketing" angehört, bildet die Wörtermenge das Domänenwissen. Im Gegensatz zu Syntax und Semantik müssen die Angaben für die Domäne im Einklang mit dem Szenario stehen, so dass sie von Zeit zu Zeit verändert bzw. erweitert werden müssen.

Zur Spezifikation und einfachen Erweiterbarkeit des Domänenwissens wird – wie auch schon für die ExPDT-Sprache selbst – auf OWL DL [AnHa03, McHa04] zurückgegriffen. OWL DL bildet die maximale Teilmenge der Web Ontology Language (OWL), die noch berechenbar und entscheidbar ist. Dies bedeutet, dass nicht nur alle möglichen Entscheidungen (gehört „Bob" nun zur Abteilung „Marketing" oder nicht?) tatsächlich berechnet werden können, sondern dass auch alle diese Berechnungen in endlicher Zeit terminieren. Gleichzeitig korrespondiert OWL DL zu der Description Logic (DL), einer berechenbaren Teilmenge der Prädikatenlogik erster Stufe (FOL), für die es bereits eine Reihe an Auswertungswerkzeugen (Reasoner) gibt. Transferiert in diese Logik können in OWL DL beschriebene Domänen mit bestehenden Werkzeugen analysiert werden.

Ohne ein gemeinsames Domänenwissen ist ein gemeinsames Verständnis von Datenschutzrichtlinien und -präferenzen nicht möglich. Nur das, was im Domänenwissen beschrieben ist, kann von Richtlinien erfasst werden. Die Harmonisierung unterschiedlicher, in OWL DL gegebener Domänen, beispielsweise zur Erstellung einer für Kunde und Dienstanbieter gemeinsamen Version, ist nicht Teil von ExPDT. Hierfür sei auf Arbeiten wie [Noy03] verwiesen.

Eine kurze Einführung in OWL DL und Hervorhebung der für ExPDT wichtigen Erweiterungen gegenüber XML findet sich in Anhang A.2.

- **Instanzen:** Auf Sprach- und Domänenebene baut die Ebene der Instanzen auf. In ihr werden die konkreten Richtlinien sowohl der Kunden als auch der Unternehmen spezifiziert, kombiniert und analysiert. Die Instanzen der Richtlinien, die Ausführung der Operationen und insbesondere die Abfragen sind von der aktuellen Situation abhängig. Für ihre Auswertung müssen die Bedingungsvariablen der Richtlinien mit aktuellen Kontextwerten belegt werden, um beispielsweise anzuzeigen, dass der Benutzer volljährig ist.

Im Fokus des weiteren Kapitels liegt die Sprachebene. Zunächst wird die ExPDT-Syntax und Semantik sowie deren Auswertung vorgestellt, anschließend die ihrer Operatoren. Auch wenn die im Folgenden gegebenen Quelltextbeispiele teilweise etwas vorgreifen, widmet sich erst Kapitel 6.1 ausführlich der Spezifikation des Szenarios auf der Domänenebene. Dort finden sich auch Anwendungsfälle mit konkreten Richtlinieninstanzen, Beispieloperationen und -abfragen.

4.3 Syntax von ExPDT-Richtlinien

Den Zusammenhang von Richtlinien- und Regelelementen zeigt Abbildung 4.3 anhand des OWL DL-Klassendiagrams von ExPDT. Im Mittelpunkt steht die Klasse *Policy*, von der sich als Unterklassen (*subClassOf*) die Richtlinienspezifikation *PolicyDef* und die über Differenz (*Difference*), Komposition (*Composition*) oder Konjunktion (*Conjunction*) zusammengesetzten Richtlinien ableiten. Die Zuordnung ihrer jeweiligen Elemente geschieht über Objekteigenschaften (*object property*). Gegliedert nach den zentralen Elementen Regel (*Rule*), Wächter (*Guard*), Bedingung (*Condition*), Obligation (*Obligation*) und Richtlinienanfrage (*Request*) wird im Folgenden die Syntax der ExPDT-Sprache im Detail vorgestellt.

4.3.1 Richtlinien und Regeln

Die Definition einer ExPDT-Richtlinie besteht aus einer priorisierten Regelliste und einer Standardentscheidung für den Fall, dass keine der Regeln zutrifft. Eine Regel umfasst einen oder mehrere, möglicherweise negierte Wächter (guard, g), die zusammen den Anwendungsbereich einer Regel bezüglich Benutzer (user, u), Aktion (action, a), Daten (data, d) und Zweck (purpose, p) bestimmen. Des Weiteren enthält sie eine Menge von zu erfüllenden Bedingungen (condition, c) und eine Entscheidung (ruling, r), die als Ergebnis auf Richtlinienanfragen zurückgeliefert wird. Eine Regel hat somit den Aufbau:

$$[[\neg](user, action, data, purpose)]+, condition, (ruling) \tag{4.11}$$

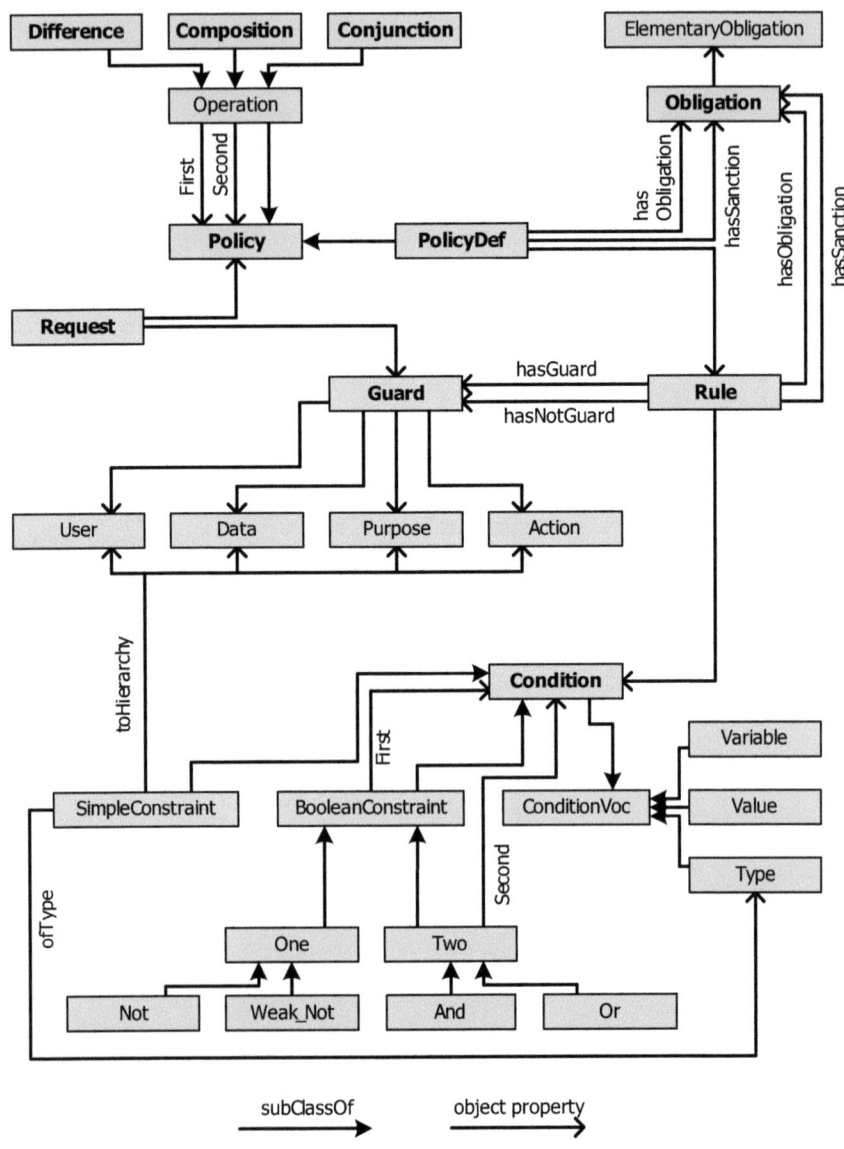

Abbildung 4.3: OWL DL-Klassendiagramm der ExPDT-Sprache

4.3. Syntax von ExPDT-Richtlinien

```
<POL:PolicyDef rdf:ID="SChealth">
    <POL:PolicyHasRules rdf:resource="SChealth_Rules" />
    <POL:PolicyHasObligation rdf:resource="OBL:bottom" />
    <POL:PolicyHasSanction rdf:resource="OBL:top" />
</POL:PolicyDef>

<rdf:Seq rdf:ID="SChealth_Rules">
    <rdf:li>
        <POL:Rule rdf:ID="SChealth_R1">
            <POL:RuleHasGuard>
                <POL:GuardHasUser rdf:resource="USER:marketing" />
                <POL:GuardHasAction rdf:resource="ACT:read" />
                <POL:GuardHasData rdf:resource="DATA:healthData" />
                <POL:GuardHasPurpose rdf:resource="PURP:allPurposes" />
            </POL:RuleHasGuard>
            <POL:RuleHasCondition rdf:resource="CON:isChild" />
            <POL:RuleHasObligation rdf:resource="OBL:bottom" />
            <POL:RuleHasSanction rdf:resource="OBL:top" />
        </POL:Rule>
    </rdf:li>
    <rdf:li>
        <POL:Rule rdf:ID="SChealth_R2">
            <POL:RuleHasGuard>
                <POL:GuardHasUser rdf:resource="USER:allUsers" />
                <POL:GuardHasAction rdf:resource="ACT:read" />
                <POL:GuardHasData rdf:resource="DATA:healthData" />
                <POL:GuardHasPurpose rdf:resource="PURP:recommendation" />
            </POL:RuleHasGuard>
            <POL:RuleHasCondition rdf:resource="CON:true" />
            <POL:RuleHasObligation rdf:resource="OBL:delete1d" />
            <POL:RuleHasSanction rdf:resource="OBL:top" />
        </POL:Rule>
    </rdf:li>
</rdf:Seq>
```

Quelltext 4.1: Die ExPDT-Richtlinie in OWL DL beschreibt für den Allergieberatungsdienst, dass Marketing nicht auf die Gesundheitsdaten Minderjähriger zugreifen darf, und dass alle anderen diese Daten nicht speichern dürfen.

Für einen ersten Überblick wird mit Quelltext 4.1 eine Richtlinie mit dem Namen *SChealth* in OWL DL-Repräsentation gezeigt. Nach ihr dürfen Mitarbeiter und Dienste der Marketing-Abteilung (*marketing*) die Gesundheitsdaten (*healthData*) der Kunden nicht einsehen, wenn diese noch nicht mindestens 18 Jahre alt sind und nicht über eine explizite Zustimmung der Erziehungsberechtigten verfügen. Diese beiden Einschränkungen sind in der Bedingung *isChild* gekapselt. Ansonsten dürfen alle Mitarbeiter diese Daten einsehen, um darauf aufbauend Kunden bei ihren Einkäufen bzgl. ihrer Allergien zu beraten (*recommendation*). Allerdings müssen sie hierfür die Verpflichtung eingehen, diese Daten nach spätestens einem Tag wieder zu löschen (*delete1d*). Andere Verwendung der Daten oder die Nutzung weiterer Daten ist verboten.

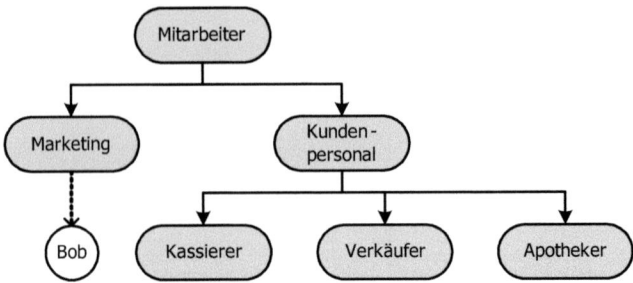

Abbildung 4.4: Eine Klassenhierarchie für Benutzer im Szenario des Einkaufszentrums mit Instanz Bob.

4.3.2 Wächter

Die Elemente eines Wächters liegen im Domänenwissen als partiell geordnete Hierarchien $(H, \leq_H)$ vor. Diese Strukturen erlauben die Gruppierung von Instanzen, indem sich Regeln gleich auf ganze Unterhierarchien beziehen, beispielsweise auf alle Mitarbeiter einer bestimmten Abteilung oder auf alle Daten, die zu einem bestimmten Kaufauftrag gehören.

Jeder Typ besitzt seine eigene Struktur: Benutzer, Angestellte und Systemdienste werden zusammen in der *user*-Struktur erfasst (vgl. Abbildung 4.4). Mögliche Aktionen auf den Daten in *action*, die Daten selbst in *data* und die möglichen Intentionen für die in Frage kommenden Aktionen in *purpose*. Es ist dabei nicht zwingend notwendig, dass jedes Element einer Hierarchie einen eindeutigen Vorgänger besitzt, solange die Hierarchie einen gerichteten, azyklischen Graphen formt. Ohne Einschränkung der Allgemeinheit wird allerdings angenommen, dass es je Hierarchie genau ein Wurzelelement gibt.

ExPDT bildet diese Hierarchien über Klassen und Klassenhierarchien ab. Eine Einschränkung von OWL DL gegenüber OWL Full ist die Tatsache, dass die in Objekteigenschaften referenzierbaren Instanzen einer Klasse nicht selbst weitere Unterklassen enthalten können, sondern nur die Klasse, deren Instanz sie sind. Um diese Einschränkung von OWL DL zugunsten der allgemeinen Berechenbarkeit zu berücksichtigen, werden die Hierarchiebeziehungen zwar über die Unterklassenrelation umgesetzt, für die spätere Referenzierbarkeit wird jedoch jeder Klasse mindestens eine eigene Instanz verliehen. In OWL DL wird das obige Beispiel für eine Benutzerhierarchie in Quelltext 6.1 spezifiziert.

4.3.3 Bedingungen

Datenschutzanforderungen hängen oft vom aktuellen Kontext ab. So dürfen beispielsweise gewisse Informationen über einen Benutzer nur dann verarbeitet werden, wenn dieser nicht minderjährig ist, oder ein Erziehungsberechtigter der Verarbeitung vorher zugestimmt hat. Variablen wie „Alter des Benutzers" oder „Zustimmung des Erziehungsberechtigten" müssen somit bei der Auswertung einer Richtlinie Beachtung finden. Für ihre Formulierung greift ExPDT auf eine dreiwertige, mehrsortige Łukasiewicz-Logik L_3 [Gall88] zurück, um zum einen Bedingungen auch dann auswerten zu können, wenn die notwendige Kontextinformation für die Variablenbelegung nur unvollständig vorliegt, und um zum anderen Variablen unterschiedlicher Typen zu unterstützen.

Die Bedingungen c einer Richtlinienregel werden als Formel der Bedingungslogik dargestellt, die über einem Bedingungsvokabular mit entsprechender Interpretationsfunktion definiert ist. Ein Vokabular $\mathfrak{Voc}$ besteht dabei aus einer endlichen Menge von Sorten (d.h. Variablentypen) und jeweils einer endlichen Menge von Variablen. Die Menge der nicht-logischen Symbole (SimpleConstraint) umfasst Relationen und Gleichheit auf diesen Variablen, die Menge der logischen Symbole (BooleanConstraint) die Operatoren ∨, ∧, ∼, ¬ und Symbole 0, u, 1, (und).

Ist nun ein Bedingungsvokabular $\mathfrak{Voc}$ aus Sorten, entsprechenden Variablen und Prädikaten gegeben, so entspricht die Bedingungslogik $C(\mathfrak{Voc})$ der Menge der korrekt typisierten Formeln über dem Vokabular $\mathfrak{Voc}$. Dabei sind Formeln und ihre Terme wie in der quantorenfreien Prädikatenlogik üblich rekursiv definiert: Terme bestehen aus der Menge der Variablen[1]. Formeln werden gebildet durch Relationen über und Gleichheit von Termen, sie können selbst wiederum mit den o.g. logischen Operatoren verknüpft werden. Formeln mit höchstens ∼ oder ¬ als logische Operatoren heißen Literale. Die Semantik einer Formel $c \in C(\mathfrak{Voc})$ ist wie für die dreiwertige Łukasiewicz-Logik L_3 gegeben. Verknüpfungstabellen ihrer wichtigsten logischen Operatoren befinden sich in Anhang A.1.

Ist in einem Szenario nun eine Bedingungslogik $C(\mathfrak{Voc})$ mit fester Semantik über die Interpretation der Funktionen und Relationen gegeben, so entspricht $\mathfrak{Ass}$ der Menge aller möglichen Variablenbelegungen α, die jeder Variable x entsprechend ihrer jeweiligen Sorte Werte zuweisen. Zu beachten ist, dass eine Variablenbelegung nicht zwangsläufig vollständig sein muss; es müssen nicht immer alle Variablen in $\mathfrak{Voc}$ durch eine Belegung α Werte erhalten. Gilt für eine Variable $\alpha(x) = u$, so ist diese Belegung nur partiell und spiegelt im Szenario beispielsweise eine fehlende Kontextinformation wider.

---

[1] Terme als Funktionen über Termen werden in ExPDT bisher nicht implementiert.

In OWL DL werden die Variablen mit ihren Werten an die im Domänenwissen spezifizierten Wächterelemente angehängt. Hierfür besitzt eine SimpleConstraint die Objekteigenschaften *ofType*, die auf die verwendeten Variablentypen verweist, und die Objekteigenschaft *toHierarchy*, die auf eine der vier Hierarchien zeigt, auf deren Elemente sich die SimpleConstraint bezieht. In Kapitel 6.1 werden für eine SimpleConstraint beispielhaft im Quelltext 6.2 eine Interpretationsfunktion und mit 6.11 eine tatsächliche Variablenbelegung für die Auswertung einer Richtlinienanfrage gezeigt.

4.3.4 Obligationen

Eine ExPDT-Regel beschreibt nicht nur, welche Aktionen auf Dateneinheiten ausgeführt werden dürfen, sondern sie kann gleichzeitig dem Benutzer auch Obligationen auferlegen, beispielsweise die Verpflichtungen, den Benutzer zu informieren (notify) oder die Daten spätestens nach einer Frist von einem Tag wieder zu löschen (delete1d). Im Gegensatz zu vielen anderen Richtliniensprachen sieht ExPDT Obligationen nicht als pure BlackBox-Anweisungen an, sondern legt das Obligationenmodell eines Halbverbandes $(O, \leq, \cup, \top, \bot)$ zugrunde. Dieser Verband besitzt ein maximales Element $\top$ als leere Obligation und ein minimales Element $\bot$ als unerfüllbare Obligation. Auferlegung der Obligation $\top$ bedeutet, dass die im Wächter angegebene Aktion ohne Weiteres ausgeführt werden darf, wohingegen $\bot$ die Ausführung eben dieser Aktion verhindert.

Für die Spezifikation von ExPDT-Richtlinien wird der Halbverband über Elemente der Potenzmenge der elementaren Obligationen $\tilde{O}$ genutzt. Als Relation wird $\subseteq$, als Aggregation $\cup$, als maximales Element die leere Obligationsmenge $\top := \emptyset$ und als minimales Element die Menge aller Elementarobligationen $\bot = \tilde{O}$ verwendet.

Über den Halbverband kann nun berücksichtigt werden, dass sich widersprechende Elementarobligationen wie „lösche Daten innerhalb eines Tages" und „speichere Daten für einen Monat" einem Benutzer nicht gleichzeitig auferlegt werden können. Solche Kombinationen lassen sich ausschließen, indem all die Obligationsmengen nicht in das Modell aufgenommen werden, die zwei oder mehr solch problematischer Elementarobligationen aufweisen. In Abbildung 4.5 wird ein Obligationenmodell über die elementaren Obligationen *delete1d*, *notify* und *keep1m* dargestellt. Kombination von *delete1d* und *keep1m* führt direkt zur unmöglichen Obligation $\bot$.

In OWL DL werden für alle Elementarobligationen Klassen angelegt und die Klassen als disjunkt markiert, deren Elementarobligationen sich widersprechen. Obligationen werden als Instanzen dieser Klassen in Regeln und Anfragen referenziert, wobei eine Instanz, die mehreren Klassen gleichzeitig angehört, eine Obligationsmenge darstellt.

4.3. Syntax von ExPDT-Richtlinien

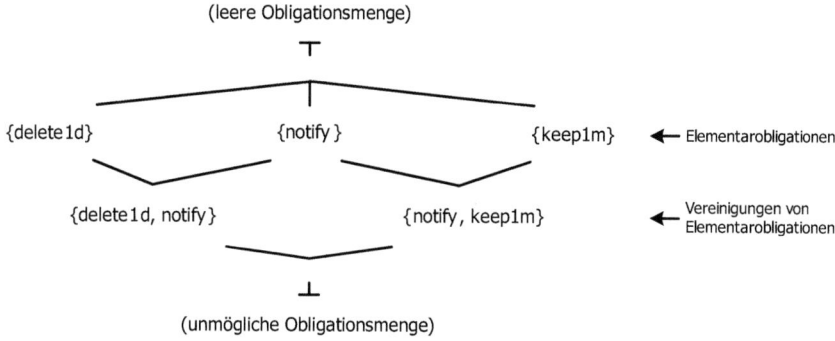

Abbildung 4.5: Das Obligationenmodell umfasst drei Elementarobligationen, von denen sich *delete1d* für das Löschen der Daten innerhalb eines Tag und *keep1m* für deren Aufbewahrung für mindestens einen Monat gegenseitig ausschließen.

4.3.5 Regelentscheidung und Richtlinienanfrage

Die Entscheidung einer ExPDT-Regel ist – wie auch die Standardentscheidung der gesamten Richtlinie – als Tupel von Obligationsmengen (o^+, o^-) definiert, wobei jede dieser Mengen ein Element aus dem Obligationenmodell ist. Die positiven Obligationen entsprechen dabei den Verpflichtungen, die über die Aktion des Wächters hinaus zu beachten sind, die negativen den Sanktionen, die anstatt dieser Aktion ausgeführt werden müssen. Dieses Tupel spiegelt sich in den Richtlinien- und in den Regeleigenschaften *hasObligation* und *hasSanction* wider. Die genau Semantik dieses Tupels wird im folgenden Abschnitt 4.4.1 vorgestellt.

Die Wächter von ExPDT-Regeln machen Aussagen über Benutzer bzw. Dienste, die eine Aktion auf einem bestimmten Datensatz zu einem bestimmten Zweck ausführen. Eine Auswertungsanfrage q besteht daher neben einer Referenz auf die zu betrachtende Richtlinie $\mathcal{P}$ aus den gleichen vier Elementen *user*, *data*, *action* und *purpose* des Wächtertupels aus Definition (4.11). Die Menge aller möglichen Anfragentupel q wird als $\mathcal{Q}$ bezeichnet.

Die Richtlinie $\mathcal{P}$, auf die sich eine Anfrage bezieht, kann entweder eine direkte Richtlinienspezifikation oder aber eine über eine Operation zusammengesetzte Richtlinie sein. Von dem algebraischen NAPS-Rahmenwerk übernimmt ExPDT die zwei Kombinationsoperatoren. Die Komposition $\mathcal{P}_1 \parallel \mathcal{P}_2$ gibt der ersten Richtlinie eine höhere Priorität als der zweiten, während die Konjunktion $\mathcal{P}_1 \wedge \mathcal{P}_2$ beide Richtlinien mit gleicher Priorität auswertet (vgl. Kapitel 4.1). In Quelltext 4.2 ist beispielhaft die Komposition der Richtlinien $\mathcal{P}_1$ und $\mathcal{P}_2$ und der anschließenden Konjunktion mit $\mathcal{P}_3$ angegeben.

```
<POL:Conjunction rdf:ID="Cunj(Comp(P1,P2),P3)">
  <POL:First>
    <POL:Composition>
      <POL:First rdf:resource="P1" />
      <POL:Second rdf:resource="P2" />
    </POL:Composition>
  </POL:First>
  <POL:Second rdf:resource="P3" />
</POL:Composition>
```

Quelltext 4.2: Komposition und Konjunktion sind in ExPDT beliebig schachtelbar.

4.4 Semantik einer ExPDT-Richtlinie

Während die Spezifikation von Richtlinien, Anfragen und Entscheidungen Teil der Syntax ist, definiert die Auswertungsfunktion, die aus einer Anfrage an eine Richtlinie deren Entscheidung berechnet, die Semantik der ExPDT-Richtliniensprache. Zunächst wird die Semantik einer einzelnen Entscheidung erklärt, gefolgt von der Beschreibung der Auswertungsfunktion.

4.4.1 Entscheidung einer Regel

In ExPDT können sowohl die Modalitäten zur Autorisierung als auch zum Befehl ausgedrückt werden. Wie in Tabelle 4.3 aufgelistet wird, können Aktionen erlaubt bzw. verboten werden. Ebenso ist es möglich, die Ausführung von Aktionen für gewisse Situationen zwingend vorzuschreiben.

Dem Benutzer wird bei der anschließenden Umsetzung einer Entscheidung eine gewisse Freiheit eingeräumt. Während dies für den Fall der Erlaubnis immer gilt – ist eine Aktion erlaubt, wird die Umsetzung des Ausführungsrechts nicht erzwungen – können Benutzer selbst entscheiden, ob sie ein auferlegtes Verbot befolgen. Leisten sie ihm nicht Folge, müssen sie stattdessen die in der betreffenden Regelentscheidung angegebenen Sanktionen ausführen. Korrespondieren diese Sanktionen jedoch mit der unmöglichen Obligation $\bot$, wird eine Umgehung der fraglichen Aktion für den Benutzer unmöglich: Er wird zur Ausführung der Aktion gezwungen.

Über die Kombination von Verpflichtungen und Sanktionen werden in ExPDT die unterschiedlichen Regelmodalitäten ausgedrückt. Als Tupel zweier Obligationsmengen beschreibt das „positive" Element die zusätzlichen, anschließend auszuführenden Aktionen, das „negative" die möglichen Sanktionen. Es folgen einige Beispiele:

- **Erlaubnis:** Ein Apotheker darf die Gesundheitsdaten einsehen.
  Entscheidung: $(\top, \top)$

4.4. Semantik einer ExPDT-Richtlinie

Modalität	Obligationen	Sanktionen	Entscheidung
Erlaubnis			$(\top, \top)$
	o^+		$(o^+, \top)$
Verbot			$(\bot, \top)$
		o^-	$(\bot, o^-)$
Befehl			$(\top, \bot)$
	o^+		$(o^+, \bot)$
		o^-	$(\top, o^-)$
	o^+	o^-	(o^+, o^-)
Leer / Fehler			$(\bot, \bot)$

Tabelle 4.3: ExPDT kodiert die Regelmodalitäten in das Entscheidungstupel.

- **Erlaubnis mit Obligation:** Die Abteilung Marketing darf auf die Gesundheitsdaten zugreifen, jedoch nicht ohne den Kunden anschließend darüber zu benachrichtigen.
  Entscheidung: $(\text{notify}, \top)$

- **Verbot mit Sanktion:** Die Abteilung Marketing darf nicht auf die Gesundheitsdaten zugreifen. Bei Zuwiderhandlung muss der Kunde nicht nur benachrichtigt werden, sondern ihm auch eine Strafgebühr gezahlt werden.
  Entscheidung: $(\bot, \{\text{notify}, \text{payFine}\})$

- **Befehl:** Der Verkauf muss Kunden auf die im Geschäftsraum angebrachte Videoüberwachung hinweisen. Die unmögliche Obligation als Sanktion erzwingt die Befolgung dieses Befehls.
  Entscheidung: $(\top, \bot)$

4.4.2 Entscheidung einer Richtlinie

Die Semantik der ExPDT-Sprache wird für eine gegebene Anfrage q an eine bestimmte Richtlinie $\mathcal{P}$ und aktueller Belegung α der Kontextvariablen durch ihre Auswertungsfunktion $eval_\alpha(\mathcal{P}, q)$ bestimmt.

Die Auswertungsfunktion sucht durch die Liste der Regeln von der höchsten zur niedrigsten Priorität hin, bis sie eine für die Anfrage zutreffende Regel findet. Eine Regel trifft dann zu, wenn alle vier Elemente der Anfrage, also Benutzer, Aktion, Daten und Zweck, sich im von den Regelwächtern beschriebenen Anwendungsbereich befinden.

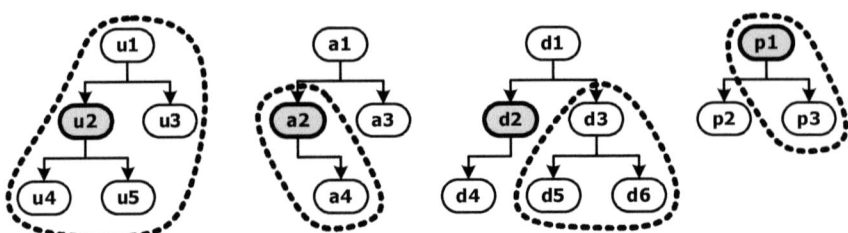

Abbildung 4.6: Der Anwendungsbereich einer Regel wird hier auf den vier Hierarchien für Benutzer, Daten, Aktionen und Zwecke als gestrichelter Bereich dargestellt. Die grauen Elemente sind Teil der Anfrage (u_2, a_2, d_2, p_1), die aufgrund von d_2 für diese Regel nicht zutrifft.

In Abbildung 4.6 besitzt eine Regel beispielsweise die folgende Wächterkombination: $(u_1, a_2, d_3, p_1) \wedge \neg(u_1, a_2, d_3, p_2)$. Der von dieser Kombination beschriebene Anwendungsbereich ist über die gestrichelten Einkreisungen gekennzeichnet. Für eine dort grau dargestellte Anfrage (u_1, a_2, d_2, p_1) trifft diese Regel nicht zu, da ihr Datenelement d_2 nicht im Anwendungsbereich der Regel liegt.

Auf diese Weise sind Regeln und Anfragen nicht unbedingt auf minimale Elemente der Hierarchien beschränkt. So ist beispielsweise eine einfache Richtlinie mit Regeln nur für ganze Abteilungen denkbar. Auch wenn der Mitarbeiter Bob dann nicht ausdrücklich in dieser Richtlinie über seine System-ID erwähnt wird, gelten für ihn – unter Annahme von Abbildung 4.4 – die Regeln für das gesamte Unternehmen und die der Abteilung Marketing.

Der Ablauf der Auswertung ist mit Algorithmus 4.1 gegeben. Zur Veranschaulichung des Algorithmus werden Folgenden vier Fälle beschrieben.

- Trifft die Auswertung auf eine Regel, bei der sowohl Wächter als auch Bedingungen unter der aktuellen Variablenbelegung mit 1 (wahr) zutreffen, wird die Auswertung abgebrochen und die Regelentscheidung als Ergebnis mit Status „final" zurückgeliefert (vgl. Abbildung 4.8(a)).

- Ergibt beispielsweise im Fall unvollständiger Kontextinformation der Regelbedingung die Auswertung u für undefiniert, wird die Regel zwar angewendet und ihre Regelentscheidung in das Ergebnis aufgenommen, die Auswertung jedoch nicht gestoppt.

Trifft die Auswertung anschließend auf eine weitere (teilweise) zutreffende Regel, wird deren Entscheidung mit dem bisherigen Ergebnis kombiniert, indem jeweils Obligationen und Sanktionen entsprechend dem Obligationenmodell vereinigt werden. Somit ist garantiert, dass die Entscheidung nie freizügiger wird,

4.5. Vergleich von Richtlinien

Algorithmus 4.1 Funktion zur Richtlinienauswertung bzgl. einer Anfrage

```
 1: Ergebnis := (⊤, ⊤)
 2: Status := "standard"
 3: for all (Regeln gemäß Priorität) do
 4:    if (Anfrage ≤ Wächter) then
 5:       if (Bedingungen == 1) then
 6:          return (Ergebnis ∪ Entscheidung, "final")
 7:       else if (Bedingungen == u) then
 8:          Ergebnis := Ergebnis ∪ Entscheidung
 9:          Status := "anwendbar"
10:       end if
11:    end if
12: end for
13: if (Status == "anwendbar") then
14:    return (Ergebnis, "anwendbar")
15: else
16:    return (Standardentscheidung, "standard")
17: end if
```

denn aufgrund fehlender Kontextinformationen kann die Entscheidung höchstens restriktiver ausfallen.

- Trifft die Funktion im weiteren Verlauf schließlich auf eine Regel, bei der sowohl Wächter als auch Bedingungen zutreffen, wird deren Entscheidung mit dem bisherigen Ergebnis vereinigt und dieses mit dem Status „final" zurückgegeben (vgl. Abbildung 4.8(b)).

- Trifft die Funktion im weiteren Verlauf auf keine solche Regel mehr, werden nach Durchlauf aller Regeln die bisher gesammelten Entscheidungen vereinigt zurückgegeben. Das Ergebnis erhält jedoch nur den Status „anwendbar" (vgl. Abbildung 4.8(c)).

- Trifft keine der Regeln ganz oder teilweise zu, da jeweils Wächter oder Bedingungen zu 0 auswerten, wird die Standardentscheidung zurückgegeben (vgl. Abbildung 4.8(d)).

4.5 Vergleich von Richtlinien

Richtlinien werden miteinander verglichen, um beispielsweise vor einer Dienstnutzung Datenschutzpräferenzen $\mathcal{P}_1$ und Praktiken des Dienstanbieters $\mathcal{P}_2$ gegeneinander abzuwägen. Ebenso ist ein Vergleich dienlich, wenn sich eine Richtlinie $\mathcal{P}_1$ über die Zeit zu einer neuen Richtlinie $\mathcal{P}_2$ verändert, wie es der Fall ist, wenn sich Gesetze

 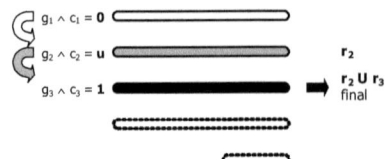

(a) Die dritte Regel trifft auf Wächter und Bedingungen zu.

(b) Bedingungen der zweiten Regel ergeben u, erst die dritte Regel trifft zu.

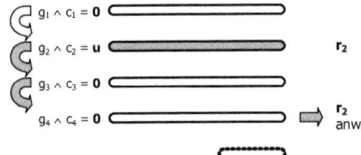 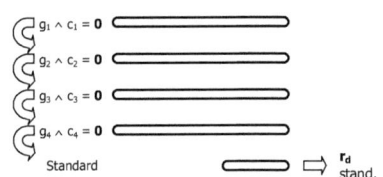

(c) Bedingungen der zweiten Regel ergeben u, keine weitere Regel trifft zu.

(d) Ergeben jeweils Wächter oder Bedingungen 0, trifft die Standardentscheidung zu.

Abbildung 4.7: Die Pfeile skizzieren den Durchlauf einer Richtlinie für die Auswertung von vier Anfragen. Weiße Regeln treffen nicht zu, graue sind anwendbar und schwarze final. Gestrichelte Regeln werden von der Auswertung nicht mehr erreicht. Auf der jeweils rechten Seite steht das Auswertungsergebnis.

ändern, Dienstanbieter ihre Praktiken für neue Dienstangebote verändern oder Kunden einfach nur ihre eigenen Präferenzen auf neue Situationen hin anpassen.

4.5.1 Äquivalenz und Verfeinerung

Der Ausgangspunkt für einen Vergleich zweier Richtlinien bildet dabei ein Test auf ihre Äquivalenz, bei der beide Richtlinien immer zu gleichen Entscheidungen auswerten, oder ein Test auf Verfeinerung. Eine Richtlinie verfeinert eine andere, wenn sie in jeder Situation eine gleiche oder restriktivere Entscheidung liefert [BKBS04]. In ExPDT ist eine Entscheidung $r_2 = (o_2^+, o_2^-)$ dabei gleich oder restriktiver als eine andere Entscheidung r_1, wenn jeweils ihre Obligationen o_2^+ als auch ihre Sanktionen o_2^- gleich oder Obermengen sind:

$$(o_1^+, o_1^-) \subseteq (o_2^+, o_2^-) \quad \Leftrightarrow \quad (o_1^+ \subseteq o_2^+) \wedge (o_1^- \subseteq o_2^-) \tag{4.12}$$

4.5. Vergleich von Richtlinien

Ob eine Obligationsmenge o_2 gleich oder restriktiver ist als eine andere o_1, lässt sich direkt aus ihrer Anordnung im Obligationenmodell ablesen, das eben diese Relation abbildet (vgl. Kapitel 4.3.4).

Da eine Richtlinie über ihre Entscheidungen auf alle möglichen Anfragen und Variablenbelegungen bestimmt ist, ergibt sich mit Gleichung (4.12) für die Äquivalenz und Verfeinerung von Richtlinien folgende Definition:

Definition 4.1 (Äquivalenz und Verfeinerung von Richtlinien). *Seien zwei Richtlinien $\mathcal{P}_1$ und $\mathcal{P}_2$ über kompatiblem Vokabular $\mathfrak{Voc}$ gegeben. Gilt für alle Anfragen $q \in \mathfrak{Q}$, für alle Belegungen $\alpha \in \mathfrak{Ass}$ und für $eval_\alpha(\mathcal{P}_i, q) = (o_i^+, o_i^-)$ mit $i \in \{1,2\}$:*

- $(o_1^+, o_1^-) = (o_2^+, o_2^-)$, *dann sind $\mathcal{P}_1$ und $\mathcal{P}_2$ äquivalent:* $\mathcal{P}_1 = \mathcal{P}_2$

- $(o_1^+, o_1^-) \subseteq (o_2^+, o_2^-)$, *dann ist $\mathcal{P}_2$ eine Verfeinerung von $\mathcal{P}_1$:* $\mathcal{P}_1 \subseteq \mathcal{P}_2$

Die soeben definierten Vergleichsoperationen reichen jedoch nicht aus. Ist die neue Richtlinie eben nicht äquivalent zu der bisherigen oder restriktiver, können Benutzer die vom Dienst zusätzlich geforderten oder nun anders verwendeten Daten im Allgemeinen nicht erkennen.

4.5.2 Differenz zweier Richtlinien

Die ExPDT-Sprache definiert für diesen Zweck den Differenzoperator [Kähm06, Kähm08, KäGM08], der die neue Richtlinie auf einen Regelsatz reduziert, der nur noch genau die zusätzlich erlaubten Aktionen beschreibt bzw. Aktionen unter schwächeren oder einfach anderen Bedingungen und Verpflichtungen. Der Operator zeigt Benutzern so auf, wie weit und in welchen Punkten eine neue Richtlinie von den bisherigen oder den eigenen Präferenzen abweicht.

Definition 4.2 (Differenz zweier Richtlinien). *Seien zwei Richtlinien $\mathcal{P}_1$ und $\mathcal{P}_2$ über kompatiblem Vokabular $\mathfrak{Voc}$ gegeben und gelte $eval_\alpha(\mathcal{P}_i, q) = (o_i^+, o_i^-)$ für $i \in \{1,2\}$, mit $q \in \mathfrak{Q}$ und $\alpha \in \mathfrak{Ass}$. Die Differenz $\mathcal{P}_2 - \mathcal{P}_1$ ist eine Richtlinie, die für ein gegebenes q und α die Entscheidung $eval_\alpha(\mathcal{P}_2 - \mathcal{P}_1, q) = (o_2^+, o_2^-)$ liefert, wenn $(o_1^+, o_1^-) \not\subseteq (o_2^+, o_2^-)$ gilt. Andernfalls liefert die Differenz für dieses q und α die leere Entscheidung $(\bot, \bot)$.*

Zur Beurteilung des Differenzergebnisses wird die leere Richtlinie definiert. Sie macht für eine angefragte Aktion keine Aussage, ob diese verboten, erlaubt oder auszulösen ist.

Definition 4.3 (Leere Richtlinie). *Die leere Richtlinie $\mathcal{P}_E$ liefert für alle Anfragen $q \in \mathfrak{Q}$ und alle Variablenbelegungen $\alpha \in \mathfrak{Ass}$ die leere Entscheidung: $eval_\alpha(\mathcal{P}_E, q) = (\bot, \bot)$*

Mit der Differenz und der leeren Richtlinie lassen sich Verfeinerung und Äquivalenz aus Definition 4.1 abbilden. Damit ergeben sich für Ergebnisse der Differenzoperation die folgenden drei Kategorien:

- Die Differenz resultiert in der leeren Richtlinie. $\mathcal{P}_2$ erlaubt also keine Aktionen, die nicht auch schon von $\mathcal{P}_1$ erlaubt wurden. Dies entspricht der Verfeinerung:

$$\mathcal{P}_2 - \mathcal{P}_1 = \mathcal{P}_E \quad \Leftrightarrow \quad \mathcal{P}_1 \subseteq \mathcal{P}_2 \qquad (4.13)$$

- Die Differenz resultiert für beide Rechenrichtungen in der leeren Richtlinie. Beide Richtlinien erlauben für alle $q \in \mathfrak{Q}$ und alle $\alpha \in \mathfrak{Ass}$ somit genau die gleichen Aktionen. Dies entspricht der Äquivalenz von $\mathcal{P}_1$ und $\mathcal{P}_2$.

$$\mathcal{P}_2 - \mathcal{P}_1 = \mathcal{P}_1 - \mathcal{P}_2 = \mathcal{P}_E \quad \Leftrightarrow \quad \mathcal{P}_2 = \mathcal{P}_1 \qquad (4.14)$$

- Die Differenz entspricht nicht der leeren Richtlinie, sondern beschreibt eine Menge zusätzlicher Rechte.

$$\mathcal{P}_2 - \mathcal{P}_1 \neq \mathcal{P}_E \qquad (4.15)$$

Liegt die Differenz von neuer Richtlinie $\mathcal{P}_2$ zu alter $\mathcal{P}_1$ in den ersten beiden Kategorien, werden von den Kunden keine zusätzlichen Daten gefordert oder Daten anders verwendet, so dass die neue Richtlinie ohne Datenschutzbedenken akzeptiert werden kann. Liegt die Differenz hingegen in der dritten Kategorie, müssen nur diese zusätzlichen Rechte für ihre persönliche Situation bewertet werden, um daraus eine Handlungsentscheidung abzuleiten. Diese Bewertung spiegelt die individuellen Präferenzen der Kunden in der aktuellen Situation wider und lässt sich deshalb nicht automatisieren.

Wie für die Kombinationsoperatoren lassen sich auch für die Differenz Gesetzmäßigkeiten wie etwa die Folgenden nachweisen. So ist beispielsweise nach Ungleichung (4.16) die Differenz einer Richtlinie $\mathcal{P}_3$ von zwei konjugierten Richtlinien $\mathcal{P}_1 \wedge \mathcal{P}_2$ restriktiver oder äquivalent zu der Konjunktion der einzelnen Differenz $\mathcal{P}_1 - \mathcal{P}_3$ und $\mathcal{P}_2 - \mathcal{P}_3$.

$$(\mathcal{P}_1 \wedge \mathcal{P}_2) - \mathcal{P}_3 \leq (\mathcal{P}_1 - \mathcal{P}_3) \wedge (\mathcal{P}_2 - \mathcal{P}_3) \qquad (4.16)$$

$$\mathcal{P}_1 - (\mathcal{P}_2 \wedge \mathcal{P}_3) \leq (\mathcal{P}_1 - \mathcal{P}_2) \wedge (\mathcal{P}_1 - \mathcal{P}_3) \qquad (4.17)$$

$$(\mathcal{P}_1 \parallel \mathcal{P}_2) - \mathcal{P}_3 \leq (\mathcal{P}_1 - \mathcal{P}_3) \parallel (\mathcal{P}_2 - \mathcal{P}_3) \qquad (4.18)$$

4.6 Konstruktion der Differenz

Aus Definition 4.2 kann ein Brute-Force-Verfahren zur Konstruktion der Differenz abgleitet werden. Hierfür werden die Entscheidungen r_1 und r_2 von $\mathcal{P}_1$ und $\mathcal{P}_2$ für sämtliche Anfragen $q \in \mathfrak{Q}$ und alle möglichen Belegungen $\alpha \in \mathfrak{Ass}$ berechnet und miteinander verglichen. Weist r_2 weniger oder andere Obligationen bzw. Sanktionen als r_1 auf, gilt also $(o_1^+, o_1^-) \not\subseteq (o_2^+, o_2^-)$, wird der Differenz $\mathcal{P}_2 - \mathcal{P}_1$ eine Regel mit der aktuellen Anfrage q als Wächter, einer Bedingungsformel c, die die aktuelle Variablenbelegung komplett erfasst, und r_2 als Entscheidung hinzugefügt.

Dieser Brute-Force-Ansatz testet alle möglichen Kombinationen von Anfrageelementen und Variablenbelegungen. Somit ist seine Komplexität exponentiell und die Regelanzahl wächst mit dem verwendeten Vokabular $\mathfrak{Voc}$. Für den praktischen Einsatz ist jedoch ein effizienterer Algorithmus notwendig.

Im Folgenden wird daher ein Konstruktionsverfahren vorgestellt, das den Aufwand dadurch reduziert, dass es die Differenz nicht vom Vokabular der gesamten Domäne her aufbaut, sondern von den Regeln der gerade betrachteten Richtlinien. Diese Konstruktion arbeitet in zwei Schritten:

1. Die Reihenfolgeabhängigkeit innerhalb der beiden Eingaberichtlinien $\mathcal{P}_1$ und $\mathcal{P}_2$ wird über eine *Normalisierung* entfernt.

2. Anschließend wird die Differenz über einen *regelweisen Vergleich* der normalisierten $\mathcal{P}_1$ und $\mathcal{P}_2$ aufgebaut.

Für beide Konstruktionsschritte werden in den folgenden Kapiteln 4.6.1 und 4.6.2 jeweils Algorithmen vorstellt und deren Korrektheit nachgewiesen. Diese Algorithmen arbeiten jedoch rein syntaktisch auf den Regelsätzen, ohne direkte oder indirekte Abhängigkeiten innerhalb des Vokabulars auszuwerten. So verändern spätere Erweiterungen des Domänenwissens ein Differenzergebnis nicht, doch geht dies auf Kosten eines hohen Aufwands für die Konstruktion.

Anschließend werden mit Wächterhülle und Erfüllbarkeitsrelation notwendige Definitionen und Konstrukte beschrieben, um dann in den Kapiteln 4.6.5 und 4.6.6 die Konstruktion der Differenz um die Ausnutzung der hierarchischen Wächterstrukturen und der Abhängigkeiten zwischen Bedingungsrelationen zu erweitern.

4.6.1 Normalisierung

Regeln einer ExPDT-Richtlinie weisen Abhängigkeiten untereinander auf, wenn der Anwendungsbereich einer Regel zumindest teilweise bereits von einer Regel mit höherer Priorität abgedeckt wird. Wird beispielsweise in einer ersten Regel allen Benutzern

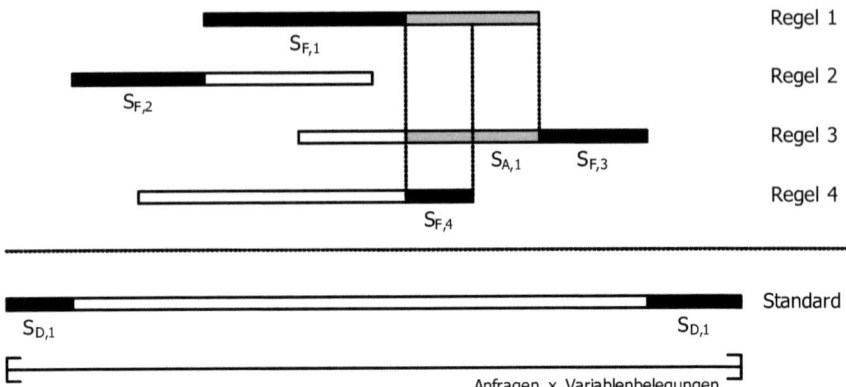

Abbildung 4.8: Segmentierung von $\mathfrak{Q} \times \mathfrak{Ass}$ bei der Auswertung einer Richtlinie mit vier Regeln und Standardentscheidung. Segmente mit schwarzen Regelanteilen sind final, Segmente mit nur grauen Anteilen anwendbar.

und Diensten eine bestimmte Aktion verboten, in einer zweiten der untergeordneten Abteilung Marketing eben diese Aktion jedoch erlaubt, dann wird diese zweite Regel nach der ExPDT-Auswertungssemantik von keiner Anfrage mehr getroffen (vgl. Kapitel 4.4.2). Alle entsprechenden Anfragen werden bereits für alle Benutzer und Dienste verboten; die Erlaubnis für das Marketing wird von der ersten Regel überdeckt.

Diese Abhängigkeit verhindert einen direkten, regelweisen Vergleich zweier Richtlinien, denn würde die Marketing-Regel ohne Wissen um ihre Abhängigkeit zur ersten Regel für einen Vergleich herangezogen, würde dies zu einer falschen Erlaubnis führen. Für den Richtlinienvergleich muss eine solche Regelabhängigkeit zunächst beseitigt werden.

Anschaulich soll hierfür der gesamte, von Anfragen $q \in \mathfrak{Q}$ und Variablenbelegungen $\alpha \in \mathfrak{Ass}$ aufgespannte Raum betrachtet werden. Eine Abbildung der Regeln auf $\mathfrak{Q} \times \mathfrak{Ass}$ unter Berücksichtigung der Auswertungssemantik teilt diesen Raum in Segmente, die bei der Auswertung aus der gleichen Regelkombination entstehen und gleiche Entscheidungen aufweisen.

Ein Beispiel für die Segmentierung durch eine Richtlinie mit vier Regeln wird in Abbildung 4.8 gezeigt. Anwendungsbereiche einer Regel, die für gegebene q und α zu einer finalen Entscheidung auswerten, sind schwarz gefärbt. Werten sie hingegen zu einer nur anwendbaren Entscheidung, sind sie grau. Ein weißer Anwendungsbereich bedeutet, dass eine Regel für diese q und α nicht zur Entscheidung der Richtlinie beiträgt, da bereits eine finale Regel mit höherer Priorität, oder bei der Standardentscheidung überhaupt eine Regel zugetroffen hat.

4.6. Konstruktion der Differenz

Im Beispiel bilden die q und α mit einer finalen Entscheidung der ersten Regel Segment $S_{F,1}$, die der zweiten Regel $S_{F,2}$, die der dritten $S_{F,3}$. Die finale Entscheidung der vierten Regel wird von den anwendbaren Entscheidungen der ersten und dritten Regel erweitert und erzeugt $S_{F,4}$. Das Segment $S_{A,1}$ besteht aus dem Anwendungsbereich, der nur von der ersten und dritten Regel jeweils mit anwendbaren Entscheidungen abgedeckt wird. Die Standardentscheidung trifft nur dann auf ein q und α zu, wenn keine andere Regel zuvor zutraf. Sie bildet somit Segment $S_{D,1}$ aus allen bisher nicht berücksichtigten q und α.

Auf Basis dieser Segmente wird ein neuer Regelsatz erzeugt, wobei pro Segment eine Regel konstruiert wird: Ihr Wächter entspricht den Anfragen q des betreffenden Segments, ihre Bedingung c den Variablenbelegungen des Segmentes und ihre Entscheidung wird von der erzeugenden Regelkombination übernommen. Da sich Segmente nicht überlappen, sind die erzeugten Regeln voneinander unabhängig und ergeben für alle q und α jeweils die gleichen Entscheidungen wie die ursprüngliche Richtlinie.

In einer so normalisierten Richtlinie sind alle Regeln voneinander unabhängig: Für ein gegebenes q und α trifft immer genau eine einzige Regel zu. Die Entscheidung der gesamten Richtlinie besteht immer aus der Entscheidung einer einzigen Regel. Dies hat zur Folge, dass eine Richtlinie auf Basis einzelner Regeln verglichen werden kann. Definiert ist eine normalisierte Richtlinie wie folgt:

Definition 4.4 (Normalisierte Richtlinie). *Eine Richtlinie $\mathcal{P}^{\text{norm}}$ mit Regelsatz $\mathcal{R}^{\text{norm}}$ heißt normalisiert genau dann, wenn gilt:*

- *Der Regelsatz ist zusammengesetzt gemäß: $\mathcal{R}^{\text{norm}} = \mathcal{R}^{\text{norm}}_F \cup \mathcal{R}^{\text{norm}}_A \cup \mathcal{R}^{\text{norm}}_D$*
  Für alle $\alpha \in \mathfrak{Ass}$ besitzen

  - *alle Regeln $(i, g, c, r) \in \mathcal{R}^{\text{norm}}_F$ den Auswertungsstatus final.*

  - *alle Regeln $(i, g, c, r) \in \mathcal{R}^{\text{norm}}_A$ den Auswertungsstatus anwendbar.*

  - *alle Regeln $(i, g, c, r) \in \mathcal{R}^{\text{norm}}_D$ den Auswertungsstatus final und liefern das ursprüngliche r_{standard} als Entscheidung.*

- *Für alle Anfragen $q \in \mathfrak{Q}$ und alle Belegungen $\alpha \in \mathfrak{Ass}$ trifft jeweils genau eine Regel aus $\mathcal{R}^{\text{norm}}$ zu.*

- *Die Standardentscheidung ist auf die leere Entscheidung $(\bot, \bot)$ gesetzt.*

Im Folgenden wird eine Richtlinie mit $\mathcal{P}$ und ihre Regelmenge mit $\mathcal{R}$ bezeichnet, ihre normalisierte Form mit $\mathcal{P}^{\text{norm}}$ bzw. $\mathcal{R}^{\text{norm}}$. Die Menge der finalen Regeln der normalisierten Richtlinie $\mathcal{P}^{\text{norm}}$ wird mit $\mathcal{R}^{\text{norm}}_F$ bezeichnet, die Menge der anwendbaren Regeln mit $\mathcal{R}^{\text{norm}}_A$ und die Menge, deren Regeln die Standardentscheidung liefern, mit

$\mathcal{R}_D^{norm}$. Falls $\mathcal{P}$ ein Subskript oder Superskript trägt, so auch $\mathcal{R}$, $\mathcal{P}^{norm}$, $\mathcal{R}^{norm}$, $\mathcal{R}_F^{norm}$, $\mathcal{R}_A^{norm}$ und $\mathcal{R}_D^{norm}$. Gleiches gilt für Wächter g, Bedingungen c und Entscheidung r einer Regel R, die jeweils zu einer Formel zusammengefasst dargestellt werden. Für eine Regelspezifikation in ExPDT-Syntax nach Kapitel 4.3.1 müssen Wächter und Bedingungen jedoch wieder separiert werden.

Satz 4.5 (Normalisierung einer Richtlinie). *Ist eine Richtlinie $\mathcal{P}$ mit Regelsatz $\mathcal{R}$ und Standardentscheidung r_{standard} gegeben, kann aus ihr mit* norm *($\mathcal{P}$) als Kombination der Algorithmen*[2] *4.2, 4.3 und 4.4 nach Gleichung (4.19) eine äquivalente, normalisierte Richtlinie $\mathcal{P}^{norm}$ erzeugt werden.*

$$\mathcal{P}^{norm} := \mathcal{R}_F^{norm} \cup \mathcal{R}_A^{norm} \cup \mathcal{R}_D^{norm} \quad (4.19)$$
$$standard = (\bot, \bot)$$
$$:= normF(\mathcal{R}) \cup normA(\mathcal{R}) \cup normD(\mathcal{R}, r_{\text{standard}})$$
$$standard = (\bot, \bot)$$
$$:= norm(\mathcal{P})$$

Nach Konstruktion ist klar, dass die Regelmenge einer mit norm($\mathcal{P}$) erzeugten Richtlinie $\mathcal{P}^{norm}$ aus drei Teilmengen besteht, wobei eine Teilmenge ausschließlich finale, eine nur anwendbare und eine nur aus der ursprünglichen Standardentscheidung entstandene Regeln enthält.

Für den Nachweis, dass jede ExPDT-Richtlinie $\mathcal{P}$ mittels norm($\mathcal{P}$) in eine äquivalente, normalisierte Richtlinie $\mathcal{P}^{norm}$ transformiert werden kann, bleibt zu zeigen, dass in einem so konstruierten $\mathcal{P}^{norm}$ tatsächlich immer genau eine Regel zutrifft, und dass $\mathcal{P}$ und $\mathcal{P}^{norm}$ für alle $q \in \mathfrak{Q}$ und $\alpha \in \mathfrak{Ass}$ jeweils die gleiche Entscheidung mit jeweils gleichem Auswertungsstatus liefern. Nur für die Standardentscheidung von $\mathcal{P}$ liefert $\mathcal{P}^{norm}$ einen finalen Auswertungsstatus. Dies wird schrittweise in den folgenden Lemmata gezeigt.

Lemma 4.6. *Trifft in einer der erzeugten Regelmengen $\mathcal{R}_F^{norm}$, $\mathcal{R}_A^{norm}$ oder $\mathcal{R}_D^{norm}$ für ein gegebenes $q \in \mathfrak{Q}$ und $\alpha \in \mathfrak{Ass}$ eine Regel zu, so trifft sie in ihrer Menge als einzige zu.*

Beweis:. Nacheinander für die drei Regelmengen $\mathcal{R}_F^{norm}$, $\mathcal{R}_A^{norm}$ und $\mathcal{R}_D^{norm}$:

- Die Regelmenge $\mathcal{R}_F^{norm}$ wird derart konstruiert, dass sie die finalen Entscheidungen von $\mathcal{R}$ liefert. Damit eine Entscheidung final ist, muss es ein $\mathcal{R}_i \in \mathcal{R}$ mit $g_i \wedge c_i = 1$ geben, und alle $R_j \in \mathcal{R}$ mit höherer Priorität[3] $j > i$ müssen aufgrund

---
[2] Die drei Algorithmen normF, normA und normD vernachlässigen die Prioritäten der erzeugten Regeln in $\mathcal{R}^{norm}$, doch sind diese grundsätzlich beliebig.
[3] Die Prioritäten seien ohne Einschränkung der Allgemeinheit sequentiell von -1 an absteigend.

Algorithmus 4.2 normF ($\mathcal{R}$) : finale Regeln einer normalisierten Richtlinie

1: $\mathcal{R}_F^{\text{norm}} := \varnothing$
2: $l_g := l_c := l_r := \varnothing$
3: **for all** $R \in \mathcal{R}$ **do**
4: $\quad (g, c, r) := \text{split(rule)}$
5: $\quad$ **for all** $f \in \{0, 1, 2\}^{|l_g|}$ **do**
6: $\quad\quad g_f := g; \quad c_f := \neg \sim c; \quad r_f := r$
7: $\quad\quad$ **for** $n := 1$ **to** $|l_g|$ **do**
8: $\quad\quad\quad$ **if** $(f[n] == 0)$ **then**
9: $\quad\quad\quad\quad g_f := g_f \wedge \neg l_g[n]$
10: $\quad\quad\quad$ **else if** $((f[n] == 1)$ **then**
11: $\quad\quad\quad\quad g_f := g_f \wedge l_g[n]$
12: $\quad\quad\quad\quad c_f := c_f \wedge \neg \sim \neg l_c[n]$ {d.h. $l_c[n] = 0$}
13: $\quad\quad\quad$ **else**
14: $\quad\quad\quad\quad g_f := g_f \wedge l_g[n]$
15: $\quad\quad\quad\quad c_f := c_f \wedge ((\sim l_c[n]) \wedge (\sim \neg l_c[n]))$ {d.h. $l_c[n] = u$}
16: $\quad\quad\quad\quad r_f := r_f \cup l_r[n]$
17: $\quad\quad\quad$ **end if**
18: $\quad\quad$ **end for**
19: $\quad\quad \mathcal{R}_F^{\text{norm}} := \mathcal{R}_F^{\text{norm}} \cup (g_f, c_f, r_f)$
20: $\quad$ **end for**
21: $\quad l_g := (l_g, g); \quad l_c := (l_c, c); \quad l_r := (l_r, r)$
22: **end for**
23: **return** $\mathcal{R}_F^{\text{norm}}$

$g_j \wedge c_j \neq 1$ nicht zutreffen oder nur anwendbar sein. Wächter und Bedingungen von $\mathcal{R}_F^{\text{norm}}$ werden von Gleichung (4.20) beschrieben:

$$\bigvee_{i:=-1}^{-|\mathcal{R}|} (g_i \wedge c_i = 1) \bigwedge_{j:=-1}^{i+1} \left[(g_j \wedge c_j = 0) \vee (g_j \wedge c_j = u) \right] \quad (4.20)$$

Die einzelnen Regeln von $\mathcal{R}_F^{\text{norm}}$ entstehen durch Trennung von Wächtern und Bedingungen für ihre Spezifikation in korrekter Syntax (vgl. Regelaufbau (4.11)). Es werden sämtliche Möglichkeiten beachtet, aus $\mathcal{R}$ finale Entscheidungen zu erzeugen, da für jede finale und damit die Auswertung terminierende Regel $R_i \in \mathcal{R}$ sämtliche Kombinationen von Paaren g_j, c_j jeweils im nicht zutreffenden und im nur anwendbaren Zustand berücksichtigt werden müssen. Paare g_k, c_k aus Regeln mit niedrigerer Priorität $k < i$ tragen nicht zur Regelunterscheidung bei.

Trifft eine Regel aus $\mathcal{R}_F^{\text{norm}}$ zu, ergibt ihr erstes Paar $g_i \wedge c_i = 1$, und für alle anderen Paare g_j, c_j ist bestimmt, ob sie aufgrund $g_j \wedge c_j = 0$ oder $g_j \wedge c_j = u$ nicht final sind. Da diese Kombination nur genau einmal vorhanden ist, ist sichergestellt,

Algorithmus 4.3 normA $(\mathcal{R})$: **anwendbare Regeln einer norm. Richtlinie**

1: $\mathcal{R}_A^{\text{norm}} := \emptyset$
2: **for all** $f \in \{0,1,2\}^{|R|} \setminus \{0,1\}^{|R|}$ **do**
3:     $g_f := c_f := r_f := \emptyset$
4:     **for** $n := 1$ **to** $|R|$ **do**
5:        **if** $(f[n] == 0)$ **then**
6:           $g_f := g_f \wedge \neg R_g[n]$
7:        **else if** $((f[n] == 1)$ **then**
8:           $g_f := g_f \wedge R_g[n]$
9:           $c_f := c_f \wedge \neg \sim \neg R_c[n]$ {d.h. $R_c[n] = 0$}
10:        **else**
11:           $g_f := g_f \wedge R_g[n]$
12:           $c_f := c_f \wedge ((\sim R_c[n]) \wedge (\sim \neg R_c[n]))$ {d.h. $R_c[n] = u$}
13:           $r_f := r_f \cup R_r[n]$
14:        **end if**
15:     **end for**
16:     $\mathcal{R}_A^{\text{norm}} := \mathcal{R}_A^{\text{norm}} \cup (g_f, c_f \wedge u, r_f)$
17: **end for**
18: **return** $\mathcal{R}_A^{\text{norm}}$

---

dass für dieses i genau eine Regel zutrifft. Regeln, die aus $R_{k<i}$ mit niedrigerer Priorität konstruiert werden, können ebenfalls nicht zutreffen, da ihr eines Paar g_i, c_i dann nicht mehr final ist.

- Die Regelmenge $\mathcal{R}_A^{\text{norm}}$ wird derart konstruiert, dass sie die anwendbaren Entscheidungen von $\mathcal{R}$ liefert. Damit eine Entscheidung anwendbar ist, muss es ein $R_i \in \mathcal{R}$ mit $g_i \wedge c_i = u$ geben, und alle anderen $R_j \in \mathcal{R}$ mit $j \neq i$ jeweils entweder aufgrund $g_j \wedge c_j = 0$ nicht zutreffen oder aufgrund $g_j \wedge c_j = u$ ebenfalls anwendbar sein. Wächter und Bedingungen von $\mathcal{R}_A^{\text{norm}}$ werden von Gleichung (4.21) beschrieben.

$$\bigvee_{i:=-1}^{-|\mathcal{R}|} (g_i \wedge c_i = u) \bigwedge_{j:=-1}^{i+1} [(g_j \wedge c_j = 0) \vee (g_j \wedge c_j = u)] \bigwedge_{j:=i-1}^{-|\mathcal{R}|} (g_j \wedge c_j = 0) \quad (4.21)$$

Nach Trennung der Wächter und Bedingungen besteht $\mathcal{R}_A^{\text{norm}}$ aus Regeln für sämtliche Kombinationen von Paaren g_k, c_k aller Regeln $R_k \in \mathcal{R}$, jeweils in nicht zutreffender und anwendbarer Form. Es werden nur die Kombinationen aufgenommen, bei der mindestens eine Regel $R_k \in \mathcal{R}$ anwendbar ist, also für mindestens ein k gilt: $g_k \wedge c_k = u$. So wird jede mögliche Situation berücksichtigt, die $\mathcal{R}$ zu einem anwendbaren Ergebnis auswertet.

4.6. Konstruktion der Differenz

Algorithmus 4.4 normD ($\mathcal{R}, r_{\text{standard}}$) : **Standard**regeln einer norm. Richtlinie
1: $\mathcal{R}_D^{\text{norm}} := \varnothing$
2: **for all** $f \in \{0,1\}^{|R|}$ **do**
3:   $g_f := c_f := r_f := \varnothing$
4:   **for** $n := 1$ **to** $|R|$ **do**
5:     **if** $(f[n] == 0)$ **then**
6:       $g_f := g_f \wedge \neg R_g[n]$
7:     **else**
8:       $g_f := g_f \wedge R_g[n]$
9:       $c_f := c_f \wedge \neg \sim \neg R_c[n]$ {d.h. $R_c[n] = 0$}
10:    **end if**
11:   **end for**
12:   $\mathcal{R}_D^{\text{norm}} := \mathcal{R}_D^{\text{norm}} \cup (g_f, c_f, r_{\text{standard}})$
13: **end for**
14: **return** $\mathcal{R}_D^{\text{norm}}$

Trifft eine Regel aus $\mathcal{R}_A^{\text{norm}}$ zu, ist für alle ihre Paare g_k, c_k jeweils bestimmt, ob sie entweder aufgrund $g_k \wedge c_k = 0$ nicht zutreffen oder aufgrund $g_k \wedge c_k = u$ anwendbar sind. Alle diese Paarkombinationen sind in $\mathcal{R}_A^{\text{norm}}$ genau einmal vorhanden, so dass immer genau eine Regel zutrifft.

- Die Regelmenge $\mathcal{R}_D^{\text{norm}}$ wird so konstruiert, dass sie alle Fälle abdeckt, in denen keine einzige Regel $R_i \in \mathcal{R}$ final oder auch nur anwendbar ist, also jeweils $g_i \wedge c_i = 0$ gilt. Wächter und Bedingungen von $\mathcal{R}_D^{\text{norm}}$ werden mit Gleichung (4.22) beschrieben.

$$\bigwedge_{i:=-1}^{-|\mathcal{R}|} g_i \wedge c_i = 0 \tag{4.22}$$

Dass nach Trennung der Wächter und Bedingungen nur eine einzige Regel in $\mathcal{R}_D^{\text{norm}}$ treffen kann, wird analog zu $\mathcal{R}_A^{\text{norm}}$ nachgewiesen.

Bei der Trennung der Wächter und Bedingungen wird ein Term $g \wedge c = 0$ jeweils durch die Fallunterscheidung (4.23) ersetzt, um alle möglichen Kombinationen der Auswertungsergebnisse $g \in \{0,1\}$ und $c \in \{0, u, 1\}$, insbesondere jedoch $(g = 0) \wedge (c = 0)$, eindeutig einer Regel zuordnen zu können.

$$\begin{aligned} g \wedge c = 0 \;&\Leftrightarrow\; (g=0) \vee (c=0) \\ &\Leftrightarrow\; (g=0) \vee \big[(g=1) \wedge (c=0)\big] \end{aligned} \tag{4.23}$$

In Algorithmus 4.2 werden die einzelnen Regeln der Menge $\mathcal{R}_F^{\text{norm}}$ erzeugt: In der äußeren Schleife werden alle i durchlaufen, in der mittleren die Kombinationen aller j

mit den jeweils drei Fällen generiert, die in der innersten Schleife dann nur noch mit $g_j = 0$, $(g_j = 1) \wedge (c_j = 0)$ und $g_j \wedge c_j = u$ ausgeschrieben werden. $\mathcal{R}_F^{\text{norm}}$ entspricht in Tabelle 4.4 den Regeln mit Prioritäten -1 bis -13. Ähnlich arbeiten die Algorithmen 4.3 und 4.4, die für $\mathcal{R}_A^{\text{norm}}$ die Regeln mit Prioritäten -14 bis -32 und für $\mathcal{R}_D^{\text{norm}}$ mit -33 bis -40 erzeugen. □

Lemma 4.7. *Trifft in einer der erzeugten Regelmengen $\mathcal{R}_F^{\text{norm}}$, $\mathcal{R}_A^{\text{norm}}$ oder $\mathcal{R}_D^{\text{norm}}$ für ein gegebenes $q \in \mathfrak{Q}$ und $\alpha \in \mathfrak{Ass}$ eine Regel zu, so trifft in keiner der beiden anderen Mengen eine Regel zu.*

Beweis:. Jeweils einzeln für die drei Regelmengen $\mathcal{R}_F^{\text{norm}}$, $\mathcal{R}_A^{\text{norm}}$ und $\mathcal{R}_D^{\text{norm}}$:

- Trifft für ein gegebenes q und α eine Regel aus $\mathcal{R}_F^{\text{norm}}$ zu, kann gleichzeitig keine Regel aus $\mathcal{R}_A^{\text{norm}}$ zutreffen, da mindestens ein Wächter mit seiner Bedingung zu 1 auswertet. Dieses Paar ist in $\mathcal{R}_A^{\text{norm}}$ wegen $g_j \wedge c_j \neq 1$ für alle j nicht enthalten. Mit der gleichen Begründung kann auch keine Regel aus $\mathcal{R}_D^{\text{norm}}$ zutreffen.

- Trifft für ein gegebenes q und α eine Regel aus $\mathcal{R}_A^{\text{norm}}$ zu, kann gleichzeitig keine Regel aus $\mathcal{R}_F^{\text{norm}}$ zutreffen, da hierfür mindestens eine Bedingung zu 1 auswerten müsste. Diese ist in $\mathcal{R}_A^{\text{norm}}$ wegen $g_j \wedge c_j \neq 1$ für alle j nicht enthalten. Ähnlich kann keine Regel aus $\mathcal{R}_D^{\text{norm}}$ zutreffen, da hierfür kein Wächter zutreffen und gleichzeitig die entsprechende Bedingung zu u auswerten dürfte.

- Trifft für ein gegebenes q und α eine Regel aus $\mathcal{R}_D^{\text{norm}}$ zu, gilt für alle i: $g_i \wedge c_i = 0$. Es kann keine Regel in $\mathcal{R}_F^{\text{norm}}$ oder $\mathcal{R}_A^{\text{norm}}$ zutreffen, da hierfür mindestens für ein i gelten müsste: $g_i \wedge c_i \neq 0$. □

Korollar 4.8. *Die leere Standardentscheidung einer mit* norm *(P) erzeugten Richtlinie $\mathcal{P}^{\text{norm}}$ trifft nie zu, da $\mathcal{R}_D^{\text{norm}}$ für alle $q \in \mathfrak{Q}$ und $\alpha \in \mathfrak{Ass}$ zutrifft, die nicht von $\mathcal{R}_F^{\text{norm}}$ oder $\mathcal{R}_A^{\text{norm}}$ behandelt werden.*

Lemma 4.9. *Für alle $q \in \mathfrak{Q}$ und $\alpha \in \mathfrak{Ass}$ werten $\mathcal{P}$ und die durch* norm(P) *erzeugte Richtlinie $\mathcal{P}^{\text{norm}}$ jeweils zur gleichen Entscheidung mit gleichem Auswertungsstatus aus, und es gilt: $eval_\alpha(\mathcal{P}, q) = eval_\alpha(\mathcal{P}^{\text{norm}}, q)$. Nur für die Standardentscheidung von $\mathcal{P}$ liefert $\mathcal{P}^{\text{norm}}$ einen finalen Auswertungsstatus.*

Beweis:. Wertet $\mathcal{P}$ für ein beliebiges q und α zur Entscheidung r aus, weist der Status einen der folgenden drei Werte auf:

- **Status = *final*:** Eine Regel $R_i \in \mathcal{R}$ trifft aufgrund $g_i \wedge c_i = 1$ zu, und die Regeln $R_j \in \mathcal{R}$ mit $j > i$ sind entweder aufgrund von $g_j \wedge c_j = u$ nur anwendbar und

4.6. Konstruktion der Differenz

Priorität	Wächter (Konjunktion)			Bedingung (Konjunktion)			Entscheidung
-1	g_1			$(c_1 = 1)$			r_1
-2	$\neg g_1$	g_2			$(c_2 = 1)$		r_2
-3	g_1	g_2		$(c_1 = 0)$	$(c_2 = 1)$		r_2
-4	g_1	g_2		$(c_1 = u)$	$(c_2 = 1)$		$r_1 \cup r_2$
-5	$\neg g_1$	$\neg g_2$	g_3			$(c_3 = 1)$	r_3
-6	g_1	$\neg g_2$	g_3	$(c_1 = 0)$		$(c_3 = 1)$	r_3
-7	g_1	$\neg g_2$	g_3	$(c_1 = u)$		$(c_3 = 1)$	$r_1 \cup r_3$
-8	$\neg g_1$	g_2	g_3		$(c_2 = 0)$	$(c_3 = 1)$	r_3
-9	g_1	g_2	g_3	$(c_1 = 0)$	$(c_2 = 0)$	$(c_3 = 1)$	r_3
-10	g_1	g_2	g_3	$(c_1 = u)$	$(c_2 = 0)$	$(c_3 = 1)$	$r_1 \cup r_3$
-11	$\neg g_1$	g_2	g_3		$(c_2 = u)$	$(c_3 = 1)$	$r_2 \cup r_3$
-12	g_1	g_2	g_3	$(c_1 = 0)$	$(c_2 = u)$	$(c_3 = 1)$	$r_2 \cup r_3$
-13	g_1	g_2	g_3	$(c_1 = u)$	$(c_2 = u)$	$(c_3 = 1)$	$r_1 \cup r_2 \cup r_3$
-14	g_1	$\neg g_2$	$\neg g_3$	$(c_1 = u)$		u	r_1
-15	g_1	g_2	$\neg g_3$	$(c_1 = u)$	$(c_2 = 0)$	u	r_1
-16	$\neg g_1$	g_2	$\neg g_3$		$(c_2 = u)$	u	r_2
-17	g_1	g_2	$\neg g_3$	$(c_1 = 0)$	$(c_2 = u)$	u	r_2
-18	g_1	g_2	$\neg g_3$	$(c_1 = u)$	$(c_2 = u)$	u	$r_1 \cup r_2$
-19	g_1	$\neg g_2$	g_3	$(c_1 = u)$		$(c_3 = 0)$ u	r_1
-20	g_1	g_2	g_3	$(c_1 = u)$	$(c_2 = 0)$	$(c_3 = 0)$ u	r_1
-21	$\neg g_1$	g_2	g_3		$(c_2 = u)$	$(c_3 = 0)$ u	r_2
-22	g_1	g_2	g_3	$(c_1 = 0)$	$(c_2 = u)$	$(c_3 = 0)$ u	r_2
-23	g_1	g_2	g_3	$(c_1 = u)$	$(c_2 = u)$	$(c_3 = 0)$ u	$r_1 \cup r_2$
-24	$\neg g_1$	$\neg g_2$	g_3			$(c_3 = u)$ u	r_3
-25	g_1	$\neg g_2$	g_3	$(c_1 = 0)$		$(c_3 = u)$ u	r_3
-26	g_1	$\neg g_2$	g_3	$(c_1 = u)$		$(c_3 = u)$ u	$r_1 \cup r_3$
-27	$\neg g_1$	g_2	g_3		$(c_2 = 0)$	$(c_3 = u)$ u	r_3
-28	g_1	g_2	g_3	$(c_1 = 0)$	$(c_2 = 0)$	$(c_3 = u)$ u	r_3
-29	g_1	g_2	g_3	$(c_1 = u)$	$(c_2 = 0)$	$(c_3 = u)$ u	$r_1 \cup r_3$
-30	$\neg g_1$	g_2	g_3		$(c_2 = u)$	$(c_3 = u)$ u	$r_2 \cup r_3$
-31	g_1	g_2	g_3	$(c_1 = 0)$	$(c_2 = u)$	$(c_3 = u)$ u	$r_2 \cup r_3$
-32	g_1	g_2	g_3	$(c_1 = u)$	$(c_2 = u)$	$(c_3 = u)$ u	$r_1 \cup r_2 \cup r_3$
-33	$\neg g_1$	$\neg g_2$	$\neg g_3$				r_d
-34	g_1	$\neg g_2$	$\neg g_3$	$(c_1 = 0)$			r_d
-35	$\neg g_1$	g_2	$\neg g_3$		$(c_2 = 0)$		r_d
-36	g_1	g_2	$\neg g_3$	$(c_1 = 0)$	$(c_2 = 0)$		r_d
-37	$\neg g_1$	$\neg g_2$	g_3			$(c_3 = 0)$	r_d
-38	g_1	$\neg g_2$	g_3	$(c_1 = 0)$		$(c_3 = 0)$	r_d
-39	$\neg g_1$	g_2	g_3		$(c_2 = 0)$	$(c_3 = 0)$	r_d
-40	g_1	g_2	g_3	$(c_1 = 0)$	$(c_2 = 0)$	$(c_3 = 0)$	r_d
Standard							$(\bot, \bot)$

Tabelle 4.4: Normalisierte Richtlinie mit den Mengen $\mathcal{R}_F^{\text{norm}}$, $\mathcal{R}_A^{\text{norm}}$ und $\mathcal{R}_D^{\text{norm}}$.

tragen zur Entscheidung r mit r_j ebenso bei wie R_i mit r_i, oder sie treffen nicht zu. In $\mathcal{R}_F^{\text{norm}}$ existiert genau eine Regel, die in ihrer Wächter- und Bedingungskonjunktion den jeweiligen Auswertungstatus – ob anwendbar oder nicht – der entsprechenden Paare g_j, c_j der Regeln R_j kodiert hat und somit zutrifft. Ihre Entscheidung r^{norm} entspricht nach Konstruktion genau r, ihr Auswertungsstatus ist ebenfalls final. Nach Lemmata 4.6 und 4.7 erweitert keine andere Regel in $\mathcal{P}^{\text{norm}}$ die Entscheidung r^{norm}.

- **Status = *anwendbar*:** Alle Regeln $R_k \in \mathcal{R}$ tragen jeweils aufgrund von $g_k \wedge c_k = u$ zur Entscheidung r mit r_k bei oder treffen aufgrund von $g_k \wedge c_k = 0$ nicht zu. In $\mathcal{R}_A^{\text{norm}}$ existiert genau eine Regel, die in ihrer Wächter- und Bedingungskonjunktion den jeweiligen Auswertungstatus – ob anwendbar oder nicht – der entsprechenden Paare g_k, c_k kodiert hat und somit zutrifft. Ihre Entscheidung r^{norm} entspricht nach Konstruktion genau r, ihr Auswertungsstatus ist ebenfalls anwendbar und keine andere Regel in $\mathcal{P}^{\text{norm}}$ erweitert die Entscheidung r^{norm}.

- **Status = *standard*:** Aufgrund von $g_k \wedge c_k = 0$ trifft keine Regel $R_k \in \mathcal{R}$. In $\mathcal{R}_D^{\text{norm}}$ existiert genau eine Regel mit Konjunktionen aller g_k, c_k, die jeweils kodieren, ob R_k aufgrund von $g_k = 0$ oder $(g_k = 1) \wedge (c_k = 0)$ nicht zutrifft. Die Entscheidung r^{norm} dieser Regel entspricht nach Konstruktion genau der Standardentscheidung und wird von keiner anderen Regel erweitert. Ihr Auswertungsstatus ist final, er kann jedoch algorithmisch auf den Status standard zurückgesetzt werden (vgl. Kapitel 4.6.2). □

Aufwand der Normalisierung **norm** *(P)*

Der Aufwand für die Normalisierung ist bestimmt durch die Anzahl der normalisierten Regeln. normF erzeugt für jede Regel $R_i \in \mathcal{R}$ alle Kombinationen der Paare g_j, c_j der $R_j \in \mathcal{R}$ mit $j < i$ in jeweils drei Varianten, so dass sich eine endliche geometrische Reihe ergibt. normA erzeugt alle $3^{|\mathcal{R}|}$ Kombinationen der Regeln $R_k \in \mathcal{R}$ in jeweils drei Varianten. Nicht aufgenommen werden von normA alle $2^{|\mathcal{R}|}$ Kombinationen, bei denen alle $g_k \wedge c_k$ zu 0 auswerten. normD erzeugt alle $2^{|\mathcal{R}|}$ Kombinationen der Regeln R_k mit negierten Wächtern und negierten Bedingungen. Zusammen ergibt sich folgende Regelnanzahl:

$$\left(\sum_{k=0}^{|\mathcal{R}|-1} 3^k \right) + \left(3^{|\mathcal{R}|} - 2^{|\mathcal{R}|} \right) + \left(2^{|\mathcal{R}|} \right) = \frac{3^{|\mathcal{R}|+1} - 1}{2} \qquad (4.24)$$

Die Anzahl der Regeln in $\mathcal{P}^{\text{norm}}$ wächst exponentiell mit der Anzahl $|\mathcal{R}|$ der Regeln in $\mathcal{P}$ und liegt in $O(3^{|\mathcal{R}|})$.

4.6. Konstruktion der Differenz

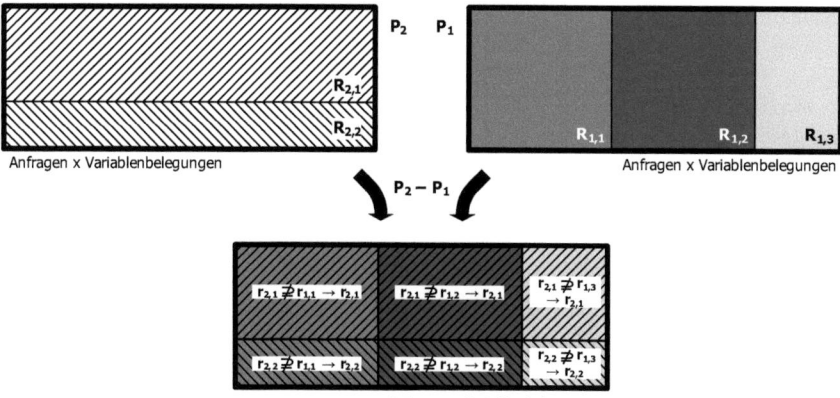

Abbildung 4.9: Regelweiser Vergleich zweier normalisierter Richtlinien

Priorität	Wächter	Bedingung	Entscheidung
-1	$g_{2,1} \wedge g_{1,1}$	$c_{2,1} \wedge (\sim \neg c_{1,1}) \wedge (r_{2,1} \not\supseteq r_{1,1})$	$r_{2,1}$
-2	$g_{2,1} \wedge g_{1,2}$	$c_{2,1} \wedge (\sim \neg c_{1,2}) \wedge (r_{2,1} \not\supseteq r_{1,2})$	$r_{2,1}$
-3	$g_{2,1} \wedge g_{1,3}$	$c_{2,1} \wedge (\sim \neg c_{1,3}) \wedge (r_{2,1} \not\supseteq r_{1,3})$	$r_{2,1}$
-4	$g_{2,2} \wedge g_{1,1}$	$c_{2,2} \wedge (\sim \neg c_{1,1}) \wedge (r_{2,2} \not\supseteq r_{1,1})$	$r_{2,2}$
-5	$g_{2,2} \wedge g_{1,2}$	$c_{2,2} \wedge (\sim \neg c_{1,2}) \wedge (r_{2,2} \not\supseteq r_{1,2})$	$r_{2,2}$
-6	$g_{2,2} \wedge g_{1,3}$	$c_{2,2} \wedge (\sim \neg c_{1,3}) \wedge (r_{2,2} \not\supseteq r_{1,3})$	$r_{2,2}$
Standard			$(\bot, \bot)$

Tabelle 4.5: Differenz $\mathcal{P}_2 - \mathcal{P}_1$ zweier Richtlinien mit zwei bzw. drei Regeln.

4.6.2 Differenz über regelweisen Vergleich

Liegen beide Richtlinien $\mathcal{P}_1$ und $\mathcal{P}_2$ in normalisierter Form vor, trifft für alle $q \in \mathfrak{Q}$ und alle $\alpha \in \mathfrak{Ass}$ in den Regelwerken $\mathcal{R}_1^{\mathrm{norm}}$ und $\mathcal{R}_2^{\mathrm{norm}}$ immer jeweils genau eine Regel zu, ihre Standardentscheidung hingegen nie. Die Anwendungsbereiche der Regeln eines Regelwerks partitionieren somit den gesamten Raum $\mathfrak{Q} \times \mathfrak{Ass}$ in disjunkte Segmente, so dass die Richtlinien nun Regel für Regel verglichen werden können.

Veranschaulicht werden soll dies anhand eines Beispiels mit einer Regelmenge $\mathcal{R}_2^{\mathrm{norm}}$ aus zwei und einer Menge $\mathcal{R}_1^{\mathrm{norm}}$ aus drei Regeln. In Abbildung 4.9 entsprechen die Rahmen jeweils dem Raum $\mathfrak{Q} \times \mathfrak{Ass}$ und werden von $\mathcal{R}_2^{\mathrm{norm}}$ und $\mathcal{R}_1^{\mathrm{norm}}$ entsprechend in zwei bzw. drei Segmente partitioniert. Für jedes Segmentpaar i, j aus $\mathcal{R}_2^{\mathrm{norm}}$ und $\mathcal{R}_1^{\mathrm{norm}}$ wird nun eine Differenzregel $\mathcal{R}_k^{\mathrm{diff}}$ erstellt, die die Entscheidung $r_{2,i}$ liefert, wenn $r_{2,i} \not\supseteq r_{1,j}$ gilt. Diese Differenzregeln sind in Tabelle 4.5 aufgelistet.

Algorithmus 4.5 diff($\mathcal{P}_2^{\text{norm}}, \mathcal{P}_1^{\text{norm}}$): Differenz zweier normalisierter Richtlinien

1: $\mathcal{R}^{\text{diff}} := \emptyset$
2: $i := 0$
3: **for all** $R_2 \in \mathcal{R}_2^{\text{norm}}$ **do**
4:    **for all** $R_1 \in \mathcal{R}_1^{\text{norm}}$ **do**
5:       $i := i - 1$
6:       $\mathcal{R}^{\text{diff}} := \mathcal{R}^{\text{diff}} \cup (i, (g_2 \wedge g_1), (c_2 \wedge (\sim \neg c_1) \wedge (r_2 \not\supseteq r_1)), r_2)$
7:    **end for**
8: **end for**
9: **return** $\mathcal{R}^{\text{diff}}$; $r_{\text{standard}}^{\text{diff}} = (\bot, \bot)$

Satz 4.10 (Konstruktion der Differenz). *Sind zwei normalisierte Richtlinien gegeben, so kann ihre Differenz $\mathcal{P}_2^{\text{norm}} - \mathcal{P}_1^{\text{norm}}$ mithilfe des Algorithmus 4.5 konstruiert werden.*

Beweis:. Es ist zu zeigen, dass Algorithmus 4.5 tatsächlich die Differenz $\mathcal{P}_2 - \mathcal{P}_1$ aus den jeweils normalisierten Richtlinien konstruiert, dass also für alle $q \in \mathfrak{Q}$ und $\alpha \in \mathfrak{Ass}$ folgende Gleichung (4.25) gilt:

$$eval_\alpha(\text{diff}(\mathcal{P}_2^{\text{norm}} - \mathcal{P}_1^{\text{norm}}), q) = r_2 \neq (\bot, \bot) \quad (4.25)$$
$$\Leftrightarrow \quad r_2 = eval_\alpha(\mathcal{P}_2^{\text{norm}}, q) \not\supseteq eval_\alpha(\mathcal{P}_1^{\text{norm}}, q)$$

"$\Rightarrow$" Wertet die konstruierte Differenz $\mathcal{P}_2 - \mathcal{P}_1$ für ein gegebenes q und α zur Entscheidung $r \neq (\bot, \bot)$ aus, ist in der Regelmenge der Differenz $\mathcal{R}^{\text{diff}}$ genau eine Regel R_i zur Anwendung gekommen. Diese Regel R_i ist konstruiert als konjunktive Verknüpfung der Regeln $R_2 \in \mathcal{R}_2^{\text{norm}}$ und $R_1 \in \mathcal{R}_1^{\text{norm}}$ und liefert r_2 als Entscheidung. Da sowohl in $\mathcal{R}_2^{\text{norm}}$ als auch in $\mathcal{R}_1^{\text{norm}}$ immer nur eine Regel zutrifft, trifft auch R_i als einzige Regel in $\mathcal{R}^{\text{diff}}$ zu. Ebenso ist aufgrund der konjunktiven Verknüpfung klar, dass für das gegebene q und α sowohl R_2 als auch R_1 zutreffen. Für ihre Entscheidung gilt $r_2 \not\supseteq r_1$, da dies eine Teilbedingung von R_i ist.

"$\Leftarrow$" Für ein gegebenes q und α trifft in den Richtlinien $\mathcal{P}_2^{\text{norm}}$ und $\mathcal{P}_1^{\text{norm}}$ jeweils genau eine Regel R_2 bzw. R_1 und wertet zu r_2 bzw. r_1 aus. Für die Beziehung dieser beiden Entscheidungen zueinander sind zwei Fälle zu unterscheiden:

- $r_2 \not\supseteq r_1$: Nach Konstruktion existiert genau eine Regel in $\mathcal{R}^{\text{diff}}$, die dann zutrifft, wenn R_2 und R_1 zutreffen und für ihre Entscheidungen $r_2 \not\supseteq r_1$ gilt. Die Entscheidung dieser Regel ist r_2.

- $r_2 \supseteq r_1$: Nach Konstruktion existiert in $\mathcal{R}^{\text{diff}}$ genau eine Regel mit den Wächtern und Bedingungen von R_2 und R_1, jedoch mit der Zusatzbedingung

4.6. Konstruktion der Differenz

$r_2 \not\supseteq r_1$, die nicht erfüllt ist. Somit ergibt die Auswertung die Standardentscheidung von $(\bot, \bot)$. □

Aufwand der Differenz $\text{diff}(\mathcal{R}_2^{\text{norm}} - \mathcal{R}_1^{\text{norm}})$

Der Aufwand der Differenz ist bestimmt durch die Anzahl der erzeugten Regeln. Der Algorithmus generiert Regeln aus der Verknüpfung von jeder Regel $R_2 \in \mathcal{R}_2^{\text{norm}}$ mit je einer Regel $\mathcal{R}_1 \in \mathcal{R}_1^{\text{norm}}$. Der Aufwand ist somit $O(|\mathcal{R}_2^{\text{norm}}| \cdot |\mathcal{R}_1^{\text{norm}}|)$.

Behandlung der Standardentscheidungen

Bisher arbeitet die Differenz auf rein funktionaler Ebene: beide Richtlinien werden unabhängig von ihrem jeweiligen Auswertungsstatus verglichen. Das Stub-Verhalten von Richtlinien wird nicht beachtet (vgl. Kapitel 4.1): Wertet $\mathcal{P}_2$ für ein q und α mit der Standardentscheidung aus und ist diese freizügiger oder anders als die Entscheidung von $\mathcal{P}_1$, besitzt die Differenz $\mathcal{P}_2 - \mathcal{P}_1$ für diesen Fall eine eigene Regel, die anstatt mit dem Status „standard" mit „final" ausgewertet wird.

Eine leichte Abwandlung der vorgestellten Algorithmen lässt jedoch auch eine volle Beachtung des Auswertungstatus zu. Hierfür müssen die bei der Normalisierung von $\mathcal{P}_2$ in normD (Algorithmus 4.3) entstehenden Regeln $\mathcal{R}_{2,D}^{\text{norm}}$ so markiert werden, dass sie beim regelweisen Vergleich in diff (Algorithmus 4.5) als von der Standardentscheidung abgeleitet erkannt werden können. Hier wird dann die Menge an Vergleichsregeln, die aus Verknüpfung mit Regeln aus $\mathcal{R}_{2,D}^{\text{norm}}$ entstehen, negiert, ihre Entscheidung auf $(\bot, \bot)$ und die bisher leere Standardentscheidung der Differenz auf die ursprüngliche von $\mathcal{P}_2$ gesetzt.

Diese leichte Änderung an der Konstruktion bringt jedoch einen hohen, zusätzlichen Aufwand mit sich: In der Differenz werden $|\mathcal{R}_{2,D}^{\text{norm}}| \cdot |\mathcal{R}_1^{\text{norm}}|$ Regeln durch $2^{|\mathcal{R}_{2,D}^{\text{norm}}| \cdot |\mathcal{R}_1^{\text{norm}}|}$ neue ersetzt.

4.6.3 Wächterhülle

Im Folgenden wird die Konstruktion der Normalisierung und der Differenz über den regelweisen Vergleich um die Einbeziehung des Domänenwissens erweitert. Dabei muss bestimmt werden, ob sich die Anwendungsbereiche zweier Regelwächter überlappen oder ob ein mittels logischer Operatoren zusammengesetzter Wächter (vgl. Grundform einer Regel in (4.11)) einen nicht leeren Anwendungsbereich beschreibt. Hierzu muss die von der Wächterzusammenstellung beschriebene Elementmenge betrachtet werden:

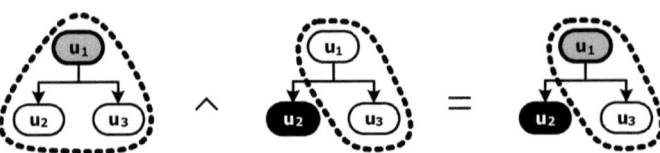

Abbildung 4.10: Die Hülle des Wächters $u_1 \wedge \neg u_2$ besteht aus der Schnittmenge $\{u_1, u_3\}$ der Anwendungsbereiche seiner Elemente u_1 (grau) und $\neg u_2$ (schwarz).

Definition 4.11 (Hülle). *Bei gegebener Hierarchie* $(H, \leq_H)$ *besteht für ein Element* $h \in H$ *die Hülle* $\overline{h}$ *aus h selbst und allen Elementen, die in der Hierarchie tiefer stehen, also* $\overline{h} := \{x \in H : x \leq_H h\}$.

Mit den in der Wächterlogik enthaltenen Operatoren $\vee$, $\wedge$ und $\neg$ lassen sich, aus einzelnen Hierarchieelementen auch komplexere Wächter zusammenstellen. Für die Hülle lassen sich diese Operatoren entsprechend auf $\cup$, $\cap$ und $\not\leq_H$ übertragen. Beispielsweise besteht der Anwendungsbereich für die Benutzerangabe $u_1 \wedge \neg u_2$ nach Gleichung (4.26) und Abbildung 4.10 aus der Menge $\{u_1, u_3\}$.

$$\overline{u_1 \wedge \neg u_2} = \{x \in \text{User} : x \leq_{\text{User}} u_1\} \cap \{x \in \text{User} : x \not\leq_{\text{User}} u_2\} \quad (4.26)$$
$$= \{u_1, u_3\}$$

Für die vier Elementen für Benutzer, Aktion, Daten und Zweck eines Wächters wird die Hülle entsprechend übertragen:

$$\overline{(u, a, d, p)} = \{(w, x, y, z) \in \text{User} \times \text{Action} \times \text{Data} \times \text{Purpose} : \quad (4.27)$$
$$w \leq_{\text{User}} u \wedge x \leq_{\text{Action}} a \wedge y \leq_{\text{Data}} d \wedge z \leq_{\text{Purpose}} p\}$$

4.6.4 Erfüllbarkeitsrelation für Bedingungen

Für die Differenzkonstruktion mit Domänenwissen muss für zwei Regeln R_1 und R_2 festgestellt werden, ob R_1 ihre Anwendbarkeit mit strengerer oder äquivalenter Bedingung c_1 einschränkt oder ob sie einen größeren bzw. anderen Anwendungsraum mit den zusätzlichen Kontextsituationen aus c_2 aufweist. Dies führt zu der Überprüfung, ob c_1 die Bedingung c_2 unter jeder möglichen Variablenbelegung $\alpha \in \mathfrak{Ass}$ und somit unabhängig vom aktuellen Kontext erfüllt.

Diese Überprüfung ist jedoch NP-vollständig und wächst somit exponentiell mit der Variablenanzahl des betrachteten Vokabulars, so dass für den allgemeinen Fall kein effizienter Algorithmus zu erwarten ist. Um Bedingungen dennoch miteinander vergleichen zu können, wird für praktische Zwecke die Überprüfung auf die Betrachtung

4.6. Konstruktion der Differenz

einer Erfüllbarkeitsrelation reduziert, die zumindest korrekt ist: genügen zwei Bedingungen c_1 und c_2 der im Folgenden definierten Relation enthalten, dann ist c_2 immer erfüllt, wenn c_1 erfüllt ist.

Definition 4.12 (Erfüllbarkeitsrelation). *Für ein gegebenes Bedingungsvokabular $\mathfrak{Voc}$ ist eine Erfüllbarkeitsrelation eine Relation $\rightarrow_E \, \subseteq C(\mathfrak{Voc}) \times C(\mathfrak{Voc})$. Sie ist korrekt, wenn für alle Bedingungen $c_1, c_2 \in C(\mathfrak{Voc})$ und für alle möglichen $\alpha \in \mathfrak{Ass}$ gilt:*

$$c_1 \rightarrow_E c_2 \; :\Rightarrow \; \Big[eval_\alpha(c_1) = 1 \; \Rightarrow \; eval_\alpha(c_2) = 1 \Big] \wedge$$
$$\Big[eval_\alpha(c_1) = u \; \Rightarrow \; \big((eval_\alpha(c_2) = u) \vee (eval_\alpha(c_2) = 1) \big) \Big] \quad (4.28)$$

Hält auch die Rückrichtung „:⇐", so ist die Erfüllbarkeitsrelation vollständig.

Sind die Bedingungen c_1 oder c_2 logisch komplexer zusammengesetzt und bestehen nicht aus jeweils einem einzelnen Literal φ bzw. ψ, lassen sie sich jeweils in eine Disjunktive Normalform (4.30) transformieren. Ihre Erfüllbarkeit lässt sich anschließend wie in (4.31) auf ihre literalen Formelbestandteile zurückführen.

$$c_1 \rightarrow_E c_2 \quad (4.29)$$

$$(\bigvee_i \bigwedge_j \varphi_{i,j}) \rightarrow_E (\bigvee_k \bigwedge_l \psi_{k,l}) \quad (4.30)$$

$$\bigwedge_{i,k} \bigvee_{j,l} (\varphi_{i,j} \rightarrow_E \psi_{k,l}) \quad (4.31)$$

Die Erfüllbarkeitsrelation ist reflexiv und transitiv. Neben der direkten Erfüllbarkeit $\varphi \rightarrow_E \psi$ werden zwei weitere Grundformen für den Bedingungsvergleich in den beiden folgenden Kapiteln in die Relation mit aufgenommen: $(\sim \varphi) \rightarrow_E \psi$, wenn bei einem nicht zutreffenden φ immer ψ zutrifft, und $\varphi \rightarrow_E (\neg \sim \neg \psi)$, wenn bei einem zutreffenden φ oder einem φ mit undefiniertem Wert immer ($\psi = 0$) folgt.

Eine korrekte Erfüllbarkeitsrelation lässt sich oft über die symbolische Auswertung konstruieren, indem alle Paare von Literalen $\varphi, \psi \in C(\mathfrak{Voc})$ mit bekannter semantischer Abhängigkeit der Erfüllbarkeit in die Relation aufgenommen werden. Ebenso werden über den Vergleich der Interpretationsfunktionen gleichen Typs die Paare mit rein syntaktischer Abhängigkeit aufgenommen.

Für die praktische Anwendung reicht eine solch korrekte Erfüllbarkeitsrelation meist aus, auch wenn sie nicht vollständig ist. Impliziert eine Bedingung automatisch eine andere und ist diese Abhängigkeit den Benutzern nicht bekannt und somit nicht in der Relation erfasst, sollten diese beiden Bedingungen für den Vergleich als unabhängig voneinander behandelt werden. So ist sichergestellt, dass den Benutzererwar-

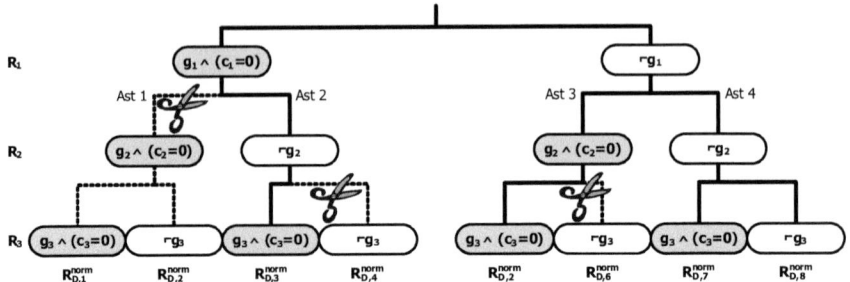

Abbildung 4.11: Beschneidung des Rekursionsbaums zur Konstruktion von $\mathcal{R}_D^{\text{norm}}$ mit Wächtern g_1, g_2 und g_3 nach Abbildung 4.12

tungen entsprochen wird. Schlimmstenfalls vergrößert sich hierdurch das Differenzergebnis um eine zusätzliche Regel, ohne jedoch dessen Auswertung zu verändern.

4.6.5 Normalisierung mit Domänenwissen

Die Normalisierung nach Satz 4.5 löst die Regelabhängigkeiten innerhalb einer Richtlinie $\mathcal{P}$ auf. Hierzu konstruiert sie für jede mögliche Abhängigkeit der Ausgangsregeln in $\mathcal{R}$ untereinander jeweils neue Regeln für $\mathcal{R}^{\text{norm}}$. Doch es kommt vor, dass Ausgangsregeln bereits von einander unabhängig sind. Besitzen beispielsweise zwei Ausgangsregeln von vornherein keine überlappenden Anwendungsbereiche, weisen alle neuen Regeln in $\mathcal{R}^{\text{norm}}$, die aus der Konjunktion dieser zwei Ausgangsregeln entstehen, einen leeren Anwendungsbereich auf. Sie können somit nie zutreffen und sind wirkungslos.

Im Folgenden wird während der Normalisierung das Domänenwissen mit einbezogen, um die tatsächliche Regelabhängigkeit auszuwerten und damit die Konstruktion in zweierlei Hinsicht zu verbessern. Zum einen wird die Regelanzahl der normalisierten Richtlinie reduziert, indem Regeln mit leerem Anwendungsbereich aus der Ergebnismenge $\mathcal{R}^{\text{norm}}$ herausgenommen werden. Eine Regel besitzt einen leeren Anwendungsbereich, wenn sie einen leeren Wächter $\bar{g} = \varnothing$ oder eine unerfüllbare Bedingung $c = 0$ besitzt. Werden die normalisierten Regeln rekursiv gebildet, wird zum anderen auch der Aufwand ihrer Konstruktion reduziert. Der Algorithmus durchläuft ganze Rekursionsäste nicht vollständig, sondern schneidet sie ab (pruning), sobald die bis dahin bereits zusammengesetzten Wächter- oder Bedingungsanteile nie zutreffen können.

Die Regelmenge $\mathcal{R}_D^{\text{norm}}$ wird nach Gleichung (4.22) derart konstruiert, dass sie alle Anwendungsfälle abdeckt, in denen keine einzige der Regeln $R_i \in \mathcal{R}$ zutrifft, also ihre Wächter g_i oder Bedingungen c_i nicht zutreffen. Rekursiv werden die Regeln in $\mathcal{R}^{\text{norm}}$

4.6. Konstruktion der Differenz

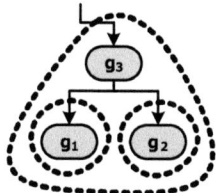

Abbildung 4.12: Anwendungsbereiche der Beispielwächter g_1, g_2 und g_3

erzeugt, indem in der i-ten Rekursion für R_i entweder $\neg g_i$ oder $g_i \wedge (c_i = 0)$ konjunktiv zu den Wächtern bzw. den Bedingungen hinzugefügt wird. Auf jeder Rekursionsstufe wird geprüft, ob der bis dahin zusammengesetzte Wächter $g_{>i}$ mit g_i oder $\neg g_i$ konjunktiv verknüpft eine leere Hülle $\overline{g_{>i} \wedge g_i} = \varnothing$ bzw. $\overline{g_{>i} \wedge \neg g_i} = \varnothing$ besitzt und somit die Rekursion an dieser Stelle abgebrochen werden kann.

Als Beispiel wird in Abbildung 4.11 ein Rekursionsbaum zur Normalisierung einer Richtlinie mit drei Ausgangsregeln R_1, R_2 und R_3 dargestellt. Sind die Anwendungsbereiche von deren Wächtern g_1, g_2 und g_3 wie in Abbildung 4.12 gegeben, wird der Rekursionsbaum an den eingezeichneten Stellen mit $g_1 \wedge g_2$, $g_1 \wedge \neg g_3$ und $g_2 \wedge \neg g_3$ abgeschnitten.

Wird in einem i-ten Schritt eine Bedingung $(c_i = 0)$ hinzugefügt, wird zusätzlich auf eine unerfüllbare Bedingung getestet: Der Rekursionsast wird abgeschnitten, wenn bereits Bedingungen $(c_j = 0)$ mit $j > i$ in die Regel aufgenommen wurden und nach Tabelle 4.6 in der Erfüllbarkeitsrelation $(\sim c_i) \to_E c_j$ oder $(\sim c_j) \to_E c_i$ enthalten sind.

Die Regelmenge $\mathcal{R}_A^{\text{norm}}$ wird nach Gleichung (4.21) ähnlich konstruiert, doch werden im i-ten Rekursionsschritt nicht nur $\neg g_i$ und $g_i \wedge (c_i = 0)$, sondern auch $g_i \wedge (c_i = u)$ alternativ zur neuen Regel hinzugefügt. Nicht aufgenommen in $\mathcal{R}_A^{\text{norm}}$ werden alle Regeln, bei denen nicht mindestens einmal dieser dritte Fall zur Anwendung kommt. Für die Beschneidung aufgrund leerer Wächter kommen die gleichen Vorschriften zum Einsatz wie für $\mathcal{R}_D^{\text{norm}}$. Kommt eine Bedingung $(c_i = 0)$ in einem Schritt hinzu, wird jedoch zusätzlich geprüft, ob nicht ein $(c_j = u)$ mit $c_j \to_E c_i$ im bereits gebildeten Bedingungsanteil der neuen Regel vorhanden ist. Für eine Bedingung $(c_i = u)$ wird geprüft, ob nicht ein $(c_j = 0)$ mit $c_i \to_E c_j$, oder ein $(c_j = u)$ mit $(\sim c_i) \to_E c_j$ oder $(\sim c_j) \to_E c_i$ enthalten ist.

Bei der Regelmenge $\mathcal{R}_F^{\text{norm}}$ wird nach Gleichung (4.20) für jede Regel $R_i \in \mathcal{R}$ einzeln angenommen, dass sie final zutrifft. Regelanteile aus den R_j mit $j > i$ werden dann mit der gleichen Rekursion wie in $\mathcal{R}_A^{\text{norm}}$ konstruiert, so dass die gleichen Beschneidungsvorschriften gelten. Ferner wird in einem Schritt mit ergänzter Bedingung $(c_i = 0)$

Bedingung	Erfüllbarkeitstest
$(c_1 = 0) \wedge (c_2 = 0)$	$[(\sim c_1) \to_E c_2] \vee [(\sim c_2) \to_E c_1]$
$(c_1 = 0) \wedge (c_2 = u)$	$c_2 \to_E c_1$
$(c_1 = u) \wedge (c_2 = u)$	$[(\sim c_1) \to_E c_2] \vee [(\sim c_2) \to_E c_1]$
$(c_1 = 0) \wedge (c_2 = 1)$	$c_2 \to_E c_1$
$(c_1 = u) \wedge (c_2 = 1)$	$c_2 \to_E c_1$
$c_1 \wedge c_2$	$[c_1 \to_E (\neg \sim \neg c_2)] \vee [c_2 \to_E (\neg \sim \neg c_1)]$

Tabelle 4.6: Test auf eine unerfüllbare Bedingung bei Konstruktion der Regelmengen $\mathcal{R}_F^{\text{norm}}$, $\mathcal{R}_A^{\text{norm}}$, $\mathcal{R}_D^{\text{norm}}$ und $\mathcal{R}^{\text{diff}}$.

oder ($c_i = u$) die Rekursion abgebrochen, wenn $c_k \to_E c_i$ in der Erfüllbarkeitsrelation vorhanden ist.

4.6.6 Regelweiser Vergleich mit Domänenwissen

Die Konstruktion der Differenz $\mathcal{P}_2^{\text{norm}} - \mathcal{P}_1^{\text{norm}}$ zweier normalisierter Richtlinien produziert nach Satz 4.10 über den regelweisen Vergleich $|\mathcal{R}_2^{\text{norm}}| \cdot |\mathcal{R}_1^{\text{norm}}|$ Differenzregeln. Wie zuvor bei der Normalisierung wird die Anzahl dieser Regeln mithilfe des Domänenwissens reduziert.

Eine Regel wird ohne Verlust aus der Regelmenge $\mathcal{R}^{\text{diff}}$ der Differenz gestrichen, wenn ihre Teilbedingung $r_{2,i} \not\supseteq r_{1,j}$ nicht zutrifft, was im Obligationenmodell direkt ablesbar ist. Ebenso kann sie gestrichen werden, wenn in der Erfüllbarkeitsrelation $c_{1,j} \to_E (\neg \sim \neg c_{2,i})$ oder $c_{2,i} \to_E (\neg \sim \neg c_{1,j})$ enthalten sind und somit die restliche Regelbedingung $c_{2,i} \wedge \sim \neg c_{1,j}$ unerfüllbar ist, oder wenn ihr Wächter mit $\overline{g_{2,i} \wedge g_{1,j}} = \emptyset$ leer ist.

Anders als bei der Normalisierung kann beim regelweisen Vergleich ausschließlich die Regelanzahl der Differenz reduziert werden, nicht jedoch die Anzahl der Regelvergleiche während ihrer Konstruktion.

5 Implementierung der ExPDT-Werkzeuge

In diesem Kapitel wird zunächst die Verwendung von ExPDT für den Datenschutzeinsatz durch Selbstregulierung der Dienstanbieter sowie durch Selbstdatenschutz der Kunden beschrieben und eine mögliche Einbettung von ExPDT in die IT-Systeme der Dienstanbieter aufgezeigt. Es werden dabei Arbeitsbereiche für einen Richtlinieneditor und eine entsprechende Auswertungseinheit für ExPDT-Richtlinien herausgestellt und anschließend prototypische Implementierungen für diese beiden Werkzeuge vorgestellt.

5.1 Werkzeugkette von ExPDT

Der Ablauf für die Spezifikation von Richtlinien, für die Vereinbarung der individuellen Richtlinien zur Nutzung des Dienstangebots durch die Kunden und eine mögliche Umsetzung in den IT-Systemen wird in Abbildung 5.1 gezeigt. Die dort dargestellten Schritte der Kunden und Dienstanbieter werden im Folgenden einzeln beschrieben:

1. Kunden spezifizieren ihre eigenen Datenschutzpräferenzen als ExPDT-Richtlinien oder laden auf das gegebene Szenario passende aus ihrer Datenbank. Ebenso spezifizieren Dienstanbieter ihre Datenschutzpraktiken als formale ExPDT-Richtlinie. Ist ihr Dienstangebot aus mehreren einzelnen Diensten modular zusammengesetzt, können sie aufgrund der Abgeschlossenheit der ExPDT-Richtlinien unter den Kombinationsoperatoren die jeweiligen Richtlinien der Dienste auf gleiche Weise wie die Dienste selbst zusammenfügen. Dieser Schritt wird anhand von Beispielen ausführlich im Kapitel 6.3 der Evaluation betrachtet.

2. Kunden und Dienstanbieter tauschen ihre ExPDT-Richtlinien gegenseitig aus und analysieren sie. Über den Differenzvergleich können sie die Richtlinien gegeneinander abgleichen und darüber feststellen, ob die eigenen Schutz- bzw. Datenanforderungen ausreichend erfüllt werden:

    - Kunden können erkennen, ob die Richtlinien des Dienstanbieters restriktiver sind als die eigenen, oder welche Daten der Anbieter von ihnen zusätzlich für die Ausführung seiner Dienste begehrt.

Kapitel 5. Implementierung der ExPDT-Werkzeuge

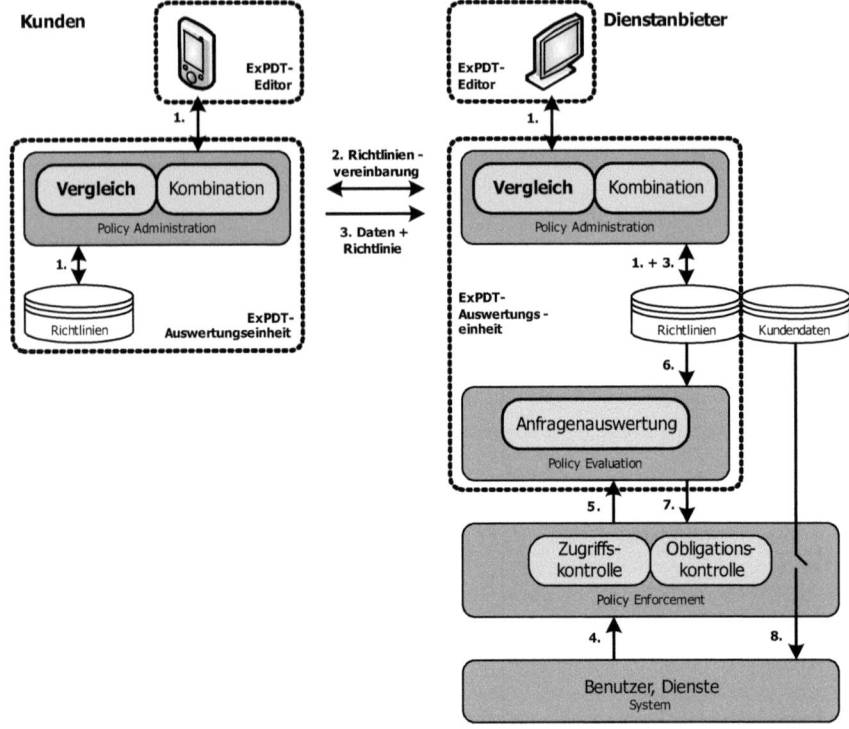

Abbildung 5.1: Zusammenspiel der ExPDT-Werkzeuge und ihre Einbettung im IT-System der Dienstanbieter.

- Dienstanbieter können erkennen, ob die Kunden gewillt sind, ihnen ausreichend Daten für die beabsichtigte Personalisierung ihrer Dienste bereitzustellen, oder ob sie sogar geneigt sind, zusätzliche Daten herauszugeben, mit denen sie ihr Angebot erweitern oder verbessern können.

Diese Richtlinienvergleiche, wie sie auch in Kapitel 6.4 detailliert betrachtet werden, unterstützen Kunden und Dienstanbieter gleichermaßen bei ihrer Vereinbarung einer gemeinsamen ExPDT-Richtlinie, die nach Möglichkeit sowohl den Datenanforderungen der Dienste, der Selbstregulierung der Dienstanbieter und gleichzeitig dem Selbstdatenschutz der Kunden genügt.

3. Kunden übergeben den Dienstanbietern ihre persönlichen Daten bzw. erteilen ihnen die Erlaubnis, sie betreffende Kontextdaten beispielsweise mittels Sensortechnik zu sammeln. An diese Kundendaten wird die im vorigen Schritt indivi-

duell vereinbarte Datenschutzrichtlinie fest gekoppelt. Zusammen werden Daten und Richtlinie in den Datenbanken des Dienstanbieters für die weitere Verwendung hinterlegt.

4. Benutzer bzw. Dienste starten Datenbankabfragen, um mit den dort gespeicherten Kundendaten ihr Angebot zu personalisieren.

5. Zur Umsetzung der ExPDT-Richtlinien fängt die Zugriffskontrolle des im IT-System verankerten Sicherheitsmonitors diese Datenabfragen ab. Aus den Informationen, welche Benutzer bzw. Dienste wie und zu welchem Zweck auf welche Daten zuzugreifen versuchen, erstellt die Zugriffskontrolle Richtlinienanfragen.

6. Die jeweils entsprechende Richtlinie wird aus der Datenbank geladen und unter Berücksichtigung des aktuellen Kontext ausgewertet, wie es in Kapitel 6.3.2 an einem Beispiel beschrieben wird.

7. Die jeweiligen Auswertungsergebnisse werden dem Sicherheitsmonitor übermittelt.

8. Daraufhin weist der Sicherheitsmonitor die gewünschten Datenanfragen der Benutzer bzw. Dienste jeweils entweder zurück, oder er lässt sie passieren. Des Weiteren übergibt er die zusätzlichen Verpflichtungen oder auch Sanktionen, die Teil der Richtlinienentscheidungen sein können, der Obligationskontrolle für die spätere Überprüfung ihrer Einhaltung.

Die Auswertung der Richtlinienoperationen, also die Konstruktion der Differenz, der Komposition und der Konjunktion von Richtlinien in den ersten beiden Schritten, sowie die Auswertung von Richtlinienanfragen im sechsten Schritt bilden den Kern für die Verwendung von ExPDT. Sie sind Teil der ExPDT-Auswertungseinheit, deren Implementierung im folgenden Kapitel 5.2 vorgestellt wird.

Für die Spezifikation und den Vergleich von Richtlinien benötigt ExPDT in den ersten beiden Schritten eine Schnittstelle für die Kunden bzw. Dienstanbieter. Hierfür wird in Kapitel 5.3 ein Richtlinieneditor vorgestellt.

Die Authentifizierung der Kommunikationspartner, die Protokolle zwischen Kunden und Anbieter für Richtlinienaustausch und -verhandlung sowie für die Übergabe der persönlichen Kundendaten sind nicht Bestandteil von ExPDT, da ihre Umsetzung stark vom jeweiligen Einsatzszenario abhängt. Ebenso umfasst ExPDT nicht den Sicherheitsmonitor. Eine Einbindung der ExPDT-Auswertungseinheit und des Richtlinieneditors in IT-Systeme, die bereits einen Monitor wie etwa den IBM Tivoli Sicherheitsmanager [Tivo09] verwenden, sollte jedoch leicht möglich sein [KäGi08].

5.2 Auswertungseinheit

Die Auswertungseinheit von ExPDT führt Richtlinienoperationen aus und konstruiert Differenzen, Kompositionen und Konjunktionen von Richtlinien. Des Weiteren wertet sie Richtlinienanfragen unter Berücksichtigung der aktuellen Belegung der Bedingungsvariablen aus [Zeyh08]. Für ihre prototypische Implementierung wurde die Programmiersprache Java verwendet. Motiviert wurde diese Wahl nicht nur von der Portabilität der Java-Programme, sondern insbesondere von der OWL-Integration durch die Java-Module Jena [Hewl09] und Pellet [Clar09].

Jena wurde im Rahmen des HP Labs Semantic Web Research entwickelt und liefert Java eine Umgebung für die Verwendung von RDF, RDFS und OWL (vgl. Anhang A.2). Es unterstützt das Auslesen von OWL-Dateien und stellt dort enthaltene Ontologien Java intern als Modell zur Verfügung. Mit Funktionen der Jena-Schnittstelle können so Daten aus den Ontologien extrahiert und die Ontologien selbst auch modifiziert werden.

Pellet ist ein vom Mind Lab der Universität Maryland entwickelter DL-Reasoner, der auf den Tableau-Kalkülen der Description Logic basiert. Er unterstützt die volle Ausdrucksstärke von OWL DL und kann an Jena für die Auswertung von Ontologien angeschlossen werden. Seine Hauptaufgabe liegt dabei im Schlussfolgern der folgenden vier Fragestellungen [SPGK07]:

- **Konsistenz:** Ist eine Ontologie in sich konsistent oder enthält sie widersprüchliche Angaben?

- **Erfüllbarkeit von Klassen:** Ist es für eine gegebene Klasse möglich, eine Instanz zu besitzen, ohne dass die Ontologie inkonsistent wird?

- **Klassifizierung:** Wie sehen die Beziehungen zwischen Klassen und Unterklassen der Ontologie aus?

- **Realisierung:** Welche ist die spezifischste Klasse, der eine gegebene Instanz angehört?

Die Konstruktion von Differenz-, Kompositions- und Konjunktionsrichtlinien sowie die Auswertung von Richtlinienanfragen werden von der Auswertungseinheit zwar in Java realisiert, doch nutzt sie hierbei intensiv die Fähigkeiten von Pellet zur Schlussfolgerung über die Ontologie des Domänenwissens für die Berechnung von Teilergebnissen, wie etwa die folgenden Beispiele aufzeigen:

- Bei der Auswertung einer Richtlinienanfrage wird die Überprüfung, ob der Wächter der Anfrage im Anwendungsbereich eines Regelwächters liegt, auf die

5.2. Auswertungseinheit

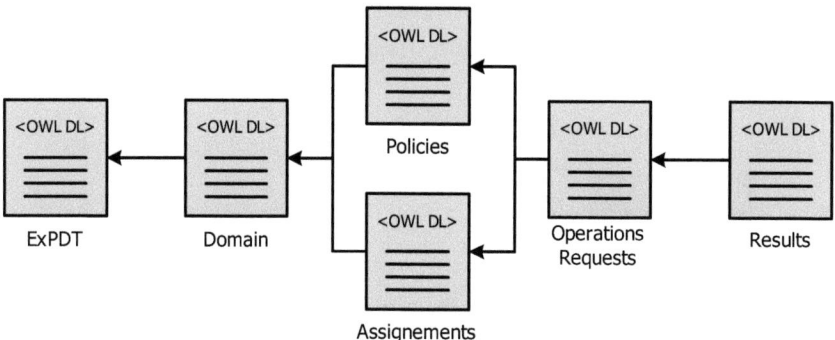

Abbildung 5.2: Die Pfeile zeigen die Abhängigkeiten zwischen den fünf Eingabedateien auf der linken Seite und der Ausgabedatei der ExPDT-Auswertungseinheit auf der rechten Seite an.

Realisierung der einzelnen Wächterelemente und die anschließende Auswertung der *Klassifizierung* zurückgeführt (vgl. Kapitel 4.4.2).

- Bei der Kombination von Obligationen während der Ausführung von Richtlinienoperationen und der Auswertung von Richtlinien wird über eine *Konsistenz*-Prüfung der Ontologie ermittelt, ob eine neu konstruierte Obligationsmenge nicht in sich widersprüchlich ist (vgl. Kapitel 4.3.4).

- Bei der Normalisierung und dem regelweisen Vergleich der Differenzbildung wird die Überprüfung, ob eine gegebene Wächterkombination eine leere Hülle aufweist, auf die *Erfüllbarkeit einer Klasse* zurückgeführt, die über Einschränkungen durch entsprechende Schnitt- und Komplementeigenschaften die logische Kombination der Wächter widerspiegelt (vgl. Kapitel 4.6.3 und Anhang A.2).

Die letzten beiden Tests erfordern für ihre Berechnung Modifikationen am Modell durch das Einfügen von Obligationsinstanzen und durch die Erzeugung komplexer Klassen. Insbesondere für die Veränderung der Klassenlandschaft beanspruchen jedoch Jena und Pellet relativ viel Zeit, die auch durch Zwischenspeichern von Ergebnissen nur bedingt eingespart werden kann. Ist die Ontologie des Domänenwissens einmal von Jena geladen und von Pellet analysiert worden, kann die Auswertung von Richtlinienanfragen zwar im Bereich weniger Millisekunden durchgeführt werden, doch dauert die Konstruktion von Normalisierung und Differenz bei Richtlinien mit zehn Regeln bereits bis zu zwanzig Sekunden. Eine merkliche Reduzierung dieser Zeit verspricht eine der nächsten Versionen von Pellet, die inkrementelle Änderungen am Modell unterstützen soll. Dann muss bei einer Modifikation nicht das gesamte

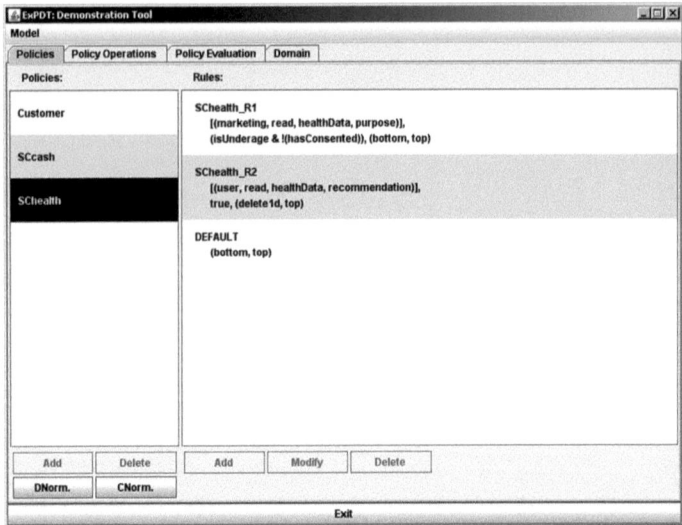

Abbildung 5.3: Die zwei Regeln und die Standardentscheidung der ExPDT-Richtlinie $\mathcal{P}_{\text{SChealth}}$ aus Quelltext 4.1 im ExPDT-Editor.

Modell neu erstellt und analysiert werden, sondern nur die von der Änderung auch betroffenen Elemente.

Die Eingabedaten der ExPDT-Auswertungseinheit sind aufgeteilt in Dateien für das Domänenwissen, für die Spezifikation der eigentlichen Richtlinien, für die aktuelle Variablenbelegung und für die von der Einheit auszuwertenden Richtlinienoperationen und -anfragen. Die Ergebnisse werden in einer gesonderten Datei ausgegeben. Abbildung 5.2 zeigt die Abhängigkeiten dieser Dateien untereinander auf.

5.3 Richtlinieneditor

Die ExPDT-Richtlinien müssen für ihre maschinelle Bearbeitbarkeit durch die Auswertungseinheit in der Syntax von OWL DL vorliegen. Um beim Umgang mit den Richtlinien diese längliche Syntax für Kunden, aber auch für die Dienstanbieter zu verbergen, kann der Richtlinieneditor von ExPDT eingesetzt werden. Die hier präsentierte, prototypische Implementierung verfügt dafür über eine graphische Oberfläche mit vier Ansichten:

- **Policies:** Hier werden alle Richtlinien, die aus den Eingabedateien eingelesen oder mithilfe von Richtlinienoperationen im Editor neu erzeugt wurden, mit ihren Regeln und Standardentscheidungen dargestellt. Abbildung 5.3 zeigt die

5.3. Richtlinieneditor

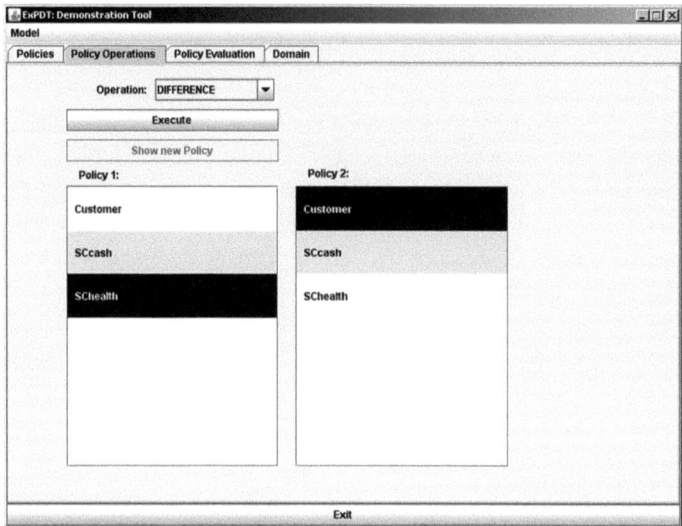

Abbildung 5.4: Im ExPDT-Editor können die Richtlinienoperationen der Differenz, Komposition und Konjunktion aufgerufen und die entsprechenden, von der ExPDT-Auswertungseinheit gelieferten Ergebnisse angezeigt werden.

Richtlinie $\mathcal{P}_{\text{SChealth}}$ aus Quelltext 4.1 in einer verkürzten, für Menschen besser lesbaren Schreibweise.

- **Policy Operations:** In dieser Ansicht kann die Konstruktion von Richtliniendifferenzen, -kompositionen und -konjunktionen veranlasst werden. Abbildung 5.4 zeigt beispielhaft die entsprechende Auswahl für die Konstruktion der Differenz $\mathcal{P}_{\text{SChealth}} - \mathcal{P}_{\text{Customer}}$.

- **Policy Evaluation:** Hier können Richtlinienanfragen für die geladenen oder erzeugten Richtlinien erstellt und ihre Auswertungsergebnisse angezeigt werden (vgl. Abbildung 6.3).

- **Domain:** In dieser Ansicht kann das Domänenwissen inspiziert werden (vgl. Abbildung 6.2).

Für eine spätere Verwendung können sowohl die Auswertungsergebnisse der Richtlinienanfragen als auch die von den Operatoren neu konstruierten Richtlinien als OWL DL-Datei gespeichert werden.

Der Richtlinieneditor setzt auf der zuvor vorgestellten Auswertungseinheit auf und ist ebenfalls in Java geschrieben. Durch ihre enge Verknüpfung miteinander erlangt der Editor Zugriff auf Funktionen der Auswertungseinheit für das Einlesen der Eingabedateien des Domänenwissens, der Richtlinien und bereits spezifizierten Richtlinienanfragen und -operationen. Ebenso kann er deren Funktionen für die Auswertung nutzen und muss nur noch die entsprechenden Ergebnisse graphisch aufbereiten.

Bei diesem Prototyp lag der Schwerpunkt auf der Implementierung seiner Grundfunktionalität und nicht auf der Benutzbarkeit für Sicherheitslaien. Des Weiteren sind die Spezifikation neuer Richtlinien und die Modifikation des Domänenwissens bisher nicht umgesetzt worden. Technische Hindernisse hierfür sind jedoch nicht zu erwarten. Bis dahin kann für diese Aufgaben grundsätzlich jeder vollwertige OWL-Editor genutzt werden, beispielsweise der Protégé-OWL Editor [Stan08], da die ExPDT-Syntax zusammen mit der notwendigen Semantik selbst als OWL-Datei vorliegt (vgl. Anhang A.3).

6 Evaluation von ExPDT

Nach der Vorstellung der Richtliniensprache und der Werkzeuge wird ExPDT in diesem Kapitel als Proof-of-Concept anhand eines Anwendungbeispiels evaluiert. Als Szenario wird hierfür das Einkaufszentrum mit personalisiertem Dienstangebot aus Kapitel 1.1.1 angenommen. Hierfür wird zunächst das Domänenwissen festgelegt, bevor darauf aufbauend beispielhaft ExPDT-Richtlinien für Kunden und zwei Dienste spezifiziert werden. Anschließend werden für den Vergleich dieser Richtlinien die entsprechenden Differenzen gebildet und im Hinblick auf eine Dienstauswahl aus Kundensicht interpretiert. Abschließend werden die Ergebnisse zusammengeführt und bewertet.

6.1 Datenschutz mit ExPDT im Einkaufszentrum

Betreten Kunden das Einkaufszentrum (Shopping Center, SC), konfigurieren sie mit ihren Kundenkarten die persönlichen Shopping-Assistenten an ihren Einkaufswagen. Die Karten enthalten neben Kundendaten wie etwa Name, Alter und Anschrift auch Finanzdaten wie beispielsweise Kreditkartenunternehmen, -nummer und -gültigkeit und Gesundheitsdaten wie etwa eine Liste der Allergien, unter denen die Kunden jeweils leiden. Insbesondere sind auf den Karten auch die Datenschutzpräferenzen der Kunden als formale ExPDT-Richtlinien gespeichert. Sie beschreiben aus Kundensicht, welche Datenzugriffe für die Dienste des Einkaufszentrums zulässig sind und welche Verwendung der Daten anschließend erlaubt ist.

Das Einkaufszentrum bietet seinen Kunden auf sie persönlich zugeschnittene Dienstleistungen an, für deren Konfiguration es die o.g. Kundendaten nutzt. Es formuliert seine Datenschutzpraktiken für die hierfür notwendige Datensammlung und -verwendung ebenfalls als formale ExPDT-Richtlinie. Vor einer Dienstnutzung müssen sich Kunden und Einkaufszentrum auf eine gemeinsame Richtlinie einigen, die dann mit den Kundendaten verknüpft wird.

Bietet das Einkaufszentrum seine Dienstleistungen nur als Komplettpaket an, läuft es Gefahr, Kunden aufgrund zu umfangreicher Datenerhebung von der Dienstnutzung abzuschrecken (vgl. Kapitel 1.1.2). Um solche Kunden nicht zu verlieren, muss es ih-

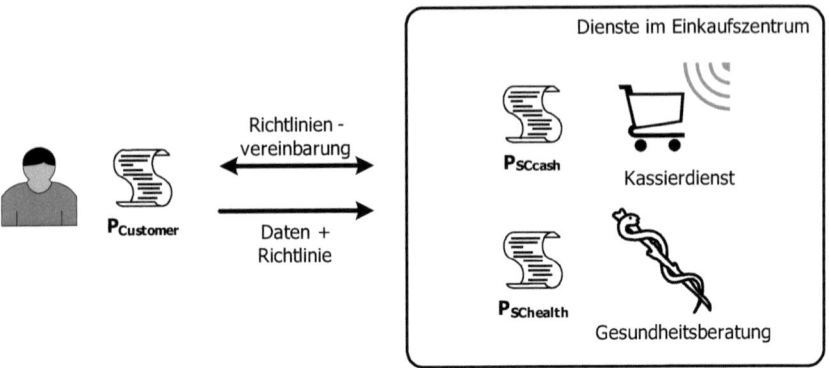

Abbildung 6.1: Szenario des Einkaufszentrums mit ExPDT-Richtlinien für Kunden und Dienste.

nen entgegenkommen und mögliche Abstriche bei der Datenerhebung in Kauf nehmen. Eine automatisierte Richtlinienverhandlung liegt jedoch nicht im Bereich dieser Arbeit. Das Einkaufszentrum bietet daher seine Dienstleistungen in Form zweier separater Dienste an. Kunden können sich die Dienste nach Belieben selbst kombinieren und so den Umfang der Datenerhebung zumindest mit der Granularität der Dienste individuell selbst bestimmen. Diese Dienste sind die folgenden:

- **Kassierdienst** SC_{cash}: Der Kassierdienst umfasst eine automatisierte Bezahlung der Warenkörbe, wenn Kunden das Einkaufszentrum verlassen. Für die Abwicklung der Bezahlaktionen benötigt er die Finanzdaten der Kunden.

- **Gesundheitsberatung** SC_{health}: Dieser Dienst bietet Kunden auf Basis ihrer Gesundheitsdaten eine automatisierte Warnung vor Produkten, deren Inhaltsstoffe bei ihnen eine allergische Reaktion auslösen können.

In diesem Beispiel sind für beide Dienste sind ExPDT-Richtlinien spezifiziert. Kunden können nun über Differenzvergleiche der Richtlinien analysieren, welche Dienste bzw. Dienstkombinationen ihren eigenen Datenschutzpräferenzen genügen oder welche persönlichen Daten sie zusätzlich für eine Dienstnutzung preisgeben müssten. Auf Basis der so gewonnen Informationen können sie dann eine für sie passende Dienstauswahl treffen und sich mit dem Einkaufszentrum auf die Verwendung der entsprechenden Richtlinie bzw. Richtlinienkombination einigen.

Im Folgenden wird für dieses Szenario zunächst das Domänenwissen in ExPDT-Syntax spezifiziert [Bend07]. Anschließend werden drei ExPDT-Richtlinien für Kunden, Kassier- und Beratungsdienst vorgestellt, aus Kundensicht miteinander verglichen und die Ergebnisse im Hinblick auf eine Dienstauswahl interpretiert.

6.2 Definition von Domänenwissen

Für die Entwicklung von geeignetem Domänenwissen gibt es nicht den einen, richtigen Weg. Eine mögliche Herangehensweise umfasst nach [NoMc01] die Beantwortung folgender Fragen:

- Um welche Domäne bzw. um welches Szenario handelt es sich?
- Welche Arten von Ressourcen, welche Akteure bzw. Dienste beinhaltet die Domäne?
- Welche Aufgaben und Funktionen übernehmen diese Ressourcen, Akteure und Dienste in der Domäne?
- Auf welche Weise soll der aktuelle Umgebungskontext einfließen?

Um ein gemeinsames Verständnis der Begriffsstrukturen zwischen den Benutzern, aber auch zwischen den Diensten und Maschinen im System zu erreichen, wird für die Angabe des Domänenwissens eine Ontologie verwendet, also eine explizite, formale Spezifikation der Begriffe und der Beziehungen zwischen diesen [Grub93]. Dies erleichtert auch, bereits vorhandenes Domänenwissen weiter zu verwenden und über Ergänzungen oder Änderungen an die aktuelle Umgebung anzupassen.

Im Folgenden werden die o.g. Fragen beispielhaft für das Szenario des Einkaufszentrums beantwortet, und für ExPDT als Domänenwissen wird eine entsprechende OWL DL-Ontologie spezifiziert (vgl. Kapitel 4.2).

Wächterhierarchien

Sind die Klassen und Klassenhierarchien der Benutzer, Aktionen, Daten und Verwendungszwecke – beispielsweise einem Top-Down-Ansatz folgend – bestimmt, werden sie in OWL DL spezifiziert. Als Beispiel hierfür wird in Quelltext 6.1 ein Teil der Benutzerhierarchie aus Abbildung 4.4 formal beschrieben.

Innerhalb des Namensbereichs (namespace) *USER* wird die Klasse *Marketing* als Unterklasse von *ShoppingCenter* und darüber indirekt als Unterklasse der Wurzelklasse *User* definiert. Der Klasse *Marketing* wird neben der Instanz *marketing* der Benutzer *Bob* ebenfalls als Instanz hinzugefügt. *ShoppingCenter* besitzt mit *CustomerService* eine zweite Unterklasse. Die Spezifikation von deren Unterklassen für Kassierer, Verkäufer und Apotheker verläuft analog, ebenso die Spezifikationen der Hierarchien für Aktionen, Daten und Verwendungszwecke.

Einen Überblick über die vier Hierarchien können sich Kunden wie auch Dienstanbieter mit der Domänenansicht im Richtlinieneditor von ExPDT verschaffen (vgl. Abbildung 6.2).

```
<owl:Class rdf:about="USER:ShoppingCenter">
    <rdfs:subClassOf rdf:resource="USER:User" />
</owl:Class>
<owl:Class rdf:about="USER:Marketing">
    <rdfs:subClassOf rdf:resource="USER:ShoppingCenter" />
</owl:Class>
<owl:Class rdf:about="USER:CustomerService">
    <rdfs:subClassOf rdf:resource="USER:ShoppingCenter" />
</owl:Class>

<USER:ShoppingCenter rdf:about="USER:shoppingCenter" />
<USER:Marketing rdf:about="USER:marketing" />
<USER:Marketing rdf:about="USER:bob" />
<USER:CustomerService rdf:about="USER:customerService">
```

Quelltext 6.1: Teil der Spezifikation der Benutzerhierarchie, die sich von dem Wurzelelement *USER:user* ableitet.

Bedingungen

Ist die Frage nach dem zu erfassenden Kontext für das Szenario beantwortet, können Bedingungen formuliert werden, um mit ihnen die Umgebungsinformation in die Richtlinienauswertung einzubeziehen. Für das Einkaufszentrum soll hier unter anderem das Kundenalter mit relevant sein. Sind Kunden noch minderjährig, sollen beispielsweise ihre persönlichen Daten grundsätzlich für keine Marketing-Analyse herangezogen werden dürfen. Dies soll nur dann erlaubt sein, wenn Kunden mindestens 18 Jahre alt sind oder alternativ ihre Erziehungsberechtigten explizit zugestimmt haben.

In Quelltext 6.2 ist beispielhaft diese Zustimmung der Erziehungsberechtigten als Relation *hasGuardianConsented* mit Kundendaten definiert: Für jedes Datenelement kann später einzeln eine Belegung auf die Werte „no" und „yes" gesetzt werden. Des Weiteren ist im Quelltext die Interpretation dieser Werte auf die logischen Werte 0 und 1 angegeben.

Aus solch einfachen Relationen können in ExPDT auch komplexere Bedingungsformeln aufgebaut werden, wie in Quelltext 6.3 gezeigt wird. Dort ist die Bedingungsformel *isChild* definiert als Konjunktion der Prüfungen auf Minderjährigkeit (*isUnderage*) und auf ein Fehlen der eben definierten Zustimmung der Erziehungsberechtigten.

Obligationen und Sanktionen

Wie die einzelnen Bedingungsformeln müssen auch die möglichen Obligationen bzw. Sanktionen für die Domäne definiert werden. Sanktionen unterscheiden sich diesbe-

6.2. Definition von Domänenwissen

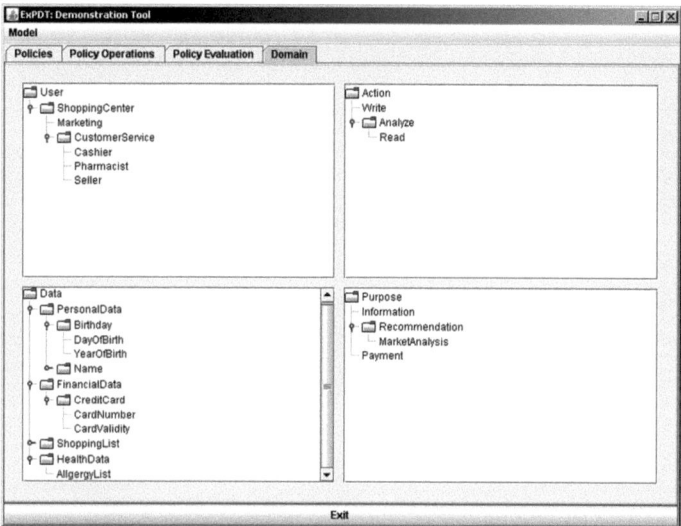

Abbildung 6.2: Domänenansicht im ExPDT-Editor mit den vier Hierarchien für Benutzer, Aktionen, Daten und Verwendungszwecke.

züglich nicht von Obligationen und nutzen das gleiche Modell $(O, \leq, \cup, \top, \bot)$ wie die Obligationen (vgl. Kapitel 4.3.4).

Für das Einkaufszentrum wird in Quelltext 6.4 beispielhaft das Obligationenmodell aus Abbildung 4.5 mit drei Elementarobligationen spezifiziert, beginnend mit der Klasse der Elementarobligation *Keep1m* für die Verpflichtung, Daten für mindestens einen Monat zu speichern.

Nach dem Modell sollen Instanzen dieser Klasse *Keep1m* später bei der Spezifikation von Richtlinien, aber auch bei ihrer Komposition und Konjunktion nicht mit der Elementarobligation *Delete1d* kombiniert werden können, um für die Benutzer die inkonsistente Verpflichtung zu vermeiden, Daten innerhalb eines Tags löschen und gleichzeitig für mindestens einen Monat speichern zu müssen. Diese Information wird in der Klassendefinition mindestens einer dieser beiden Elementarobligationen verankert, indem dort diese Klasse über die OWL DL-Eigenschaft *disjointWith* als zu der anderen Klasse disjunkt gekennzeichnet wird.

Quelltext 6.5 zeigt mit der Instanz *delete1d_notify* eine gültige Vereinigung von Elementarobligationen, wie sie etwa als Teil einer Regelentscheidung referenziert werden kann. Diese Instanz ist gleichzeitig Mitglied in der Klasse *Delete1d* und *Notify*. Sollte hingegen der Versuch unternommen werden, eine Instanz gleichzeitig aus den Klas-

```
<CON:SimpleConstraint rdf:about="CON:hasGuardianConsented">
    <CON:ToHierarchy rdf:resource="DATA:allData" />
    <CON:OfType rdf:resource="GuardianConsented" />
</CON:SimpleConstraint>

<hasGuardianConsented:hasGuardianConsented
    rdf:about="GuardianConsented:no">
    <HasValue rdf:datatype="&xsd;int">0</HasValue>
</hasGuardianConsented:hasGuardianConsented>

<hasGuardianConsented:hasGuardianConsented
    rdf:about="GuardianConsented:yes">
    <HasValue rdf:datatype="&xsd;int">1</HasValue>
</hasGuardianConsented:hasGuardianConsented>
```

Quelltext 6.2: Spezifikation einer Bedingungsrelation zwischen Elementen der Datenhierarchie und der Variable für die Zustimmung Erziehungsberechtigter mit Interpretation der Variablenwerte „yes" und „no".

```
<CON:AND rdf:about="CON:isChild">
    <CON:First rdf:resource="CON:isUnderage" />
    <CON:Second>
        <CON:NOT>
            <CON:First rdf:resource="CON:hasGuardianConsented" />
        </CON:NOT>
    </CON:Second>
</CON:AND>
```

Quelltext 6.3: Die Bedingung *isChild* wird über eine Formel aus den Bedingungen *isUnderage* und *hasGuardianConsented* zusammengesetzt.

sen *Delete1d* und *Keep1m* abzuleiten, wird dies von dem OWL DL-Reasoner der ExPDT-Auswertungseinheit als Inkonsistenz erkannt und die Instanz durch *bottom* ersetzt.

6.3 Spezifikation und Auswertung von Richtlinien

Für die Entwicklung akkurater und konsistenter ExPDT-Richtlinien müssen Kunden ihre Datenschutzpräferenzen und Dienstanbieter ihre Datenanforderungen kennen und verstehen. Zum einen müssen sie die zu schützenden Daten identifizieren sowie deren Entsprechungen im Domänenwissen auffinden. Zum anderen müssen sie die ebenfalls dort definierten Aktionen identifizieren, mit denen sie ihre Schutzziele erreichen können. Mit diesen Informationen können sie anschließend ihre Datenschutzrichtlinien formulieren. Dies soll im Folgenden anhand von Fallbeispielen veranschaulicht werden.

6.3. Spezifikation und Auswertung von Richtlinien 109

```
<owl:Class rdf:about="OBL:Keep1m">
    <rdfs:subClassOf rdf:resource="OBL:ElementaryObligation" />
</owl:Class>
<owl:Class rdf:about="OBL:Delete1d">
    <rdfs:subClassOf rdf:resource="OBL:ElementaryObligation" />
    <owl:disjointWith rdf:resource="OBL:Keep1m" />
</owl:Class>
<owl:Class rdf:about="OBL:Notify">
    <rdfs:subClassOf rdf:resource="OBL:ElementaryObligation" />
</owl:Class
```

Quelltext 6.4: Klassendefinitionen der drei Elementarobligationen des Obligationenmodells aus Abbildung 4.5. Die Klassen für Datenspeicherung (*Keep1m*) und -löschung (*Delete1d*) sind disjunkt.

```
<OBL:Obligation rdf:about="OBL:delete1d_notify">
    <rdf:type rdf:resource="OBL:Delete1d" />
    <rdf:type rdf:resource="OBL:Notify" />
</OBL:Obligation>
```

Quelltext 6.5: Eine Obligationsmenge ist Instanz mehrerer Klassen von Elementarobligationen.

6.3.1 Fallbeispiele für ExPDT-Richtlinien

Im hier vorgestellten Szenario bietet das Einkaufszentrum zwei Dienste an. Der für die automatisierte Bezahlung des Warenkorbs zuständige Kassierdienst benötigt Zugriff auf alle für die Abwicklung der Bezahlung notwendigen Finanzdaten der Kunden. Der Beratungsdienst soll Kunden auf Basis ihrer Gesundheitsdaten vor für sie potentiell gefährlichen Produkten warnen. Diese Datensammlung und -verwendung soll jedoch für Kinder, wie sie im Domänenwissen definiert sind, auf das Kundenpersonal eingeschränkt sein.

Eine ExPDT-Richtlinie für den Kassierdienst ist mit $\mathcal{P}_{SCcash}$ in Quelltext 6.6 aufgelistet. Sie umfasst nur eine Regel, die es den Kassierern bzw. Scanner-Kassen (*chashier*) erlaubt, für den Akt der Bezahlung (*payment*) Kundendaten wie etwa Kreditinstitut, Kartennummer und -gültigkeit (*financialData*) einzusehen, wenn sie die Kunden darüber informieren (*notify*) und die Daten anschließend wieder löschen (*delete1d*). Die Standardentscheidung der Richtlinie von $(\bot, \top)$ entspricht einem „default deny" und bedeutet, dass sonst keine Aktionen erlaubt sind.

Für die Gesundheitsberatung ist bereits mit Quelltext 4.1 die ExPDT-Richtlinie $\mathcal{P}_{SChealth}$ spezifiziert. Nach ihr dürfen Mitarbeiter und Dienste der Marketing-Abteilung (*marketing*) die Gesundheitsdaten (*healthData*) der Kunden nicht einsehen, wenn diese noch nicht mindestens 18 Jahre alt sind und nicht über eine explizite Zustimmung der Erziehungsberechtigten verfügen. Diese Einschränkung wird in der Bedingung *isChild* beschrieben. Ansonsten dürfen alle Mitarbeiter und Dienste die Ge-

```
<POL:PolicyDef rdf:ID="SCcash">
  <POL:PolicyHasRules rdf:resource="SCcash_Rules" />
  <POL:PolicyHasObligation rdf:resource="OBL:bottom" />
  <POL:PolicyHasSanction rdf:resource="OBL:top" />
</POL:PolicyDef>

<rdf:Seq rdf:ID="SCcash_Rules">
  <rdf:li>
    <POL:Rule rdf:ID="SCcash_R1">
      <POL:RuleHasGuard>
        <POL:GuardHasUser rdf:resource="USER:chashier" />
        <POL:GuardHasAction rdf:resource="ACT:read" />
        <POL:GuardHasData rdf:resource="DATA:financialData" />
        <POL:GuardHasPurpose rdf:resource="PURP:payment" />
      </POL:RuleHasGuard>
      <POL:RuleHasCondition rdf:resource="CON:true" />
      <POL:RuleHasObligation rdf:resource="OBL:delete1d_notify" />
      <POL:RuleHasSanction rdf:resource="OBL:top" />
    </POL:Rule>
  </rdf:li>
</rdf:Seq>
```

Quelltext 6.6: Die ExPDT-Richtlinie erlaubt dem Kassierdienst Zugriff auf die Finanzdaten der Kunden, wenn er die Kunden darüber informiert und die Daten anschließend wieder löscht.

sundheitsdaten einsehen, um darauf aufbauend Kunden bei ihren Einkäufen bzgl. ihrer Allergien zu beraten (*recommendation*). Allerdings müssen sie die Verpflichtung eingehen, diese Daten nach spätestens einem Tag wieder zu löschen (*delete1d*). Andere Verwendung der Daten oder die Nutzung weiterer Daten ist wie auch beim Kassierdienst nicht gestattet.

Soll der automatisierte Kassierdienst um die Gesundheitsberatung erweitert werden, muss die Datenschutzrichtlinie für die Einheit dieser beiden Dienste, wie in Quelltext 6.7 als Richtlinie $\mathcal{P}_{\text{SCcash\_with\_SChealt}}$ gezeigt wird, Regeln sowohl für die Finanz- als

```
<POL:PolicyDef rdf:ID="Comp_SCcash_SChealth">
  <rdf:Seq>
    <rdf:li><POL:Rule rdf:ID="SCcash_R1" /></rdf:li>
    <rdf:li><POL:Rule rdf:ID="SChealth_R1" /></rdf:li>
    <rdf:li><POL:Rule rdf:ID="SChealth_R2" /></rdf:li>
  </rdf:Seq>
</POL:PolicyHasRules>
<POL:PolicyHasObligation rdf:resource="OBL:bottom" />
<POL:PolicyHasSanction rdf:resource="OBL:top" />
</POL:PolicyDef>
```

Quelltext 6.7: Komposition ausgeführt auf Richtlinien $\mathcal{P}_{\text{SCcash}}$ und $\mathcal{P}_{\text{SChealth}}$, bei der die ursprünglichen Regeln unverändert übernommen werden.

6.3. Spezifikation und Auswertung von Richtlinien

```
<POL:Composition rdf:ID="Comp(SCcash,SChealth)">
  <POL:First rdf:resource="SCcash" />
  <POL:Second rdf:resource="SChealth" />
</POL:Composition>
```

Quelltext 6.8: Kombination der Richtlinien $\mathcal{P}_{SCcash}$ und $\mathcal{P}_{SChealth}$ mithilfe des ExPDT-Operators *Composition*.

auch die Gesundheitsdaten aufweisen. Anstatt für eine solche Dienstorchestrierung jeweils eine neue Richtlinie manuell zu entwerfen, was in diesem Falle der Dienstkomposition noch durch das einfache Anfügen der Regeln von $\mathcal{P}_{SChealth}$ an die Regeln von $\mathcal{P}_{SCcash}$ und das Vereinigen beider Standardentscheidungen zu bewerkstelligen ist, können die Richtlinien der einzelnen Dienste auch über die entsprechenden ExPDT-Operatoren für Komposition und Konjunktion automatisiert kombiniert werden. Die Richtlinienkomposition $\mathcal{P}_{SCcash} \parallel \mathcal{P}_{SChealth}$, wie sie in Quelltext 6.8 aufgeführt ist, kann aufgrund ihrer Abgeschlossenheit wie eine normale Richtlinienspezifikation verwendet bzw. ausgewertet werden. Sie verhält sich bzgl. ihrer Entscheidungen äquivalent zu $\mathcal{P}_{SCcash\_with\_SChealt}$.

Während der Dienstanbieter mit seinen Richtlinien die minimalen Datenanforderungen beschreibt, signalisieren Kunden mit ihren Präferenzen die für sie maximal erlaubte Datenherausgabe. Als Beispiel für eine solche Präferenz formalisiert die ExPDT-Richtlinie *Customer* in Quelltext 6.9 die Erlaubnis, die Finanzdaten für den Zweck der Bezahlung einsehen zu lassen. Zusätzlich ist jegliche Gesundheitsberatung seitens des Dienstanbieters erlaubt, solange sie vom Kundenpersonal (*customerService*) durchgeführt wird. Beratung durch die Marketing-Abteilung sowie sonstige Datenzugriffe müssen aufgrund der Standardentscheidung (delete1d_notfiy, ⊤) dem Kunden angezeigt und die gesammelten Daten nach spätestens einem Tag wieder gelöscht werden.

6.3.2 Auswertung von Richtlinienanfragen

In Quelltext 6.10 wird die Anfrage gestellt, ob im Rahmen des Gesundheitsdienstes unter der Datenschutzrichtlinie $\mathcal{P}_{SChealth}$ aus Quelltext 4.1 Mitarbeiter bzw. Dienste der Marketing-Abteilung die Gesundheitsdaten von Kunden einsehen dürfen.

Die für die Auswertung dieser Anfrage erforderliche Belegung α der Bedingungsvariablen wird in Quelltext 6.11 vorgenommen. Für die Bedingung *isUnderage* wird dort die entsprechende Variable *Underage* als Dateneigenschaft (data property) des Wurzelelements *Data:Data* auf „yes" gesetzt und somit der gesamten Hierarchie der Kundendaten vererbt. Mit dem Wert „no" wird die Variable *GuardianConsented* belegt, um die fehlende Zustimmung der Erziehungsberechtigten für eine Nutzung der Gesundheitsdaten anzuzeigen.

```
<POL:PolicyDef rdf:ID="Customer">
  <POL:PolicyHasRules rdf:resource="Customer_Rules" />
  <POL:PolicyHasObligation rdf:resource="OBL:deleteId_notify" />
  <POL:PolicyHasSanction rdf:resource="OBL:top" />
</POL:PolicyDef>

<rdf:Seq rdf:ID="Customer_Rules">
  <rdf:li>
    <POL:Rule rdf:ID="Customer_R1">
      <POL:RuleHasGuard>
        <POL:GuardHasUser rdf:resource="USER:customerService" />
        <POL:GuardHasAction rdf:resource="ACT:read" />
        <POL:GuardHasData rdf:resource="DATA:healthData" />
        <POL:GuardHasPurpose rdf:resource="PURP:recommendation" />
      </POL:RuleHasGuard>
      <POL:RuleHasCondition rdf:resource="CON:true" />
      <POL:RuleHasObligation rdf:resource="OBL:top" />
      <POL:RuleHasSanction rdf:resource="OBL:top" />
    </POL:Rule>
  </rdf:li>
  <rdf:li>
    <POL:Rule rdf:ID="Customer_R2">
      <POL:RuleHasGuard>
        <POL:GuardHasUser rdf:resource="USER:allUsers" />
        <POL:GuardHasAction rdf:resource="ACT:read" />
        <POL:GuardHasData rdf:resource="DATA:financialData />
        <POL:GuardHasPurpose rdf:resource="PURP:payment" />
      </POL:RuleHasGuard>
      <POL:RuleHasCondition rdf:resource="CON:true" />
      <POL:RuleHasObligation rdf:resource="OBL:notify" />
      <POL:RuleHasSanction rdf:resource="OBL:top" />
    </POL:Rule>
  </rdf:li>
</rdf:Seq>
```

Quelltext 6.9: Die Kundenrichtlinie erlaubt dem Kundenpersonal Zugriff auf die Gesundheitsdaten und allen Benutzern Zugriff auf die Finanzdaten für die automatisierte Bezahlung des Warenkorbs.

Die Auswertungsfunktion von ExPDT durchsucht nun die Liste der Richtlinienregeln, bis sie eine für die Anfrage zutreffende Regel findet. In diesem Beispiel trifft sie direkt für die erste Regel *SChealth_R1* zu, da alle vier Anfrageelemente sich im vom Regelwächter (*marketing, read, healthData, allPurposes*) beschriebenen Anwendungsbereich befinden und unter der obigen Belegung auch die Bedingung *isChild* für die Gesundheitsdaten erfüllt ist. Die Auswertung der Richtlinienanfrage terminiert somit „final" mit dem Verbot ($\bot$, $\top$): Die Marketing-Abteilung darf nicht auf die gewünschten Daten zugreifen.

Die Auswertung der Anfrage kommt zu einem ähnlichen Ergebnis, wenn wie im Folgenden aufgrund fehlender Angabe über die Zustimmung der Erziehungsberech-

6.3. Spezifikation und Auswertung von Richtlinien 113

```
<POL:Request rdf:ID="Req_SChealth_Marketing">
  <POL:RequestHasPolicy rdf:resource="SChealth" />
  <POL:RequestHasGuard>
    <POL:RequestHasUser rdf:resource="USER:marketing" />
    <POL:RequestHasData rdf:resource="DATA:read" />
    <POL:RequestHasAction rdf:resource="ACT:healthData" />
    <POL:RequestHasPurpose rdf:resource="PURP:recommendation" />
  </POL:RequestHasGuard>
</POL:Request>
```

Quelltext 6.10: Auswertungsanfrage für die Richtlinie $\mathcal{P}_{\text{SChealth}}$: Darf Marketing auf die Gesundheitsdaten der Kunden zugreifen?

```
<rdf:Description rdf:about="DATA:Data">
  <rdfs:subClassOf>
    <owl:Restriction>
      <owl:onProperty rdf:resource="CON:isUnderage" />
      <owl:hasValue rdf:resource="Underage:yes" />
    </owl:Restriction>
  </rdfs:subClassOf>
</rdf:Description>

<rdf:Description rdf:about="DATA:healthData">
  <CON:hasGuardianConsented rdf:resource="GuardianConsented:no" />
</rdf:Description>
```

Quelltext 6.11: Belegung der Variablen *Underage* für alle Kundendaten und der Variablen *GuardianConsented* für die Gesundheitsdaten.

tigten die Variablenbelegung α nur unvollständig gegeben ist. In diesem Fall ist der Wert der Bedingungsformel *isChild* undefiniert: Das obige Verbot wird in die Richtlinienentscheidung aufgenommen, die Auswertung jedoch fortgesetzt. Von der zweiten Regel *SChealth_R2* wird die Entscheidung wegen des nicht zutreffenden Wächters nicht mehr erweitert, und die Auswertung terminiert anschließend nur mit dem Status „anwendbar". Ist die Richtlinie nun mit einer weiteren kombiniert, kann diese das Verbot noch verstärken, beispielsweise über das Auferlegen von Sanktionen wie etwa die erzwungene Benachrichtigung der Kunden über den Versuch eines Datenzugriffs.

Möchten Kunden solche Anfragen testweise an ihre eigenen Richtlinien oder die der Dienstanbieter stellen, können sie diese mithilfe des ExPDT-Editors erstellen und sich von der ExPDT-Auswertungseinheit berechnen lassen. Abbildung 6.3 zeigt die „Policy Evaluation"-Ansicht des ExPDT-Editors mit dem Auswertungsergebnis der obigen Anfrage.

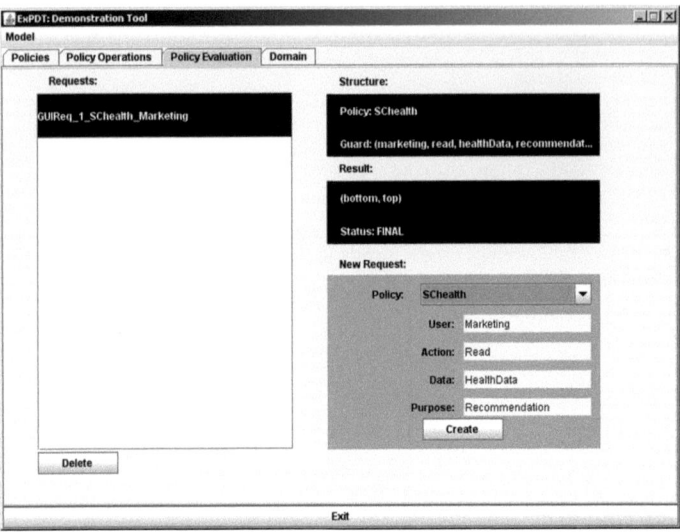

Abbildung 6.3: Erstellung und Auswertung der Richtlinienanfragen aus Quelltext 6.10 im ExPDT-Editor.

6.4 Vergleich von Richtlinien

Sind die Datenschutzpräferenzen der Kunden und die Datenschutzpraktiken der Dienstanbieter als formale ExPDT-Richtlinien spezifiziert, können sie über den Differenzoperator miteinander verglichen werden. Wie in Abbildung 6.4 gezeigt, lässt sich beispielsweise über die Differenzen erkennen, ob vom jeweils anderen – Kunde oder Dienstanbieter – die eigenen Schutz- bzw. Datenanforderungen erfüllt werden.

Aus Sicht der Kunden können so drei Fragen beantwortet werden, und zwar bevor sie sich den Datenschutzrichtlinien der Dienstanbieter unterwerfen: Sind deren Richtlinien restriktiver als die eigenen Schutzanforderungen, so dass von deren Diensten nur die persönlichen Daten verwendet werden, für die sie ihre Zustimmung gegeben haben? Und wenn der Datenzugriff stattdessen freizügiger geregelt ist, welche Daten dürfen die Dienste dann zusätzlich sammeln und wie dürfen sie diese weiter verwenden?

Lassen sich die Dienstanbieter auf Beschränkungen durch Kundenpräferenzen ein, können sie auf gleiche Weise – jedoch mit vertauschten Richtlinien bei der Differenzoperation – kontrollieren, ob sie für die Ausführung ihrer Dienste noch ausreichend Kundendaten angeboten bekommen. Des Weiteren können sie prüfen, ob Kunden

6.4. Vergleich von Richtlinien

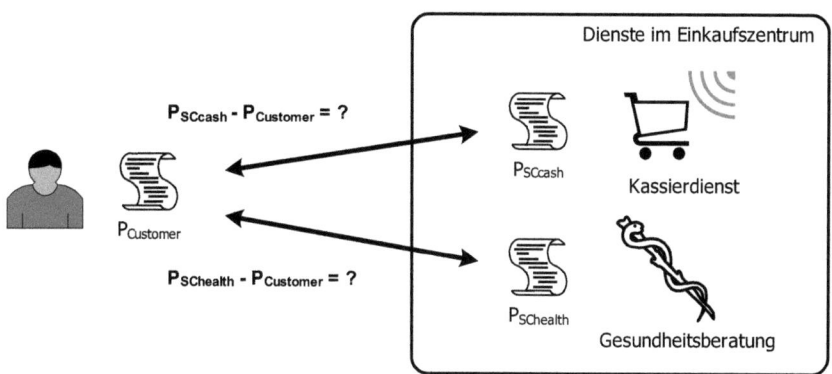

Abbildung 6.4: Richtlinienvergleiche im Szenario: Welche Daten werden über die Kundenpräferenzen hinaus für die Dienstnutzung vom Anbieter verlangt?

nicht sogar bereit sind, zusätzliche Daten herauszugeben, mit denen die Anbieter dann ihr Dienstangebot verbessern oder erweitern können.

Solche Kontrollen können in einem Vergleich der Richtlinien zueinander verallgemeinert werden. Vor dem Auswechseln einer Richtlinie wird in vier Schritten überprüft, wie sich die neue bzw. veränderte Richtlinie gegenüber der bisherigen verhält:

1. Identifiziere die bisherige bzw. eigene Richtlinie $\mathcal{P}_1$.
2. Identifiziere die neue bzw. fremde Richtlinie $\mathcal{P}_2$.
3. Konstruiere die Differenz $\mathcal{P}_2 - \mathcal{P}_1$ beider Richtlinien.
4. Interpretiere die Differenz gemäß Gleichungen (4.13), (4.14) und (4.15).

Im Folgenden werden beispielhaft Vergleiche der in Kapitel 6.3 vorgestellten Richtlinie für Kundenpräferenzen $\mathcal{P}_{\text{Customer}}$ mit denen der zwei Dienste, $\mathcal{P}_{\text{SCcash}}$ und $\mathcal{P}_{\text{SChealth}}$, aus Kundensicht durchgeführt und interpretiert. Die Vergleiche aus Sicht des Einkaufszentrums werden nicht gezeigt, da sie nach einem Rollentausch analog verlaufen.

6.4.1 Differenzvergleich mit einer restriktiveren Richtlinie – Kassierdienst aus Kundensicht

Wollen Kunden den Kassierdienst des Einkaufszentrums in Anspruch nehmen, können sie über die Richtliniendifferenz $\mathcal{P}_{\text{SCcash}} - \mathcal{P}_{\text{Customer}}$ die Frage beantworten, ob dessen Richtlinie restriktiver ist als ihre eignen Schutzpräferenzen, er also nur auf die frei-

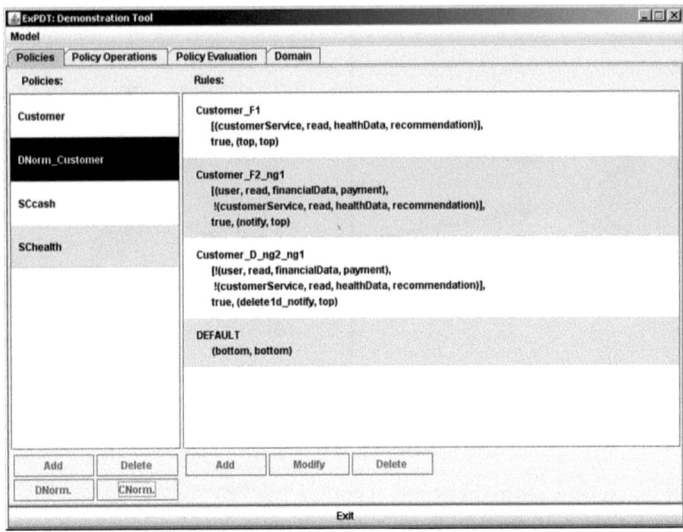

Abbildung 6.5: Richtlinie $\mathcal{P}^{\text{norm}}_{\text{Customer}}$ als normierte Version der Richtlinie aus Quelltext 6.9.

gegebenen Daten zugreifen und sie anschließend auch nur in ihrem Sinne verwenden will.

Für diesen Vergleich müssen beide Richtlinien zunächst normalisiert werden, sofern sie nicht bereits in dieser Form gespeichert vorliegen. Abbildung 6.5 zeigt die normalisierte Kundenrichtlinie $\mathcal{P}^{\text{norm}}_{\text{Customer}}$ im ExPDT-Editor, wie sie unter Ausnutzung des Domänenwissens entsteht. Sie enthält demnach keine Regeln, die aufgrund leerer Wächter oder unmöglicher Bedingungskombinationen nie zutreffen können. Die Normalisierung der Richtlinie $\mathcal{P}_{\text{SCcash}}$ ist trivial und entspricht einer Erweiterung um eine Regel mit der ursprünglichen Standardentscheidung als Entscheidung und negiertem Anwendungsbereich der ersten Regel. Ihre neue Standardentscheidung wird auf $(\bot, \bot)$ gesetzt.

Auf diesen normalisierten Richtlinien wird anschließend der regelweise Vergleich durchgeführt und die Differenzrichtlinie konstruiert. Hierbei werden in diesem Beispiel die ursprünglichen Standardentscheidungen beider Richtlinien nicht gesondert behandelt (vgl. Kapitel 4.6.2), denn für Kunden ist es unerheblich, ob beispielsweise eine bestimmte Aktion unter ihrer Richtlinie zwar aufgrund einer Standardentscheidung verboten ist, anschließend unter der Richtlinie des Kassierdienstes jedoch von einer Regel erlaubt sein wird. Wichtig ist für sie nur zu wissen, dass diese Aktion anschließend erlaubt sein wird.

Unter Ausnutzung des Domänenwissens zeigt sich beim regelweisen Vergleich, dass entweder die Anwendungsbereiche der Regeln beider Richtlinien keine Überschneidung aufweisen, oder das Tupel der Obligationen und Sanktionen der Kassierdienstregel eine restriktivere Entscheidung als die der entsprechenden Kundenregel aufweist. Das Ergebnis der Differenz ist daher eine Richtlinie, die der leeren Richtlinie $\mathcal{P}_E$ entspricht.

Dies bedeutet, dass die Richtlinie des Kassierdienstes insgesamt restriktiver ist als die der Kunden ist. Sie schützt somit die Daten bereits stärker als Kunden dies selbst fordern, und dies unter allen möglichen Belegungen α der Bedingungsvariablen. Kunden können somit die Richtlinie des Kassierdienstes ruhigen Gewissens akzeptieren und sie ihren persönlichen Daten anheften.

6.4.2 Differenzvergleich mit einer freizügigeren Richtlinie – Gesundheitsberatungsdienst aus Kundensicht

Wollen Kunden stattdessen den Beratungsdienst nutzen, können sie über die Richtliniendifferenz $\mathcal{P}_{SChealth} - \mathcal{P}_{Customer}$ in Erfahrung bringen, ob nach Zustimmung zur Datenschutzrichtlinie des Dienstes die Nutzung ihrer persönlichen Daten noch ihren eigenen Schutzanforderungen genügt, oder ob diese freizügiger ist und sie dem Dienst gegenüber weitere Datenzugeständnisse machen müssen.

Nach der Normalisierung mit Domänenwissen liegt die Richtlinie des Beratungsdienstes als $\mathcal{P}_{SChealth}^{norm}$ wie in Abbildung 6.6 gezeigt vor, in der die ersten vier von insgesamt sieben Regeln zu sehen sind. Die normierte Kundenrichtlinie wird aus dem vorangegangenen Beispiel übernommen. Die Differenz wird über den regelweisen Vergleich der beiden normierten Richtlinien konstruiert. Es zeigt sich, dass nach Auswertung des Domänenwissens nur der Vergleich der jeweils 3-ten Regel einen nicht leeren Wächter mit gleichzeitig erfüllbarer Bedingungskombination aufweist und in die Differenz aufgenommen wird. Die Differenzrichtlinie entspricht somit nicht der leeren Richtlinie $\mathcal{P}_E$ und wird in Abbildung 6.7 aufgeführt.

Nach der Kundenpräferenz darf nur das Kundenpersonal auf die Gesundheitsdaten lesend zugreifen, und zwar zum Zweck der Beratung. Die nicht leere Differenz zeigt jedoch auf, dass es unter der Richtlinie des Beratungsdienstes Situationen gibt, die unter der Kundenpräferenz so nicht erlaubt sind. Die eine Regel der Differenz beschreibt, dass die Marketing-Abteilung nun ebenfalls auf die Liste zugreifen darf, wenn auch nur zur Beratung und nur, wenn Kunden entweder volljährig sind oder entsprechende Zustimmungen der Erziehungsberechtigten vorliegen.

Wie sollen sich Kunden in einem solchen Fall verhalten? Können die Kunden ihre Daten nur um den Preis schützen, die Dienstnutzung komplett auszuschlagen? Oder

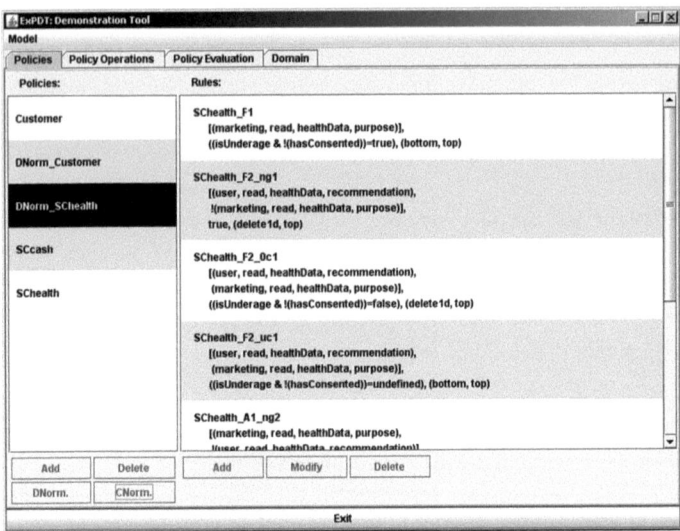

Abbildung 6.6: Die Richtlinie $\mathcal{P}_{\text{SChealth}}^{\text{norm}}$ als normierte Version der Richtlinie aus Quelltext 4.1 weist sieben Regeln auf, von denen hier die ersten vier gezeigt werden.

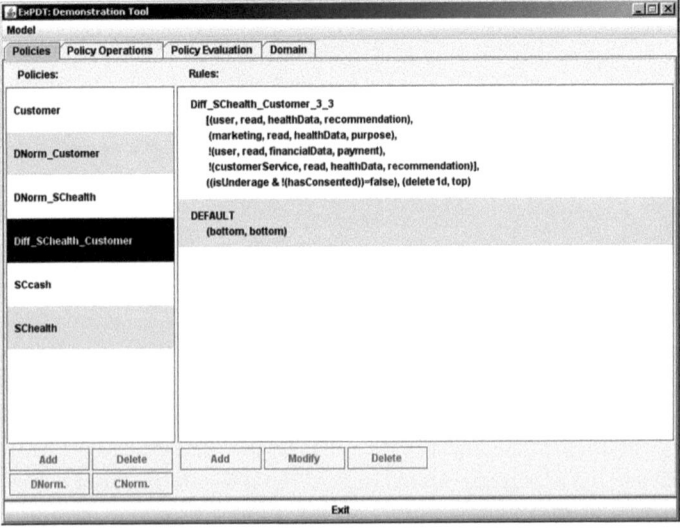

Abbildung 6.7: Die Differenzrichtlinie $\mathcal{P}_{\text{SChealth}} - \mathcal{P}_{\text{Customer}}$ zeigt, dass unter $\mathcal{P}_{\text{SChealth}}$ zusätzlich auch Marketing auf die Gesundheitsdaten für Beratungszwecke zugreifen darf, wenn die Kunden nicht minderjährig sind oder eine Zustimmung der Erziehungsberechtigten vorliegt.

	P3P	CPEx.	EPAL	OSL	XACML	ExPDT
Modalität	−	−	+	+	+	+
Bedingungen	∅	∅	+	−	+	+
Obligationen	−	+	+	+	+	+
Zweckbindung	+	+	+	∅	+	+
Sanktionen	∅	∅	∅	∅	+	+
Form. Semantik	∅	∅	+	+	∅	+
Vergleich	−	∅	−	∅	∅	+
Kombination	∅	∅	−	∅	+	+

Tabelle 6.1: ExPDT im Vergleich zu gegenwärtigen Richtliniensprachen, in Bezug auf die Anforderung aus Kapitel 2.4 bewertet mit + für gute, mit − für schlechte und mit ∅ für keine Realisierung bzw. Nicht-Beachtung.

gibt es eine Möglichkeit für sie, selbst zu bestimmen, für welchen Dienst sie einen erweiterten Datenzugriff erlauben wollen und vor allem, was dieser erweiterte Datenzugriff beinhalten soll? Je nach Situation kann es ausdrücklicher Wunsch der Kunden sein, ihre eigenen Datenschutzanforderungen für einen höherwertigeren Dienst etwas zu senken (vgl. Kapitel 1.3). Um bestimmen zu können, wie weit sie die Datenschutzpräferenzen für den gewünschten Dienst senken wollen, müssen sie die Richtlinie des Dienstanbieters bewerten. Dies kann zwar nicht voll automatisiert werden, doch die Differenz unterstützt Kunden insofern, als sie genau die kritischen Situationen aufzeigt, die einer weiteren, eingehenden Betrachtung bedürfen. Alle Situationen, die bereits der Kundenpräferenz entsprechen, werden von der Differenz ausgeblendet.

6.5 Ergebnis

In diesem Kapitel wurde gezeigt, dass die regelbasierte ExPDT-Richtliniensprache aufgrund ihrer hohen Ausdrucksstärke und ihrem Differenzoperator es ermöglicht, die detaillierten Datenschutzpraktiken von Dienstanbietern und die Datenschutzpräferenzen von Kunden formal zu spezifizieren und miteinander zu vergleichen. ExPDT eignet sich somit sowohl für die Selbstregulierung der Dienstanbieter als auch gleichzeitig für den Selbstdatenschutz der Kunden.

Wie in Tabelle 6.1 zusammengefasst, erfüllt die ExPDT-Sprache alle Sprachanforderungen, die in Kapitel 2.4 aufgestellt wurden. Die **Modalität** ihrer Regeln ist nicht auf die Erlaubnis beschränkt, sondern kann auch Verbote und Befehle beschreiben. Die damit notwendige Beachtung der Regelreihenfolge für die Richtlinienauswertung ist mit der **formalen Semantik** gegeben, die ExPDT vom algebraischen NAPS-Rahmenwerk übernimmt. Über die Angaben von Benutzer, gewünschter bzw. geforderter Aktion,

Datensatz und **Zweck** regelt ExPDT den Zugriff auf die zu schützenden persönlichen Daten. Die Anwendbarkeit der einzelnen Regeln kann über **Bedingungen** eingeschränkt werden. ExPDT eignet sich hierbei auch für den Einsatz in offenen, dynamischen Umgebungen, beispielsweise bei Dienstangeboten an Laufkundschaft, denn Bedingungen sind auch dann auswertbar, wenn die entsprechenden Kontextinformationen nur unvollständig vorliegen.

In ExPDT können solche Zugriffskontrollregeln um die Angaben von **Obligationen** erweitert werden, die zusätzlich die Nutzung der Daten nach deren Sammlung kontrollieren. Solche Obligationen werden dabei nicht wie bei anderen Datenschutzsprachen als reine „Blackbox"-Anweisungen gesehen, sondern sind über ein Obligationenmodell zueinander in Beziehung gesetzt. Die Angabe widersprüchlicher Obligationen kann so erkannt und entsprechend behandelt werden. Die Angabe von **Sanktionen** erlaubt, die Richtlinienentscheidungen an sich aufzuweichen und die endgültige Durchführung der gewünschten bzw. geforderten Aktion – innerhalb des jeweils vorgegebenen Rahmens – in das Ermessen des Benutzers zu legen.

Vor einer Dienstnutzung müssen sich Kunden und Anbieter auf eine gemeinsame Richtlinie einigen. Für die Aushandlung der Datenanforderungen zwischen beiden Parteien, oder auch nur zur Analyse und Akzeptanz durch die Kunden, liefert ExPDT mit der Differenz den notwendigen Operator für den **Vergleich** von Richtlinien, der auf Basis der formalen Auswertungssemantik definiert ist. Mit ihm können sowohl Kunden als auch Dienstanbieter ihre Richtlinien gegeneinander abgleichen und dadurch erkennen, ob die eigenen Schutz- bzw. Datenanforderungen ausreichend erfüllt werden. Mittels der Differenz lassen sich Unterschiede in Richtlinien bestimmen und darüber auch Richtlinien auf Verfeinerung und Äquivalenz hin testen.

ExPDT weist zwar keine direkte Funktion zur Richtlinienaushandlung auf, kann diese jedoch darüber abbilden, dass Anbieter die unterschiedlichen Datenanforderungen ihrer Dienstvarianten als formale Richtlinien spezifizieren, und sich Kunden eine für sie passende Richtlinie heraussuchen. Die ExPDT-Sprache unterstützt diesen Prozess durch ihre Operatoren zur **Kombination** von Richtlinien. Da die Menge der ExPDT-Richtlinien unter diesen Operatoren abgeschlossen ist, können Anbieter ihre Richtlinien ebenso wie ihre Dienste beliebig aus Modulen zusammenstellen.

In ExPDT wird das Domänenwissen in der Sprache OWL DL des Semantic Web spezifiziert. Gegenüber den gegenwärtigen Datenschutzsprachen mit XML-Vokabular bietet dies den Vorteil, dass die Semantik, also die Beziehungen der Begriffe zueinander, implizit definiert wird. Dies erlaubt eine einfache Anpassbarkeit des Domänenwissens, beispielsweise wenn Kunden ihre Richtlinien aus anderen, verwandten Szenarios übernehmen wollen. Erweiterungen wie etwa Begriffsäquivalenzen oder die Einführung neuer Klassen und Instanzen können von der jeweiligen Gegenseite erkannt und korrekt interpretiert werden. Für einen automatisierten Abgleich von Ontologien sei auf Arbeiten wie etwa [Noy03] verwiesen.

ExPDT umfasst die Richtliniensprache und entsprechende Werkzeuge zur Spezifikation und Auswertung von Richtlinien. Die tatsächliche Umsetzung bzw. Durchsetzung der Richtlinien in den IT-Systemen der Dienstanbieter wird nicht betrachtet. Es wird jedoch davon ausgegangen, dass ExPDT leicht an bereits vorhandene Durchsetzungsmechanismen wie etwa den IBM Tivoli-Sicherheitsmanager [Tivo09] angebunden werden kann. Für die Umsetzung von EPAL-Richtlinien besitzt dieser bereits entsprechende Erweiterungen wie beispielsweise eine Obligationskontrolle. Soll der Sicherheitsmanager nun von EPAL auf ExPDT umgerüstet werden, muss er nicht die gesamte ExPDT-Sprache mit ihrer Auswertungssemantik beherrschen. Es reicht aus, wenn er Richtlinienanfragen stellen und ihre Auswertungsergebnisse interpretieren und umsetzen kann. Diese unterscheiden sich jedoch inhaltlich nicht von denen in EPAL, so dass für den Einsatz von ExPDT in den IT-Systemen der Dienstanbieter nur die EPAL-Auswertungseinheit im Tivoli-Sicherheitsmanager mit der bereits prototypisch entwickelten Auswertungseinheit von ExPDT ersetzt werden muss.

Anwendungsgrenzen von ExPDT

ExPDT besitzt in seiner Anwendbarkeit folgende Grenzen, die zugleich weiterführende Forschungsfragen aufwerfen:

- **Regelkomplexität:** Der ExPDT-Editor kann für Sicherheitslaien wie Kunden, aber auch für die Dienstanbieter die längliche OWL DL-Syntax bei der Anzeige von Richtlinien und Differenzergebnissen verbergen. Regelwächter an sich können jedoch – gerade in Differenzergebnissen – sehr komplexe Anwendungsbereiche beschreiben, die nur schwer zu überblicken sind. Solche Beziehungen der Wächterelemente untereinander können beispielsweise mithilfe von Visualisierungskonzepten für Ontologien [KHLV07] entsprechend aufbereitet werden.

- **Komplexität von Differenzrichtlinien:** Die von der Richtliniennormalisierung generierte Anzahl an Regeln wächst exponentiell mit der Regelanzahl der Ausgangsrichtlinie. Auch wenn das Domänenwissen zur Reduktion der Regeln ausgenutzt wird, steigt der Umfang der auf Normalisierung aufbauenden Differenzrichtlinien ebenfalls schnell an. Über geeignete Modularisierung kann beispielsweise erreicht werden, dass die Ausgangsrichtlinien nur wenige Regeln aufweisen und somit auch ihre normalisierten Formen entsprechend klein bleiben.

7 Zusammenfassung und Perspektiven

Diese Arbeit präsentiert mit den Extended Privacy Definition Tools (ExPDT) neben einer ausdrucksstarken, formalen Richtliniensprache für den Datenschutz einen Differenzoperator für den automatisierten Vergleich von Datenschutzrichtlinien. Die bisherigen Herangehensweisen an Datenschutz bestanden einerseits in der Selbstregulierung durch die Dienstanbieter mittels einseitig vorgegebener Datenschutzrichtlinien, andererseits im Selbstdatenschutz der Kunden mittels Datensparsamkeit. Durch die Verwendung von ExPDT lassen sich diese beiden Herangehensweisen zusammenführen, indem die Vereinbarung individueller Richtlinien zwischen Anbieter und Kunden unterstützt wird.

Motiviert wird diese Arbeit von der Idee, dass das Angebot personalisierter Dienste nicht an den Anforderungen des Datenschutzes scheitern soll. Auf der einen Seite erfordern solche Dienste für ihre Konfiguration so viele persönliche Kundendaten wie möglich, auf der anderen Seite sind Kunden grundsätzlich sparsam bei der Herausgabe ihrer Daten. Allerdings sind sie oft bereit, für besser auf sie zugeschnittene Dienste gewisse Daten herauszugeben, doch ist diese Bereitschaft individuell und abhängig vom jeweiligen Dienst und der aktuellen Situation. Ansatz ist hier die Vereinbarung individueller Datenschutzrichtlinien zwischen Anbieter und Kunden.

In dieser Arbeit wird ausschließlich die Datenschutzebene der Richtlinien betrachtet. Diese bilden den Schlüssel zur Automatisierung, da sie die Lücke zwischen Datenschutzanforderungen in natürlicher Sprache und ihrer technischen Realisierung innerhalb des IT-Systems überbrücken. Die Richtliniensprache benötigt in diesem Szenario sowohl eine hohe Ausdrucksstärke zur Formalisierung der Anforderungen als auch Vergleichsoperatoren, um in Konflikt stehende Anforderungen zu identifizieren. Nur so kann gewährleistet werden, dass die Unterschiede der Richtlinien aufgezeigt werden und sich Kunden und Anbieter auf eine gemeinsame Richtlinie einigen können.

Keine der gegenwärtigen Sprachen für Datenschutzrichtlinien bietet die Möglichkeit, mit diesen formalisierten Datenschutzanforderungen gleichsam zu rechnen. Für einen automatisierten Vergleich der Richtlinien ist dies jedoch unabdingbar. Diese Lücke wird von dem in dieser Arbeit präsentierten ExPDT geschlossen. Die formale Grundlage NAPS ermöglicht der ExPDT-Sprache eine hohe Ausdrucksstärke zur Spezifikation von Richtlinien, die nicht nur den Datenzugriff kontrollieren, sondern über die Angabe von Obligationen auch die anschließende Datennutzung vorschreiben. ExPDT eignet sich für den Einsatz in offenen Umgebungen, beispielsweise bei Dienstangeboten an Laufkundschaft, denn Regelbedingungen sind auch dann auswertbar, wenn die entsprechende Kontextinformation nur unvollständig vorliegt. Auch ist das Domänenwissen leicht erweiterbar, da es als Ontologie in der Semantic Web-Sprache OWL DL spezifiziert wird.

Für den Vergleich zweier Richtlinien wird der Differenzoperator definiert. Es werden Algorithmen zur Konstruktion der Differenz in ExPDT präsentiert und ihre Korrektheit formal nachgewiesen. Mittels der Differenz lassen sich Unterschiede in den Richtlinien bestimmen und sich auch Richtlinien auf Verfeinerung bzw. Äquivalenz hin testen.

Für den Einsatz von ExPDT ist zum einen eine Auswertungseinheit prototypisch implementiert worden, mit der Differenzen konstruiert, Richtlinien miteinander kombiniert und Richtlinienanfragen von entsprechenden Sicherheitsmonitoren ausgewertet werden können. Zum anderen wurde ein Editor implementiert, mit dem Richtlinien und Differenzen als Vergleichsresultate visualisiert werden können. Als Proof-of-Concept ist die ExPDT-Sprache am Anwendungsbeispiel eines Einkaufszentrums mit personalisiertem Dienstangebot evaluiert und ihre Einsatztauglichkeit nachgewiesen worden.

Potential von ExPDT für IT-Compliance

Nicht nur für den Schutz persönlicher Daten muss ein Dienstanbieter, eine Firma oder Organisation die Einhaltung von Regelwerken nachweisen. Unter dem Begriff *Compliance* wird die Zusicherung verstanden, dass Geschäftsprozesse so wie erwartet ausgeführt werden. Das bedeutet, dass sowohl Operationen als auch Praktiken mit vorgeschriebenen Gesetzen (z.B. Sarbanes Oxley Act SOX, HIPAA), Regulierungen (z.B. Basel II, Solvency II), vereinbarten Standards (z.B. ISO/IEC 27000-Serie) und kommerziellen Verträgen im B2B-Bereich (z.B. Service Level-Vereinbarung, Non-disclosure-Vereinbarung) im Einklang stehen müssen. Zusammen bilden diese Compliance-Anforderungen eine Menge von Regeln, deren Einhaltung eine Organisation nachzuweisen hat.

Aktuelle Studien zeigen, dass die Frequenz von Audits, Kontrollen und Berichten mit dem Erfolg des Compliance-Management korreliert [Annu06]. Dennoch wird der aufwändige Nachweis bisher zu großen Teilen manuell geführt [BaRo06, AJKL06]. Hier verbirgt sich signifikantes ökonomisches Potential, das durch automatisierten IT-Einsatz erschlossen werden kann. Aktuelle Werkzeuge beginnen zumeist, die Über-

Potential von ExPDT für IT-Compliance

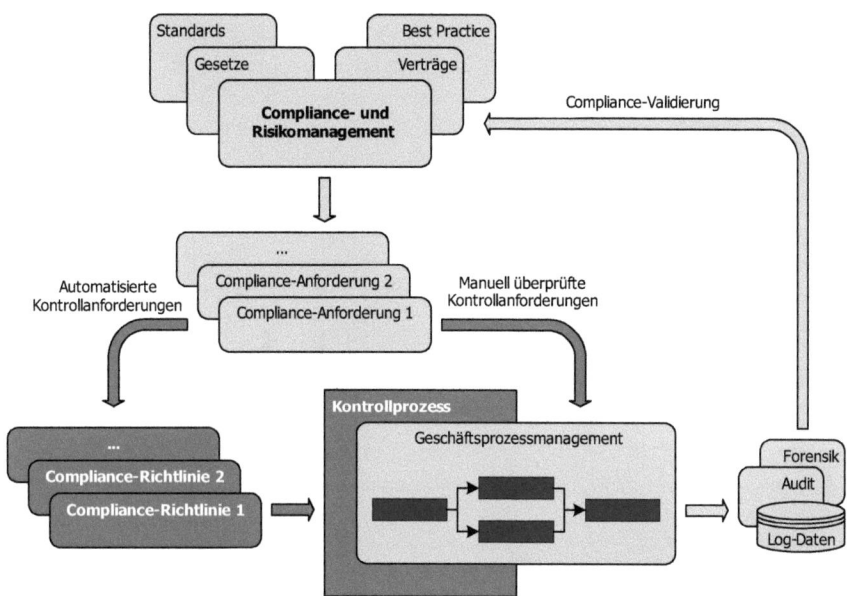

Abbildung 7.1: Prozess der Compliance-Überprüfung

prüfung effizienter zu gestalten, indem sie hart-kodierte Kontrollen in Standard-Software einfügen oder bei der Zusammenstellung der Geschäftsprozesse auf Compliance Repositories zurückgreifen, die zuvor getestete Teil-Workflows bereitstellen [AJKL06, SaGN07]. Diesen Werkzeugen fehlt jedoch die notwendige Fähigkeit, Prozesse an aktuelle Bedürfnisse des Marktes und insbesondere an individuelle Kundenpräferenzen anzupassen. Schlimmstenfalls kann sich der IT-Einsatz ohne einen methodischen Ansatz sogar schädigend auf eine Firma auswirken [CaBy06].

Wie in Abbildung 7.1 dargestellt, erfordert die Automatisierung die Zusammenführung von Compliance- und Geschäftsprozess-Management [SaKä08]. Ähnlich wie in dem in Kapitel 2.3 eingeführten Rahmenwerk zur Datenschutzautomatisierung beschrieben, müssen die relevanten Kontrollziele zunächst in Anforderungen übersetzt werden. Der Teil der Anforderungen, der automatisiert überprüft werden kann, muss in eine formale Richtlinie übertragen werden. Diese fungiert dann als Eingabe für den Kontrollprozess. Die Verbindung zwischen Kontroll- und Geschäftsprozess kann beispielsweise über Annotations [MüRo05] oder über übergeordnete und unabhängige Prozessmodellierung [SaGN07, Kara08, NaSt08] realisiert werden.

Obwohl die ExPDT-Richtliniensprache für den Datenschutz in IT-Systemen entwickelt worden ist, lässt sie sich auch für die Konfiguration von Kontrollprozessen bzw. Monitoren im Compliance-Bereich einsetzen. Zu beachten ist dafür die veränderte Perspektive. Kunden mit ihren individuellen Präferenzen treten in den Hintergrund, stärkeres Gewicht fällt auf regulatorische und organisatorische Vorgaben eines Unternehmens. Wurden bisher mittels ExPDT-Richtlinien persönliche Datenobjekte von Kunden vor ungewollter Sammlung und anschließender Verarbeitung im IT-System des Dienstanbieters geschützt, kommt nun für Compliance die aktive Kontrolle der internen Prozesse hinzu.

Diese Prozesskontrolle verlangt nach Richtlinien, die nicht nur Zugriffskontrollmechanismen konfigurieren, sondern auch die Ausführung von Aktionen in bestimmten Situationen aktiv veranlassen können [BAKK05]. ExPDT ist für diesen Einsatz bestens gerüstet. Es kann nicht nur die Autorisierungsmodalitäten „dürfen" und „nicht dürfen", sondern auch „muss" als Befehlsmodalität in Regeln umsetzen.

Anders als übliche Sprachen für Sicherheitsrichtlinien bietet ExPDT jedoch insbesondere die Möglichkeit, bei ihrer Umsetzung auf aktuelle Situationen zu reagieren. Geschäftsprozesse können dem aktuellen Kontext entsprechend angepasst werden, ohne den Kontrollprozess hierfür aus seiner Verankerung reißen zu müssen. ExPDT erreicht die dazu notwendige Flexibilität gegenüber vorgegebenem Verhalten dadurch, dass die Regeleinhaltung zwar grundsätzlich zwingend ist, in Ausnahmesituationen jedoch Regelentscheidungen ausgesetzt werden können (vgl. Kapitel 4.4.1).

Um zu gewährleisten, dass ein solches Abweichen nicht zum Regelfall wird, kann die Angabe von Sanktionen erfolgen. Hierdurch kann beispielsweise auch die Nichteinhaltung von Regeln den Compliance-Beauftragten eines Unternehmens angezeigt werden, damit diese bei ihrer nächsten Überprüfung entsprechend reagieren und nachregulieren können.

Im Folgenden wird die praktische Einsatzfähigkeit von ExPDT für Compliance am Beispiel eines vereinfachten Eskalationsszenarios diskutiert: Aus Compliance-Gründen sieht der betrachtete Bestell-Workflow eine doppelte Autorisierung (Separation of Duties) für jeden Bestellauftrag vor, bevor dieser an die Zulieferer weitergereicht wird. Dargestellt ist dieser Workflow in Abbildung 7.2; Rechtecke repräsentieren einzelne Aktionen, ein Rhombus eine Entscheidung und ein Rechteck mit gestrichelter Linie einen Kontrollprozess.

Bisher erfordert die doppelte Autorisierung, dass zwei unterschiedliche Angestellte den Bestellauftrag prüfen; ansonsten kann der Bestellprozess nicht beendet werden.

Potential von ExPDT für IT-Compliance 127

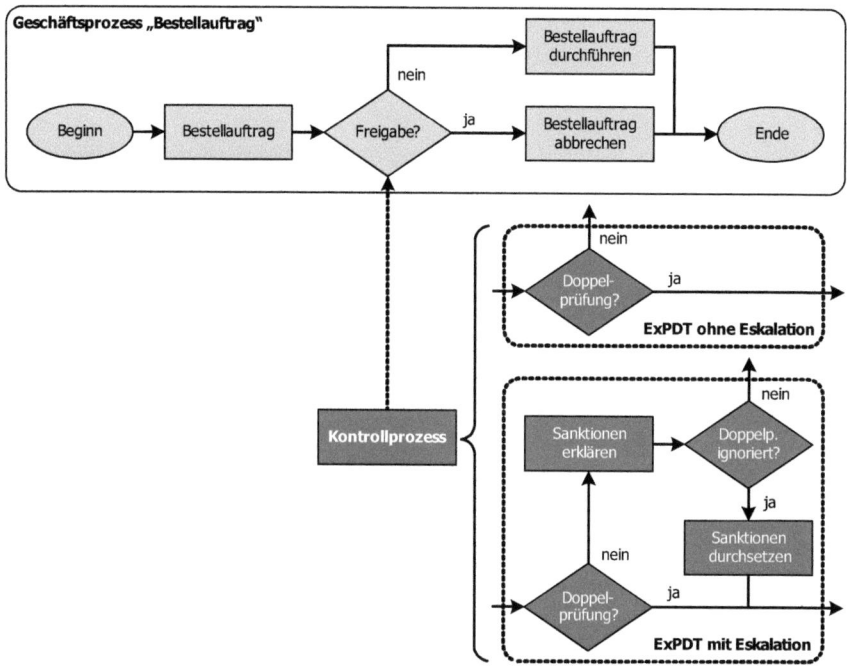

Abbildung 7.2: Beispielhafter Workflow mit zwei alternativen Kontrollprozessen

Auf die Ebene von ExPDT transferiert, sieht die entsprechende Compliance-Regel wie folgt aus:

$$[(A_1, \text{erteile}, \text{Auftrag}, \text{fürBestellung})],$$
$$\neg \sim (\text{geprüft}(A_1, A_2) \wedge \neg(A_1 = A_2)),$$
$$(\top, \bot) \qquad (7.1)$$

Diese Regel verbietet einem Angestellten A_1 die Weiterreichung des Bestellauftrags, wenn er nicht auch von einem zweiten Angestellten A_2, der nicht A_1 ist, geprüft wurde. Die logische Operatorenkombination ¬ ~ in der Bedingung verhindert dabei, dass die Überprüfung aufgrund von Unsicherheit durch fehlende Kontextinformationen umgangen werden kann (vgl. Anhang A.1). Visualisiert ist diese Variante in Abbildung 7.2 als oberer Kontrollprozess *ohne Eskalation*.

Es können jedoch Ausnahmesituationen auftreten, die eine schnelle Anpassung des Workflow erforderlich machen. Beispiele hierfür sind das Angebot eines Rabatts für schnelle Bestellung oder, um nicht den gesamten Produktionsprozess zu gefährden, der zeitkritische Ersatz für dringend erwartete, aber auf dem Transportweg verlorene Fracht. Ist dann kein zweiter autorisierter Angestellter zur Bestätigung des Auftrags verfügbar, kann die Beendigung des Kaufprozesses entsprechend der Compliance-Regel einen enormen Verlust bedeuten. Um solche Gelegenheiten schon bereits im Kontrollprozess zu berücksichtigen, bietet ExPDT die Möglichkeit, Ausnahmen zu integrieren:

$$[(A_1, \text{erteile}, \text{Auftrag}, \text{fürBestellung})],$$
$$\neg \sim (\text{geprüft}(A_1, A_2) \wedge \neg(A_1 = A_2)),$$
$$(\top, \text{benachrichtigeVorgesetzten}) \qquad (7.2)$$

Diese Regel ist im Kontrollprozess *mit Eskalation* dargestellt und unterscheidet sich vom vorherigen Szenario dadurch, dass Angestellter A_1 die doppelte Autorisierung missachten und den Bestellauftrag dennoch weitereichen kann. In diesem Fall muss der Monitor sicherstellen, dass die in der Regel angegebene Sanktion durchgesetzt wird, nämlich die Benachrichtigung des Vorgesetzten.

Natürlich stellt die Benachrichtigung nur einen ersten Schritt der Integration von Konsequenzen in Compliance-Richtlinien dar, da die eigentliche Sanktion an den Vorgesetzten ausgelagert wurde, anstatt die Konformität zu automatisieren. Sanktionen wie beispielsweise das Ignorieren der Verletzung, die Terminierung des Prozesses oder ein Zurückfahren der bisherigen Aktivitäten (Roll Back) könnten ebenfalls implementiert werden.

Der nächste ausstehende Schritt ist die Verbesserung der Entscheidungshilfe. Informationen über die ökonomischen Auswirkungen einer Prozessunterbrechung und das Risiko eines nicht-konformen Ablaufes können schon in den Kontrollprozess integriert werden. Dies erfordert die Kombination von Risikomanagement und Compliance-Richtlinien, sowie deren Integration in die Geschäftsprozessmodelle, beispielsweise durch Annotationen [MüRo05], die dann um Risikotypen erweitert werden müssen. Über einen solchen Einsatz im IT-Compliance hinaus dürfte sich ExPDT jedoch auch für weitere automatisierte Kontrollanwendungen eignen.

Anhang

A.1 Wahrheitstabellen für die Łukasiewicz-Logik L_3

(a) Konjunktion

$\wedge$	0	u	1
0	0	0	0
u	0	u	u
1	0	u	1

(b) Disjunktion

$\vee$	0	u	1
0	0	u	1
u	u	u	1
1	1	1	1

(c) Negation

x	$\neg x$
0	1
u	u
1	0

(d) Schwache Negation

x	$\sim x$
0	1
u	1
1	0

Tabelle A.1: Definition von Konjunktion, Disjunktion, Negation und schwacher Negation in der Łukasiewicz-Logik L_3.

x	$\neg x$	$\sim x$	$\sim \neg x$	$\neg \sim \neg x$	$\neg \sim \sim x$	$\neg \sim x$	$\sim \sim x$	$(\sim x) \wedge (\sim \neg x)$
0	1	1	0	1	1	0	0	0
u	u	1	1	0	0	0	0	1
1	0	0	1	0	0	1	1	0

Tabelle A.2: Wahrheitstabellen für in ExPDT wichtige Operatorkombinationen der Łukasiewicz-Logik L_3

A.2 Von XML zu OWL DL

ExPDT nutzt für die formale Repräsentation der Richtlinien nicht nur reines XML, sondern auch Elemente des Resource Description Framework (RDF), von RDF-Schema (RDFS) und der OWL Web Ontology Language. Sie basieren alle auf der Extensible Markup Language (XML), bauen aufeinander auf und bieten Sprachkonstrukte für die Spezifizierung von Klassen sowie von Klasseneigenschaften und Relationen zwischen Klassen.

Des Weiteren wird OWL für die Spezifikation des Domänenwissens als Ontologie verwendet. Eine Ontologie ist eine formale Repräsentation von Wissen über Entitäten und deren Beziehungen zueinander. Diese formale Beschreibung muss semantisch so eindeutig sein, dass auch automatisierte Prozesse aus dem Kontext heraus die gleichen Interpretationen für Begriffe ableiten können wie Menschen, die über das in der Ontologie formalisierte Wissen verfügen.

In OWL entstehen durch die Definition von Klassen, Unterklassen sowie Eigenschaften formale Ausdrücke, die semantischen Abhängigkeiten unterliegen. Aus diesen Abhängigkeiten können mittels bekannter mathematischer Regeln logische Schlussfolgerungen gezogen werden. Die Ausdruckstärke von OWL ist jedoch so stark, dass im Allgemeinen kein effizientes logisches Schlussfolgern möglich ist. Daher wurde OWL in drei Sprachen gegliedert: OWL Light, OWL DL und OWL Full. Die ersten zwei stellen einen Kompromiss zwischen Ausdrucksstärke und Effizienz dar, wohingegen die letzte alle in OWL möglichen Sprachkonstrukte umfasst. ExPDT nutzt OWL DL, das die maximale Teilmenge von OWL bildet, die noch berechenbar und entscheidbar ist. Sie hat eine direkte Abbildung auf die Description Logic (DL), so dass für das Schlussfolgern auf gut erforschte Auswertungswerkzeuge (DL-Reasoner) zurückgegriffen werden kann.

Im Folgenden werden RDF, RDFS und OWL bis zu dem Grad vorgestellt, der für das Verständnis von ExPDT notwendig ist. Für eine detaillierte Beschreibung wird auf die Sprachreferenzen in den Spezifikationen [Beck04, BrGu04, McHa04] des World Wide Web Consortium (W3C) und für einen Leitfaden zur Modellierung von Ontologien auf [AlHe08] verwiesen.

RDF

Mit RDF können Ausdrücke formuliert werden, die aus Subjekt, Prädikat und Objekt bestehen. Ein Subjekt ist dabei eine Ressource mit eindeutiger Identifizierung (URI). Das Objekt kann entweder ebenfalls eine Ressource sein oder ein Literal. Das Prädikat beschreibt eine bestimmte Eigenschaft zwischen Subjekt und Objekt. In XML-

A.2. Von XML zu OWL DL

Schreibweise sind Ressourcen und Prädikate Elemente mit Start- und End-Tag. Ein Objekt wird entweder als der Wert einer Eigenschaft dargestellt und steht als Literal zwischen seinen Tags, oder ist als Ressource ein normales Element. Ein Beispiel wäre der Ausdruck: „Der Artikel ist braun".

- Subjekt: Article

- Prädikat: hasColor

- Objekt: brown (Literal)

```
<rdf:RDF
  xmlns:rdf="http://www.w3.org/1999/02/22-rdf-syntax-ns#"
  xmlns:color="http://SC.com#">

  <rdf:Description rdf:about="http://SC.com#Article">
    <color:hasColor>brown</color:hasColor>
  </rdf:Description>
</rdf:RDF>
```

RDFS

Mit RDFS können Klassen und Unterklassen spezifiziert werden. Per Definition kann jedoch eine Klasse Unterklasse von allen anderen Klassen sein, was zu einem ineffizienten Schlussfolgern führt. Daher werden in OWL DL Klassen und ihre Eigenschaften neu definiert. Unterklassen erben – wie in objektorientierten Sprachen üblich – die Eigenschaften ihre Oberklassen. Im folgenden Beispiel ist Marketing eine Unterklasse des Einkaufszentrums und der Angestellte Bob eine Instanz der Klasse Marketing.

```
<owl:Class rdf:about="http://SC.com#Marketing">
  <rdfs:subClassOf rdf:resource="http://SC.com#ShoppingCenter" />
</owl:Class>

<Marketing rdf:ID="Bob" />
```

Container können mehrere Ressourcen oder Literale verbinden. Einen besonderen Container stellt <rdf:Seq> dar, der die Reihenfolge der eingefügten Elemente beachtet und in ExPDT für die Darstellung der priorisierten Regellisten verwendet wird. Für die Auswertbarkeit von ExPDT-Richtlinien reicht diese einfache Reihenfolgebildung aus. Beispiele für die Modellierung geordneter Listen, die auch in OWL DL semantisch auswertbar sind, finden sich in [DRSM06].

```
<rdf:Seq rdf:ID="ListOfRules">
    <rdf:li rdf:resource="http://SC.com#Rule_1" />
    <rdf:li rdf:resource="http://SC.com#Rule_2" />
    <rdf:li rdf:resource="http://SC.com#Rule_3" />
</rdf:Seq>
```

OWL DL

Objekteigenschaften erzeugen eine Relation zwischen Instanzen zweier Klassen, beispielsweise mit der Aussage, dass Apotheker Medikamente verkaufen. Dateneigenschaften beziehen hingegen eine Instanz einer Klasse auf ein Literal, beispielsweise kann eine Person einen Zahlenwert als Altersangabe haben. Beide Eigenschaftstypen machen Gebrauch von folgenden RDFS-Elementen: <rdfs:domain> definiert die Quellklasse der Beziehung und <rdfs:range> die Zielklasse bzw. die möglichen Literalwerte.

```
<owl:ObjectProperty rdf:ID="sells">
    <rdfs:domain rdf:resource="http://SC.com#Pharmacist" />
    <rdfs:range rdf:resource="http://SC.com#Drugs" />
</owl:ObjectProperty>

<owl:DatatypeProperty rdf:ID="hasAge">
    <rdfs:domain rdf:resource="http://SC.com#Person" />
    <rdfs:range rdf:resource="http://www.w3.org/2001/XMLSchema#int" />
</owl:DatatypeProperty>
```

Solche Eigenschaften können durch Einschränkungen über die Art der Zielwerte oder die Menge der Objektressourcen verfeinert werden.

- <owl:hasValue> definiert eine bestimmte Instanz als Wertebereich.

- <owl:someValuesFrom> definiert, dass zumindest eine Instanz einer bestimmten Klasse vorhanden sein muss.

- <owl:allValuesFrom> definiert, dass alle Instanzen von einer bestimmten Klasse sein müssen.

- <owl:cardinality> definiert, dass eine bestimmte Anzahl an Instanzen vorhanden sein müssen.

- <owl:minCardinality> definiert die minimale Anzahl an Instanzen.

- <owl:maxCardinality> definiert die maximale Anzahl an Instanzen.

Als Beispiel definiert die folgende Aussage, dass alles, was von Apothekern verkauft wird, als Medikament gilt.

```
<owl:Class rdf:about="#Drugs">
  <rdfs:subClassOf>
    <owl:Restriction>
      <owl:onProperty rdf:resource="#soldBy" />
      <owl:hasValue rdf:resource="#Pharmacist" />
    </owl:Restriction>
  </rdfs:subClassOf>
</owl:Class>
```

Ähnliche Einschränkungen können mit dem Element <owl:disjointWith> vorgenommen werden. Es erzwingt, dass zwei Klassen keine gemeinsame Instanz aufweisen, was ExPDT für den Ausschluss von sich widersprechenden Obligationen nutzt. Zusätzlich bietet OWL die Definition neuer Klassen über Operatoren für die Komplementbildung, Vereinigung und Schnittbildung von bereits bestehenden Klassen. So enthält die Klasse PeopleAtShoppingCenter alle Angestellten (Staff) des Einkaufszentrums und alle besuchenden Kunden (Customer).

```
<owl:Class rdf:about=#peopleAtShop>
  <owl:unionOf rdf:parseType="Collection">
    <owl:Class rdf:about="#Staff" />
    <owl:Class rdf:about="#Customer" />
  </owl:unionOf>
</owl:Class>
```

A.3 ExPDT-Spezifikation in OWL DL

```xml
<?xml version="1.0" encoding="UTF-8"?>
<!DOCTYPE rdf:RDF [
    <!ENTITY owl "http://www.w3.org/2002/07/owl#" >
    <!ENTITY rdfs "http://www.w3.org/2000/01/rdf-schema#" >
    <!ENTITY rdf "http://www.w3.org/1999/02/22-rdf-syntax-ns#" >
    <!ENTITY xsd "http://www.w3.org/2001/XMLSchema#" >
]>

<rdf:RDF xmlns="http://expdt.de/ExPDT#"
    xml:base="http://expdt.de/ExPDT"
    xmlns:ACT="http://expdt.de/ExPDT#ACT:"
    xmlns:CON="http://expdt.de/ExPDT#CON:"
    xmlns:DATA="http://expdt.de/ExPDT#DATA:"
    xmlns:OBL="http://expdt.de/ExPDT#OBL:"
    xmlns:POL="http://expdt.de/ExPDT#POL:"
    xmlns:PURP="http://expdt.de/ExPDT#PURP:"
    xmlns:USER="http://expdt.de/ExPDT#USER:"
    xmlns:owl="http://www.w3.org/2002/07/owl#"
    xmlns:rdfs="http://www.w3.org/2000/01/rdf-schema#"
    xmlns:rdf="http://www.w3.org/1999/02/22-rdf-syntax-ns#"
    xmlns:xsd="http://www.w3.org/2001/XMLSchema#">

    <owl:Ontology rdf:about="">
        <rdfs:comment rdf:datatype="&xsd;string">ExPDT-OWL</rdfs:comment>
        <owl:versionInfo rdf:datatype="&xsd;string">v3.0</owl:versionInfo>
    </owl:Ontology>

<!--######################################################################-->
<!--     Klassen für Richtlinien und -operationen                         -->
<!--######################################################################-->

    <owl:Class rdf:ID="POL:Policy"/>

    <owl:Class rdf:ID="POL:PolicyDef">
        <rdfs:subClassOf rdf:resource="#POL:Policy"/>
        <rdfs:subClassOf>
            <owl:Restriction>
                <owl:onProperty rdf:resource="#POL:PolicyDefHasRules"/>
                <owl:maxCardinality rdf:datatype="&xsd;int">1</owl:maxCardinality>
            </owl:Restriction>
        </rdfs:subClassOf>
        <rdfs:subClassOf>
            <owl:Restriction>
                <owl:onProperty
                    rdf:resource="#POL:PolicyDefHasObligation"/>
                <owl:cardinality
                    rdf:datatype="&xsd;int">1</owl:cardinality>
            </owl:Restriction>
        </rdfs:subClassOf>
```

A.3. ExPDT-Spezifikation in OWL DL 135

```xml
    <rdfs:subClassOf>
        <owl:Restriction>
            <owl:onProperty rdf:resource="#POL:PolicyDefHasSanction"/>
            <owl:cardinality
                rdf:datatype="&xsd;int">1</owl:cardinality>
        </owl:Restriction>
    </rdfs:subClassOf>
</owl:Class>

<owl:Class rdf:ID="POL:PolicyNorm">
    <rdfs:subClassOf>
        <owl:Restriction>
            <owl:onProperty rdf:resource="#POL:PolicyNormHasBase"/>
            <owl:maxCardinality rdf:datatype="&xsd;int">1
            </owl:maxCardinality>
        </owl:Restriction>
    </rdfs:subClassOf>
    <rdfs:subClassOf rdf:resource="#POL:PolicyDef"/>
</owl:Class>

<owl:Class rdf:ID="POL:PolicyDNorm">
    <rdfs:subClassOf rdf:resource="#POL:PolicyNorm"/>
</owl:Class>

<owl:Class rdf:ID="POL:PolicyCNorm">
    <rdfs:subClassOf rdf:resource="#POL:PolicyNorm"/>
</owl:Class>

<owl:Class rdf:ID="POL:Operation">
    <rdfs:subClassOf>
        <owl:Restriction>
            <owl:onProperty rdf:resource="#POL:First"/>
            <owl:cardinality
                rdf:datatype="&xsd;int">1</owl:cardinality>
        </owl:Restriction>
    </rdfs:subClassOf>
    <rdfs:subClassOf>
        <owl:Restriction>
            <owl:onProperty rdf:resource="#POL:Second"/>
            <owl:cardinality
                rdf:datatype="&xsd;int">1</owl:cardinality>
        </owl:Restriction>
    </rdfs:subClassOf>
    <rdfs:subClassOf rdf:resource="#POL:Policy"/>
</owl:Class>

<owl:Class rdf:ID="POL:Difference">
    <rdfs:subClassOf rdf:resource="#POL:Operation"/>
</owl:Class>

<owl:Class rdf:ID="POL:Composition">
    <rdfs:subClassOf rdf:resource="#POL:Operation"/>
</owl:Class>
```

```xml
<owl:Class rdf:ID="POL:Conjunction">
    <rdfs:subClassOf rdf:resource="#POL:Operation"/>
</owl:Class>

<!--###################################################################-->
<!--     Klasse für Regeln                                              -->
<!--###################################################################-->

<owl:Class rdf:ID="POL:Rule">
    <rdfs:subClassOf>
        <owl:Class>
            <owl:unionOf rdf:parseType="Collection">
                <owl:Restriction>
                    <owl:onProperty rdf:resource="#POL:RuleHasGuard"/>
                    <owl:minCardinality rdf:datatype="&xsd;int">1
                    </owl:minCardinality>
                </owl:Restriction>
                <owl:Restriction>
                    <owl:onProperty
                        rdf:resource="#POL:RuleHasNotGuard"/>
                    <owl:minCardinality rdf:datatype="&xsd;int">1
                    </owl:minCardinality>
                </owl:Restriction>
            </owl:unionOf>
        </owl:Class>
    </rdfs:subClassOf>
    <rdfs:subClassOf>
        <owl:Restriction>
            <owl:onProperty rdf:resource="#POL:RuleHasObligation"/>
            <owl:cardinality
                rdf:datatype="&xsd;int">1</owl:cardinality>
        </owl:Restriction>
    </rdfs:subClassOf>
    <rdfs:subClassOf>
        <owl:Restriction>
            <owl:onProperty rdf:resource="#POL:RuleHasSanction"/>
            <owl:cardinality
                rdf:datatype="&xsd;int">1</owl:cardinality>
        </owl:Restriction>
    </rdfs:subClassOf>
    <rdfs:subClassOf>
        <owl:Restriction>
            <owl:onProperty rdf:resource="#POL:RuleHasCondition"/>
            <owl:cardinality
                rdf:datatype="&xsd;int">1</owl:cardinality>
        </owl:Restriction>
    </rdfs:subClassOf>
</owl:Class>

<!--###################################################################-->
<!--     Klassen für Wächter und die vier Wurzeln der Elementhierarchien-->
<!--###################################################################-->
```

A.3. ExPDT-Spezifikation in OWL DL

```
<owl:Class rdf:ID="POL:Guard">
    <rdfs:subClassOf>
        <owl:Restriction>
            <owl:onProperty rdf:resource="#POL:GuardHasPurpose"/>
            <owl:cardinality
                rdf:datatype="&xsd;int">1</owl:cardinality>
        </owl:Restriction>
    </rdfs:subClassOf>
    <rdfs:subClassOf>
        <owl:Restriction>
            <owl:onProperty rdf:resource="#POL:GuardHasData"/>
            <owl:cardinality
                rdf:datatype="&xsd;int">1</owl:cardinality>
        </owl:Restriction>
    </rdfs:subClassOf>
    <rdfs:subClassOf>
        <owl:Restriction>
            <owl:onProperty rdf:resource="#POL:GuardHasAction"/>
            <owl:cardinality
                rdf:datatype="&xsd;int">1</owl:cardinality>
        </owl:Restriction>
    </rdfs:subClassOf>
    <rdfs:subClassOf>
        <owl:Restriction>
            <owl:onProperty rdf:resource="#POL:GuardHasUser"/>
            <owl:cardinality
                rdf:datatype="&xsd;int">1</owl:cardinality>
        </owl:Restriction>
    </rdfs:subClassOf>
</owl:Class>

<owl:Class rdf:ID="USER:User"/>
<owl:Class rdf:ID="ACT:Action"/>
<owl:Class rdf:ID="DATA:Data"/>
<owl:Class rdf:ID="PURP:Purpose"/>

<!--##################################################################-->
<!--    Klassen für Bedingungen und ihre logischen Verknüpfungen       -->
<!--##################################################################-->

<owl:Class rdf:ID="CON:Constraint"/>

<owl:Class rdf:ID="CON:Condition">
    <rdfs:subClassOf rdf:resource="#CON:Constraint"/>
    <owl:disjointWith rdf:resource="#CON:Interpretation"/>
    <owl:disjointWith rdf:resource="#CON:Type"/>
    <owl:disjointWith rdf:resource="#CON:Variable"/>
</owl:Class>

<owl:Class rdf:ID="CON:BooleanConstraint">
    <rdfs:subClassOf rdf:resource="#CON:Condition"/>
    <rdfs:subClassOf>
        <owl:Restriction>
            <owl:onProperty rdf:resource="#CON:First"/>
```

```
            <owl:cardinality rdf:datatype="&xsd;int">1
            </owl:cardinality>
        </owl:Restriction>
    </rdfs:subClassOf>
    <owl:disjointWith rdf:resource="#CON:SimpleConstraint"/>
    <owl:disjointWith rdf:resource="#CON:LogicalValue"/>
</owl:Class>

<owl:Class rdf:ID="CON:One">
    <rdfs:subClassOf rdf:resource="#CON:BooleanConstraint"/>
    <owl:disjointWith rdf:resource="#CON:Two"/>
</owl:Class>

<owl:Class rdf:ID="CON:NOT">
    <rdfs:subClassOf rdf:resource="#CON:One"/>
    <owl:disjointWith rdf:resource="#CON:WEAK_NOT"/>
</owl:Class>

<owl:Class rdf:ID="CON:WEAK_NOT">
    <rdfs:subClassOf rdf:resource="#CON:One"/>
    <owl:disjointWith rdf:resource="#CON:NOT"/>
</owl:Class>

<owl:Class rdf:ID="CON:Two">
    <rdfs:subClassOf rdf:resource="#CON:BooleanConstraint"/>
    <rdfs:subClassOf>
        <owl:Restriction>
            <owl:onProperty rdf:resource="#CON:Second"/>
            <owl:cardinality rdf:datatype="&xsd;int">1
            </owl:cardinality>
        </owl:Restriction>
    </rdfs:subClassOf>
    <owl:disjointWith rdf:resource="#CON:One"/>
</owl:Class>

<owl:Class rdf:ID="CON:AND">
    <rdfs:subClassOf rdf:resource="#CON:Two"/>
    <owl:disjointWith rdf:resource="#CON:OR"/>
</owl:Class>

<owl:Class rdf:ID="CON:OR">
    <rdfs:subClassOf rdf:resource="#CON:Two"/>
    <owl:disjointWith rdf:resource="#CON:AND"/>
</owl:Class>

<owl:Class rdf:ID="CON:LogicalValue">
    <rdfs:subClassOf>
        <owl:Restriction>
            <owl:onProperty rdf:resource="#HasValue"/>
            <owl:cardinality
                rdf:datatype="&xsd;int">1</owl:cardinality>
        </owl:Restriction>
    </rdfs:subClassOf>
    <rdfs:subClassOf rdf:resource="#CON:Condition"/>
```

A.3. ExPDT-Spezifikation in OWL DL

```xml
        <owl:disjointWith rdf:resource="#CON:BooleanConstraint"/>
        <owl:disjointWith rdf:resource="#CON:SimpleConstraint"/>
    </owl:Class>

    <owl:Class rdf:ID="CON:SimpleConstraint">
        <rdfs:subClassOf rdf:resource="#CON:Condition"/>
        <rdfs:subClassOf>
            <owl:Restriction>
                <owl:onProperty rdf:resource="#CON:ToHierarchy"/>
                <owl:cardinality
                    rdf:datatype="&xsd;int">1</owl:cardinality>
            </owl:Restriction>
        </rdfs:subClassOf>
        <rdfs:subClassOf>
            <owl:Restriction>
                <owl:onProperty rdf:resource="#CON:OfType"/>
                <owl:cardinality
                    rdf:datatype="&xsd;int">1</owl:cardinality>
            </owl:Restriction>
        </rdfs:subClassOf>
        <owl:disjointWith rdf:resource="#CON:BooleanConstraint"/>
        <owl:disjointWith rdf:resource="#CON:LogicalValue"/>
    </owl:Class>

    <owl:Class rdf:ID="CON:Interpretation">
        <rdfs:subClassOf rdf:resource="#CON:Constraint"/>
        <rdfs:subClassOf>
            <owl:Restriction>
                <owl:onProperty rdf:resource="#HasValue"/>
                <owl:cardinality
                    rdf:datatype="&xsd;int">1</owl:cardinality>
            </owl:Restriction>
        </rdfs:subClassOf>
        <owl:disjointWith rdf:resource="#CON:Condition"/>
        <owl:disjointWith rdf:resource="#CON:Type"/>
        <owl:disjointWith rdf:resource="#CON:Variable"/>
    </owl:Class>

    <owl:Class rdf:ID="CON:Type">
        <rdfs:subClassOf rdf:resource="#CON:Constraint"/>
        <owl:disjointWith rdf:resource="#CON:Condition"/>
        <owl:disjointWith rdf:resource="#CON:Interpretation"/>
        <owl:disjointWith rdf:resource="#CON:Variable"/>
    </owl:Class>

    <owl:Class rdf:ID="CON:Variable">
        <rdfs:subClassOf rdf:resource="#CON:Constraint"/>
        <owl:disjointWith rdf:resource="#CON:Condition"/>
        <owl:disjointWith rdf:resource="#CON:Interpretation"/>
        <owl:disjointWith rdf:resource="#CON:Type"/>
    </owl:Class>
```

```xml
<!--########################################################-->
<!--     Klassen für Obligationen                           -->
<!--########################################################-->

    <owl:Class rdf:ID="OBL:Obligation"/>

    <owl:Class rdf:ID="OBL:ElementaryObligation">
        <rdfs:subClassOf rdf:resource="#OBL:Obligation"/>
        <owl:disjointWith rdf:resource="#OBL:SpecialObligation"/>
    </owl:Class>

    <owl:Class rdf:ID="OBL:SpecialObligation">
        <rdfs:subClassOf rdf:resource="#OBL:Obligation"/>
        <owl:disjointWith rdf:resource="#OBL:ElementaryObligation"/>
    </owl:Class>

    <owl:Class rdf:ID="OBL:Top">
        <rdfs:subClassOf rdf:resource="#OBL:SpecialObligation"/>
        <owl:disjointWith rdf:resource="#OBL:Bottom"/>
    </owl:Class>

    <owl:Class rdf:ID="OBL:Bottom">
        <rdfs:subClassOf rdf:resource="#OBL:SpecialObligation"/>
        <owl:disjointWith rdf:resource="#OBL:Top"/>
    </owl:Class>

<!--########################################################-->
<!--     Klasse für Richtlinienanfragen                     -->
<!--########################################################-->

    <owl:Class rdf:ID="POL:Request">
        <rdfs:subClassOf>
            <owl:Restriction>
                <owl:onProperty rdf:resource="#POL:RequestHasPolicy"/>
                <owl:cardinality
                    rdf:datatype="&xsd;int">1</owl:cardinality>
            </owl:Restriction>
        </rdfs:subClassOf>
        <rdfs:subClassOf>
            <owl:Restriction>
                <owl:onProperty rdf:resource="#POL:RequestHasGuard"/>
                <owl:cardinality
                    rdf:datatype="&xsd;int">1</owl:cardinality>
            </owl:Restriction>
        </rdfs:subClassOf>
    </owl:Class>

<!--########################################################-->
<!--     Objekt- und Dateneigenschaften für Bedingungen     -->
<!--########################################################-->

    <owl:ObjectProperty rdf:ID="CON:OfType">
        <rdfs:domain rdf:resource="#CON:SimpleConstraint"/>
        <rdfs:range rdf:resource="#CON:Type"/>
```

A.3. ExPDT-Spezifikation in OWL DL 141

```xml
    </owl:ObjectProperty>

    <owl:ObjectProperty rdf:ID="CON:ToHierarchy">
        <rdfs:domain rdf:resource="#CON:SimpleConstraint"/>
        <rdfs:range>
            <owl:Class>
                <owl:unionOf rdf:parseType="Collection">
                    <owl:Class rdf:about="#ACT:Action"/>
                    <owl:Class rdf:about="#DATA:Data"/>
                    <owl:Class rdf:about="#PURP:Purpose"/>
                    <owl:Class rdf:about="#USER:User"/>
                </owl:unionOf>
            </owl:Class>
        </rdfs:range>
    </owl:ObjectProperty>

    <owl:ObjectProperty rdf:ID="CON:First">
        <rdfs:domain rdf:resource="#CON:BooleanConstraint"/>
        <rdfs:range rdf:resource="#CON:Condition"/>
    </owl:ObjectProperty>

    <owl:ObjectProperty rdf:ID="CON:Second">
        <rdfs:domain rdf:resource="#CON:Two"/>
        <rdfs:range rdf:resource="#CON:Condition"/>
    </owl:ObjectProperty>

    <owl:DatatypeProperty rdf:ID="HasValue">
        <rdfs:domain>
            <owl:Class>
                <owl:unionOf rdf:parseType="Collection">
                    <owl:Class rdf:about="#CON:Interpretation"/>
                    <owl:Class rdf:about="#CON:LogicalValue"/>
                </owl:unionOf>
            </owl:Class>
        </rdfs:domain>
        <rdfs:range>
            <owl:DataRange>
                <owl:oneOf>
                    <rdf:List>
                        <rdf:first rdf:datatype="&xsd;int">0</rdf:first>
                        <rdf:rest>
                            <rdf:List>
                                <rdf:first rdf:datatype="&xsd;int">1
                                </rdf:first>
                                <rdf:rest>
                                    <rdf:List>
                                        <rdf:first
                                            rdf:datatype="&xsd;int">2
                                        </rdf:first>
                                        <rdf:rest rdf:resource="&rdf;nil"/>
                                    </rdf:List>
                                </rdf:rest>
                            </rdf:List>
                        </rdf:rest>
```

```
            </rdf:List>
          </owl:oneOf>
        </owl:DataRange>
      </rdfs:range>
    </owl:DatatypeProperty>

<!--########################################################################-->
<!--    Objekteigenschaften für Richtlinien                                  -->
<!--########################################################################-->
    <owl:ObjectProperty rdf:ID="POL:PolicyDefHasRules">
      <rdfs:domain rdf:resource="#POL:PolicyDef"/>
      <rdfs:range rdf:resource="&rdf;Seq"/>
    </owl:ObjectProperty>
    <owl:ObjectProperty rdf:ID="POL:PolicyDefHasObligation">
      <rdfs:domain rdf:resource="#POL:PolicyDef"/>
      <rdfs:range rdf:resource="#OBL:Obligation"/>
    </owl:ObjectProperty>
    <owl:ObjectProperty rdf:ID="POL:PolicyDefHasSanction">
      <rdfs:domain rdf:resource="#POL:PolicyDef"/>
      <rdfs:range rdf:resource="#OBL:Obligation"/>
    </owl:ObjectProperty>

    <owl:ObjectProperty rdf:ID="POL:First">
      <rdfs:domain rdf:resource="#POL:Operation"/>
      <rdfs:range rdf:resource="#POL:Policy"/>
    </owl:ObjectProperty>
    <owl:ObjectProperty rdf:ID="POL:Second">
      <rdfs:domain rdf:resource="#POL:Operation"/>
      <rdfs:range rdf:resource="#POL:Policy"/>
    </owl:ObjectProperty>

    <owl:ObjectProperty rdf:ID="POL:PolicyNormHasBase">
      <rdfs:domain rdf:resource="#POL:PolicyNorm"/>
      <rdfs:range rdf:resource="#POL:Policy"/>
    </owl:ObjectProperty>

<!--########################################################################-->
<!--    Objekteigenschaften für Regeln                                       -->
<!--########################################################################-->
    <owl:ObjectProperty rdf:ID="POL:RuleHasGuard">
      <rdfs:domain rdf:resource="#POL:Rule"/>
      <rdfs:range rdf:resource="#POL:Guard"/>
    </owl:ObjectProperty>
    <owl:ObjectProperty rdf:ID="POL:RuleHasNotGuard">
      <rdfs:domain rdf:resource="#POL:Rule"/>
      <rdfs:range rdf:resource="#POL:Guard"/>
    </owl:ObjectProperty>
    <owl:ObjectProperty rdf:ID="POL:RuleHasCondition">
      <rdfs:domain rdf:resource="#POL:Rule"/>
      <rdfs:range rdf:resource="#CON:Condition"/>
    </owl:ObjectProperty>
    <owl:ObjectProperty rdf:ID="POL:RuleHasObligation">
```

A.3. ExPDT-Spezifikation in OWL DL 143

```xml
        <rdfs:domain rdf:resource="#POL:Rule"/>
        <rdfs:range rdf:resource="#OBL:Obligation"/>
    </owl:ObjectProperty>
    <owl:ObjectProperty rdf:ID="POL:RuleHasSanction">
        <rdfs:domain rdf:resource="#POL:Rule"/>
        <rdfs:range rdf:resource="#OBL:Obligation"/>
    </owl:ObjectProperty>

<!--######################################################################-->
<!--     Objekteigenschaften für Wächter                                   -->
<!--######################################################################-->

    <owl:ObjectProperty rdf:ID="POL:GuardHasUser">
        <rdfs:domain rdf:resource="#POL:Guard"/>
        <rdfs:range rdf:resource="#USER:User"/>
    </owl:ObjectProperty>
    <owl:ObjectProperty rdf:ID="POL:GuardHasAction">
        <rdfs:domain rdf:resource="#POL:Guard"/>
        <rdfs:range rdf:resource="#ACT:Action"/>
    </owl:ObjectProperty>
    <owl:ObjectProperty rdf:ID="POL:GuardHasData">
        <rdfs:domain rdf:resource="#POL:Guard"/>
        <rdfs:range rdf:resource="#DATA:Data"/>
    </owl:ObjectProperty>
    <owl:ObjectProperty rdf:ID="POL:GuardHasPurpose">
        <rdfs:domain rdf:resource="#POL:Guard"/>
        <rdfs:range rdf:resource="#PURP:Purpose"/>
    </owl:ObjectProperty>

<!--######################################################################-->
<!--     Objekteigenschaften für Richtlinienanfragen                       -->
<!--######################################################################-->

    <owl:ObjectProperty rdf:ID="POL:RequestHasPolicy">
        <rdfs:domain rdf:resource="#POL:Request"/>
        <rdfs:range rdf:resource="#POL:Policy"/>
    </owl:ObjectProperty>
    <owl:ObjectProperty rdf:ID="POL:RequestHasGuard">
        <rdfs:domain rdf:resource="#POL:Request"/>
        <rdfs:range rdf:resource="#POL:Guard"/>
    </owl:ObjectProperty>

<!--######################################################################-->
<!--     Instanzen                                                         -->
<!--######################################################################-->

    <CON:LogicalValue rdf:ID="CON:false">
        <HasValue rdf:datatype="&xsd;int">0</HasValue>
    </CON:LogicalValue>

    <CON:LogicalValue rdf:ID="CON:true">
        <HasValue rdf:datatype="&xsd;int">1</HasValue>
    </CON:LogicalValue>
```

```
<CON:LogicalValue rdf:ID="CON:undefined">
    <HasValue rdf:datatype="&xsd;int">2</HasValue>
</CON:LogicalValue>

<OBL:Top rdf:ID="OBL:top"/>
<OBL:Bottom rdf:ID="OBL:bottom"/>

<USER:User rdf:ID="USER:user"/>
<ACT:Action rdf:ID="ACT:action"/>
<DATA:Data rdf:ID="DATA:data"/>
<PURP:Purpose rdf:ID="PURP:purpose"/>

</rdf:RDF>
```

Literaturverzeichnis

[Acco06] Accorsi, R.: "On the Relationship of Privacy and Secure Remote Logging in Dynamic Systems". In: S. Fischer-Hübner; K. Rannenberg; L. Yngström; S. Lindskog (Editoren), Proceedings of the 21st IFIP TC-11 International Security Conference: Security and Privacy in Dynamic Environments, *IFIP*, Vol. 201, Seiten 329–338, Springer-Verlag, 2006.

[Acco08] Accorsi, R.: "Automated Privacy Audits to Complement the Notion of Control for Identity Management". In: Policies and Research in Identity Management, *IFIP*, Vol. 261, Seiten 39–48, Springer-Verlag, 2008.

[AcGr04] Acquisti, A.; Grossklags, J.: The Economics of Information Security, Kapitel Losses, gains, and hyperbolic discounting: An experimental approach to personal information security attitudes and behavior. Kluwer Academic Publishers, 2004.

[AcGr05] Acquisti, A.; Grossklags, J.: "Privacy and Rationality in Individual Decision Making". In: IEEE Security & Privacy, Vol. 3, Seiten 26–33, 2005.

[AHKP03] Ashley, P.; Hada, S.; Karjoth, G.; Powers, C.; et al.: "Enterprise Privacy Authorization Language (EPAL 1.2)". Submission, W3C, http://www.w3.org/Submission/2003/SUBM-EPAL-20031110/, letzter Abruf 14.02.2009, 2003.

[AHKS02] Ashley, P.; Hada, S.; Karjoth, G.; Schunter, M.: "E-P3P Privacy Policies and Privacy Authorization". In: Proceedings of the 2002 ACM Workshop on Privacy in the Electronic Society (WPES), Seiten 103–109, ACM Press, 2002.

[AJKL06] Agrawal, R.; Johnson, C.; Kiernan, J.; Leymann, F.: "Taming Compliance with Sarbanes-Oxley Internal Controls Using Database Technology". In: Proceedings of the 22nd International Conference on Data Engineering (ICDE06), 2006.

[AKSX03] Agrawal, R.; Kiernan, J.; Srikant, R.; Xu, Y.: "An XPath-based Preference Language for P3P". In: Proceedings of the 12th international conference on World Wide Web, Seiten 629–639, ISBN 1-58113-680-3, 2003.

[AKSX05] Agrawal, R.; Kiernan, J.; Srikant, R.; Xu, Y.: "XPref: a preference language for P3P". In: Computer Networks: The International Journal of Computer and Telecommunications Networking, Vol. 48(5), Seiten 809–827, ISSN 1389-1286, 2005.

[AlHe08] Allemang, D.; Hendler, J.: Semantic Web für the Working Ontologist. Morgan Kaufmann Publishers, ISBN 978-0-12-373556-0, 2008.

[Ande02] Anderson, A.: "A Comparison of Two Privacy Policy Languages: EPAL and XACML". Tech. Report, Sun Microsystems Laboratories, 2002.

[AnHa03] Antoniou, G.; van Harmelen, F.: Handbook on Ontologies, Kapitel Web Ontology Language: OWL, Seiten 67–92. Springer-Verlag, 2003.

[Annu06] Annuscheit, R.: "Geschäftsrisiken durch Compliance-Anforderungen". In: Compliance Magazin, http://www.compliancemagazin.de/markt/studien/mcafee201206.html, letzter Abruf 14.02.2009, 2006.

[ANON08] "AN.ON - Anonymity.Online". http://anon.inf.tu-dresden.de/index_en.html, Universität Regensburg, Institut für Wirtschaftsinformatik, Lehrstuhl Management der Informationssicherheit, letzter Abruf 14.02.2009, 2008.

[AnPS08] "anonymizer Proxy Server". http://www.anonymizer.com/, Anonymizer, Inc., letzter Abruf 14.02.2009, 2008.

[AsKa03] Ashley, P.; Karjoth, G.: "Lessens learned when using P3P-based Privacy Manager 1.1". In: Proceedings of the W3C Workshop on the long term Future of P3P, 2003.

[BaDS04] Backes, M.; Dürmuth, M.; Steinwandt, R.: "An Algebra for Composing Enterprise Privacy Policies". In: P. Samarati; P. Y. A. Ryan; D. Gollmann; R. Molva (Editoren), Proceedings of 9th European Symposium on Research in Computer Security (ESORICS), *LNCS*, Vol. 3193, Seiten 33–52, Springer-Verlag, ISBN 3-540-22987-6, 2004.

[BAKK05] Breaux, T. D.; Antón, A. I.; Karat, C.-M.; Karat, J.: "Enforceability vs. Accountability in Electronic Policies". Tech. Report TR-2005-47, North Carolina State University Computer Science, 2005.

[BaMR04] Barth, A.; Mitchell, J. C.; Rosenstein, J.: "Conflict and Combination in Privacy Policy Languages". In: Proceedings of the 2004 ACM workshop on Privacy in the Electronic Society, Seiten 45–46, ISBN 1-58113-968-3, 2004.

[BaPS03] Backes, M.; Pfitzmann, B.; Schunter, M.: "A Toolkit for Managing Enterprise Privacy Policies". In: E. Snekkenes; D. Gollmann (Editoren), Proceedings of 8th European Symposium On Research In Computer Security (ESORICS), *LNCS*, Vol. 2808, Seiten 162–180, Springer-Verlag, ISBN 3-540-20300-1, 2003.

[BaRo06] Bace, J.; Rozwell, C.: "Understanding the Components of Compliance". Report G00137902, Gartner, 2006.

[Beck04] Beckett, D.: "RDF/XML Syntax Specification (Revised)". Recommendation, W3C, http://www.w3.org/TR/rdf-syntax-grammar/, letzter Abruf 14.02.2009, 2004.

[Bend07] Bender, S.: Entwicklung einer Sprache zur modularen Spezifikation von Privacy Policies auf Basis von NAPS. Diplomarbeit, Universität Freiburg, 2007.

[BJWW03] Bettini, C.; Jajodia, S.; Wang, X. S.; Wijesekera, D.: "Provisions and Obligations in Policy Management and Security Applications". In: Network and System Management, Vol. 11(3), Seiten 351–372, 2003.

[BKBS04] Backes, M.; Karjoth, G.; Bagga, W.; Schunter, M.: "Efficient comparison of enterprise privacy policies". In: Proceedings of 2004 ACM Symposium on Applied Computing, Seiten 375–382, ISBN 1-58113-812-1, 2004.

[BoHo00] Bohrer, K.; Holland, B.: "Customer Profile Exchange (CPExchange) Specification". Tech. Report, IDEAlliance, 2000.

[BrGu04] Brickley, D.; Guha, R.: "RDF Vocabulary Description Language 1.0: RDF Schema". Recommendation, W3C, http://www.w3.org/TR/rdf-schema/, letzter Abruf 14.02.2009, 2004.

[Bund83] Bundesverfassungsgericht: "Volkszählungsurteil". Entscheidung des Bundesverfassungsgerichts. Urteil vom 15.12.1983; Az.: 1 BvR 209/83; NJW 84, 419, 1983.

[Bund97] Bundestag mit Zustimmung des Bundesrates: "Teledienstedatenschutzgesetz, Juli 1997." Artikel 2 G 9020-6/1 v. 22.7.1997 I 1870 (IuKDG), 1997.

[Bund03]   Bundestag mit Zustimmung des Bundesrates: "Bundesdatenschutzgesetz (BDSG), Stand: 14.01.2003". http://www.gesetze-im-internet.de/bundesrecht/bdsg_1990/gesamt.pdf, letzter Abruf 14.02.2009, 2003.

[BöKo07]   Böhme, R.; Koble, S.: "Will Privacy Remain a Luxury Good?" In: Workshop on the Economics of Information Security (WEIS), 2007.

[CaBy06]   Cannon, J. C.; Byers, M.: "Compliance Deconstructed". In: ACM Queue, Vol. 4(7), Seiten 30–37, 2006.

[CaHe02]   Camenisch, J.; Herreweghen, E. V.: "Design and Implementation of the idemix Anonymous Credential System". In: Proceedings of the 9th ACM Conference on Computer and Communications Security, Seiten 21–30, 2002.

[CaNa04]   Capgemini; National Retail Federation: "RFID and Consumers: Understanding Their Mindset". http://www.us.capgemini.com/DownloadLibrary/requestfile.asp?ID=400, letzter Abruf 14.02.2009, 2004.

[CaPB03]   Casassa Mont, M.; Pearson, S.; Bramhall, P.: "Towards Accountable Management of Identity and Privacy: Sticky Policies and Enforceable Tracing Services". In: Proceedings of the 14th International Workshop on Database and Expert Systems Applications (DEXA'03), Seiten 377–382, ISSN 1529-4188, 2003.

[CaWo01]   Cassel, L. N.; Wolz, U.: "Client Side Personalization". In: DELOS Workshop: Personalisation and Recommender Systems in Digital Libraries 2001, 2001.

[CDAL99]   Cooperstein, D.; Delhagen, K.; Aber, A.; Levin, K.: "Making Net Shoppers Loyal". Tech. Report, The Forrester Report (June), 1999.

[CDMN04]   Ceri, S.; Dolog, P.; Matera, M.; Nejdl, W.: "Model-Driven Design of Web Applications with Client-Side Adaptation". In: N. Koch; P. Fraternali; M. Wirsing (Editoren), International Conference on Web Engineering (ICWE 2004), *LNCS*, Vol. 3140, Seiten 201–214, Springer-Verlag, 2004.

[Chau81]   Chaum, D.: "Untraceable electronic mail, return addresses, and digital pseudonyms". In: Communications of the ACM, Vol. 24(2), Seiten 84–88, 1981.

[Choi06] ChoiceStream: "2006 ChoiceStream Personalization Survey". http://kpis. ru/uploads/ChoiceStream_PersonalizationSurveyResults2006.pdf, letzter Abruf 14.02.2009, 2006.

[Clar09] Clark & Parsia: "Pellet OWL Reasoner". http://pellet.owldl.com/, letzter Abruf 14.02.2009, 2009.

[ClDe99] Clark, J.; DeRose, S.: "XML Path Language (XPath) Version 1.0". Recommendation, W3C, 1999.

[CLMPM02] Cranor, L.; Langheinrich, M.; Marchiori, M.; Presler-Marshall, M.; et al.: "The Platform for Privacy Preferences 1.0 (P3P1.0) Specification". Tech. Report, W3C, 2002.

[Cran02] Cranor, L. F.: Web Privacy with P3P. O'Reilly, ISBN 0-596-00371-4, 2002.

[CrGA06] Cranor, L. F.; Guduru, P.; Arjula, M.: "User Interfaces for Privacy Agents". In: ACM Transactions on Computer-Human Interaction, Vol. 13(2), Seiten 135–178, 2006.

[CrLM05] Cranor, L. F.; Langheinrich, M.; Marchiori, M.: "A P3P Preference Exchange Language 1.0 (APPEL)". Tech. Report, W3C, 2005.

[CrRe02] Cranor, L. F.; Reidenberg, J. R.: "Can user agents accurately represent privacy notices?" In: Proceedings of the 30th Research Conference on Communication, Information and Internet Policy (TPRC), 2002.

[CrWe02] Cranor, L. F.; Weitzner, D.: "Summary Report". In: Proceedings of the W3C Workshop on the Future of P3P, 2002.

[DBSL02] Damianou, N.; Bandara, A.; Sloman, M.; Lupu, E.: "A Survey of Policy Specification Approaches". Tech. Report, Department of Computing, Imperial College of Science Technology and Medicine, London, 2002.

[DDLS01] Damianou, N.; Dulay, N.; Lupu, E.; Sloman, M.: "The Ponder Policy Specification Language". In: M. Sloman (Editor), Proceedings of Policy Workshop, *LNCS*, Vol. 1995, 2001.

[DRSM06] Drummond, N.; Rector, A.; Stevens, R.; Moulton, G.; et al.: "Putting OWL in Order: Patterns for Sequences in OWL". In: Proceedings of Workshop OWL: Experiences and Directions 2006 (OWL-ED 2006), 2006.

[EPIC06] EPIC und Privacy International: "Privacy and Human Rights". Tech. Report, Electronic Privacy Information, 2006.

[Euro81]   Europäisches Parlament und Europäischer Rat: "Convention for the protection of individuals with regard to automatic processing of personal data". http://conventions.coe.int/Treaty/en/Treaties/Html/108.htm, letzter Abruf 14.02.2009, 1981.

[Euro95]   Europäisches Parlament und Europäischer Rat: "Richtlinie 95/46/EG des Europäischen Parlaments und des Rates vom 24.10.1995 zum Schutz natürlicher Personen bei der Verarbeitung personenbezogener Daten und zum freien Datenverkehr". In: Amtsblatt der Europäischen Gemeinschaften, Vol. L 281(395L0046), Seiten 31–50, 1995.

[Euro02]   Europäisches Parlament und Europäischer Rat: "Richtlinie 2002/58/EC des Europäischen Parlaments und des Rates vom 12.07.2002 über die Verarbeitung personenbezogener Daten und den Schutz der Privatsphäre in der elektronischen Kommunikation (Datenschutzrichtlinie für elektronische Kommunikation)." In: Amtsblatt der Europäischen Gemeinschaften, Vol. L 201, Seiten 37–47, 2002.

[FoeB03]   FoeBuD e.V.: "BigBrotherAward Kategorie Verbraucherschutz". http://www.bigbrotherawards.de/2003/.cop, letzter Abruf 14.02.2009, 2003.

[Froo00]   Froomkin, A. M.: "The death of privacy?" In: Stanford Law Review, Vol. 52, Seiten 1461–1543, 2000.

[Gall88]   Gallier, J. H.: Logic for Computer Science. John Wiley and Sons, ISBN 0-471-60328-7, 1988.

[Gars03]   Garstka, H.: "Informationelle Selbstbestimmung und Datenschutz – Das Recht auf Privatsphäre". In: Bürgerrechte im Netz, Bundeszentrale für politische Bildung, Vol. 382, Seiten 48–70, 2003.

[GiMP06]   Giblin, C. J.; Mueller, S.; Pfitzmann, B.: "From Regulatory Policies to Event Monitoring Rules: Towards Model-Driven Compliance Automation". Tech. Report 3662, IBM Research GmbH, Zurich Research Laboratory, 2006.

[Grub93]   Gruber, T. R.: "A Translation Approach to Portable Ontology Specifications". In: Knowledge Acquisition, Vol. 5(2), Seiten 199–220, 1993.

[GüSK03]   Günes, M.; Spaniol, O.; Kähmer, M.: "Der Ameisenroutingalgorithmus für mobile multi-hop Ad-hoc-Netze". In: Praxis der Informationsverarbeitung und Kommunikation (PIK), Vol. 26(4), Seiten 203 – 209, 2003.

Literaturverzeichnis 151

[HaKr03] Hansen, M.; Krause, C.: "Selbstdatenschutz". In: Schriftenreihe, Vol. 382: Bürgerrechte im Netz, Seiten 127–161, 2003.

[HaMS06] Hamlen, K. W.; Morrisett, G.; Schneider, F. B.: "Computability classes for enforcement mechanisms". In: ACM Transactions on Programming Languages and Systems (TOPLAS), Vol. 28(1), Seiten 175–205, ISSN 0164-0925, 2006.

[Hend02] Henderson, H.: Privacy in the Information Age. Fitzhenry and Whiteside, ISBN 978-0816038701, 2002.

[Hewl09] Hewlett-Packard Development Company: "Jena: A Semantic Web Framework for Java". http://jena.sourceforge.net/, letzter Abruf 14.02.2009, 2009.

[HiBP05] Hilty, M.; Basin, D.; Pretschner, A.: "On Obligations". In: S. D. C. di Vimercati; P. F. Syverson; D. Gollmann (Editoren), Proceedings of 10th European Symposium On Research In Computer Security (ESORICS), *LNCS*, Vol. 3679, Seiten 98–117, Springer-Verlag, ISBN 3-540-28963-1, 2005.

[Hogb03] Hogben, G.: "Suggestions for long term changes to P3P". In: Proceedings of the W3C Workshop on the long term Future of P3P, 2003.

[Hogb04] Hogben, G.: "P3P Using the Semantic Web (OWL Ontology, RDF Policy and RDQL Rules)". Working Group Note, W3C, 2004.

[HPBS07] Hilty, M.; Pretschner; Basin, D.; Schaefer; et al.: "A Policy Language for Distributed Usage Control". In: Proceedings of the 12th European Symposium on Research in Computer Security, *LNCS*, Vol. 4734, Seiten 531–546, Springer-Verlag, ISBN 978-3-540-74834-2, 2007.

[HPSW06] Hilty, M.; Pretschner, A.; Schaefer, C.; Walter, T.: "Enforcement for Usage Control - A System Model and an Obligation Language for Distributed Usage Control". Tech. Report I-ST-20, DoCoMo Euro-Labs Internal, 2006.

[HuLZ01] Hu, X. R.; Lin, Z. X.; Zhang, H.: "Myth or reality: effect of trustpromoting seals in electronic markets". In: Proceedings of the Eleventh Annual Workshop on Information Technologies and Systems (WITS), Seiten 65–70, 2001.

[Iann02] Iannella, R.: "Open Digital Rights Language (ODRL) Version 1.1". Note, W3C, 2002.

[JoGr07] Johnson, C. M.; Grandison, T. W. A.: "Compliance with data protection laws using Hippocratic Database active enforcement and auditing". In: IBM Systems Journal, Vol. 46(2), Seiten 255–264, 2007.

[Kaga04] Kagal, L.: A Policy-Based Approach to Governing Autonomous Behavior in Distributed Environments. Dissertation, Faculty of the Graduate School of the University of Maryland, 2004.

[Kara08] Karagiannis, D.: "A Business Process-Based Modelling Extension for Regulatroy Compliance". In: Proceedings of the Multikonferenz Wirtschaftsinformatik (MKWI08), 2008.

[KaSH03] Karjoth, G.; Schunter, M.; van Herreweghen, E.: "Translating Privacy Practices into Privacy Promises – How to Promise What You Can Keep". In: Proceedings of the 4th IEEE International Workshop on Policies for Distributed Systems and Networks, Seite 135, IEEE Computer Society, ISBN 0-7695-1933-4, 2003.

[KaSW02] Karjoth, G.; Schunter, M.; Waidner, M.: "Platform for Enterprise Privacy Practices: Privacy-enabled Management of Customer Data". In: Proceedings of 2nd Workshop on Privacy Enhancing Technologies, *LNCS*, Vol. 2482, Seiten 69–84, Springer-Verlag, 2002.

[KCLC07] Kumaraguru, P.; Cranor, L.; Lobo, J.; Calo, S.: "A Survey of Privacy Policy Languages". In: Symposium On Usable Privacy and Security (SOUPS), 2007.

[KHLV07] Katifori, A.; Halatsis, C.; Lepouras, G.; Vassilakis, C.; et al.: "Ontology visualization methods – a survey". In: ACM Computing Surveys (CSUR), Vol. 39(4), 2007.

[Kobs07] Kobsa, A.: The Adaptive Web, Kapitel Privacy-Enhanced Web Personalization, Seiten 628–670. Springer-Verlag, 2007.

[KoSc03] Kobsa, A.; Schreck, J.: "Privacy through pseudonymity in user-adaptive systems". In: ACM Transactions on Internet Technology, Vol. 3(2), Seiten 149–183, 2003.

[KrKF04] Kreutzer, M.; Kähmer, M.; Falk, H.: "Service Discovery with Higher Order Services in Mobile Hospitals". In: Proceedings of the 17th IEEE Symposium on Computer-Based Medical Systems (CBMS), Seiten 460–465, ISBN 0-7695-2104-5, 2004.

[KrKS05]   Kreutzer, M.; Kähmer, M.; Scholler, H.: "Selbstheilende Dienstfindung für IT-Netze in mobilen Feldkrankenhäusern". In: Wirtschaftsinformatik (WI), Vol. 47(3), Seiten 196 – 202, 2005.

[KrKä04]   Kreutzer, M.; Kähmer, M.: "Ubiquitous Computing Technology in Infrastructureless Environments". In: Proceedings of IEEE International Conference on Systems, Man and Cybernetics (SMC), 2004.

[KuCr05]   Kumaraguru, P.; Cranor, L. F.: "Privacy Indexes: A Survey of Westin's Studies". Tech. Report CMU-ISRI-5-138, Institute for Software Research International, School of Computer Science, Carnegie Mellon University, 2005.

[KZBA07]   Kiyavitskaya, N.; Zeni, N.; Breaux, T. D.; Antón, A. I.; et al.: "Extracting rights and obligations from regulations: towards a tool-supported process". In: Proceedings of the 22nd IEEE/ACM International Conference on Automated Software Engineering, Seiten 429–432, ACM New York, ISBN 978-1-59593-882-4, 2007.

[KäAc07]   Kähmer, M.; Accorsi, R.: "Kundenkarten in hochdynamischen Systemen - Von einer Gefährdung zum Schutz der Privatsphäre". In: Proceedings of KiVS Workshop on Secure Network Configuration (NetSec2007), Seiten 21–26, ISBN 3-9522719-1-8, 2007.

[KäGi08]   Kähmer, M.; Gilliot, M.: "Extended Privacy Definition Tool". In: A. Heinzl; H.-J. Appelrath; E. J. Sinz (Editoren), Proceedings of the PRIMIUM Subconference at the Multikonferenz Wirtschaftsinformatik (MKWI) 2008, 2008.

[KäGM08] Kähmer, M.; Gilliot, M.; Müller, G.: "Automating Privacy Compliance with ExPDT". In: Proceedings of Tenth IEEE Conference on E-Commerce Technology (CEC08), Seiten 87–94, 2008.

[Kähm06]   Kähmer, M.: "Difference in Security Policies for Dynamic Systems". In: Proceedings of ETRICS Workshop on Security in Autonomous Systems (SecAS06), 2006.

[Kähm08]   Kähmer, M.: Long-Term and Dynamical Aspects of Information Security: Emerging Trends in Information and Communication Security, Kapitel Analysis of Privacy Policies for Dynamic Systems, Seiten 19–28. Nova Science Publishers, ISBN 978-1-60021-912-2, 2008.

[KöWF06]   Köpsell, S.; Wendolfsky, R.; Federrath, H.: "Recoverable Anonymity". In: Proceedings of International Conference on Emerging Trends in Information and Communication Security (ETRICS), *LNCS*, Vol. 3995, Seiten 206–220, 2006.

[LABW92]   Lampson, B.; Abadi, M.; Burrows, M.; Wobber, E.: "Authentication in Distributed Systems: Theory and Proctice". In: ACM Transactions on Computer Systems, Vol. 10(4), Seiten 265–310, 1992.

[Lams01]   van Lamsweerde, A.: "Goal-Oriented Requirements Engineering: A Guided Tour". In: Proceedings RE01, 5th IEEE International Symposium on Requirements Engineering, Seiten 249–263, 2001.

[Lang05]   Langheinrich, M.: Personal Privacy in Ubiquitous Computing. Dissertation, Swiss Federal Institute of Technology Zurich, 2005.

[Laue04]   Lauer, T.: Bonusprogramme - Rabattsysteme für Kunden erfolgreich gestalten. Springer-Verlag, ISBN 978-3540202417, 2004.

[LiWo06]   Litfin, T.; Wolfram, G.: Retailing in the 21st Century, Kapitel New Automated Checkout Systems, Seiten 143–157. Springer-Verlag, 2006.

[Loya08]   Loyalty Partner GmbH: http://www.loyaltypartner.com/, letzter Abruf 14.02.2009, 2008.

[MAHK07]   Müller, G.; Accorsi, R.; Höhn, S.; Kähmer, M.; et al.: Die Informatisierung des Alltags - Leben in smarten Umgebungen, Kapitel Sicherheit im Ubiquitous Computing: Schutz durch Gebote?, Seiten 127–142. Springer-Verlag, 2007.

[McHa04]   McGuinness, D. L.; van Harmelen, F.: "OWL Web Ontology Language – Overview". Recommendation, W3C, http://www.w3.org/TR/2004/REC-owl-features-20040210/, letzter Abruf 14.02.2009, 2004.

[MiBo00]   Milne, G. R.; Boza, M.-E.: "Trust and concern in consumers' perceptions of marketing information management practices". In: Journal of Interactive Marketing, Vol. 13(1), Seiten 5–24, 2000.

[Moir69]   Moir, E.: The Justice of the Peace. Penguin Books, UK, ISBN 978-0140209631, 1969.

[Mose05a]   Moses, T.: "eXtensible Access Control Markup Language (XACML) Version 2.0". Tech. Report, OASIS, 2005.

[Mose05b] Moses, T.: "Privacy policy profile of XACML v2.0". Tech. Report, OASIS, 2005.

[MuSa03] Murthi, B. P. S.; Sarkar, S.: "The Role of the Management Sciences in Research on Personalization". In: Management Science, Vol. 49(10), Seiten 1344–1362, 2003.

[MüAK05] Müller, G.; Accorsi, R.; Kähmer, M.: "Security in UbiComp: Protection through Commandments". In: Seventh International Conference on Ubiquitous Computing (UbiComp05), Poster Session, 2005.

[MüRo05] zur Mühlen, M.; Rosemann, M.: "Integrating Risks in Business Process Models". In: Proceedings of the 16th Australasian Conference on Infomation Systems (ACIS 05), 2005.

[NaSt08] Namiri, D.; Stojanovic, N.: "Towards a Formal Framework for Business Process Compliance". In: Proceedings of the Multikonferenz Wirtschaftsinformatik (MKWI08), 2008.

[NoMc01] Noy, N. F.; Mcguinness, D. L.: "Ontology Development 101: A Guide to Creating Your First Ontology". Tech. Report KSL-01-05, Stanford Knowledge Systems Laboratory, 2001.

[Noy03] Noy, N. F.: Handbook on Ontologies, Kapitel Tools for Mapping and Merging Ontologies, Seiten 365–384. Springer-Verlag, 2003.

[OECD80] OECD Organisation for Economic Co-operation and Development: "OECD Guidelines on the Protection of Privacy and Transborder Flows of Personal Data". http://www.oecd.org/document/18/0,2340,en_2649_34255_1815186_1_1_1_1,00.html, letzter Abruf 14.02.2009, 1980.

[Parr01] Parrott, D.: "Requirements for a Rights Data Dictionary and Rights Expression Language". http://xml.coverpages.org/Reuters-mpeg-response-v10-public.pdf, letzter Abruf 14.02.2009, 2001.

[PaSa04] Park, J.; Sandhu, R.: "The $UCON_{ABC}$ usage control model". In: ACM Transactions on Information and System Security (TISSEC), Vol. 7(1), Seiten 128 – 174, 2004.

[PhNF00] Phelps, J.; Nowak, G.; Ferrell, E.: "Privacy Concerns and Consumer Willingness to Provide Personal Information". In: Journal of Public Policy & Marketing, Vol. 19(1), Seiten 27–41, 2000.

[PrHB06] Pretschner, A.; Hilty, M.; Basin, D.: "Distributed Usage Control". In: Communications of the ACM, Vol. 49(9), Seiten 39–44, 2006.

[PRIM05] PRIME Project: "Requirements Version 1 – Part 2: Privacy Metrics and Service Level Agreements". https://www.prime-project.eu/prime_products/reports/reqs/, letzter Abruf 14.02.2009, 2005.

[RaSt06] Raub, D.; Steinwandt, R.: "An Algebra for Enterprise Privacy Policies Closed Under Composition and Conjunction". In: Proceedings of International Conference on Emerging Trends in Information and Communication Security (ETRICS), Seiten 132–146, 2006.

[Raub04] Raub, D.: Algebraische Spezifikation von Privacy Policies. Diplomarbeit, Universität Karlsruhe (TH), 2004.

[ReRu98] Reiter, M. K.; Rubin, A. D.: "Crowds: Anonymity for Web Transactions". In: ACM Transactions on Information and System Security, Vol. 1(1), Seiten 66–92, 1998.

[SaGN07] Sadiq, S. W.; Governatori, G.; Namiri, K.: "Modeling Control Objectives for Business Process Compliance". In: Business Process Management 2007 (BPM07), *LNCS*, Vol. 4714, Seiten 149–164, 2007.

[SaKä08] Sackmann, S.; Kähmer, M.: "ExPDT: A Policy-based Approach for Automating Compliance". In: Wirtschaftsinformatik (WI), Vol. 50(5), Seiten 366–374, DOI 10.1007/s11576-008-0078-1, 2008.

[SaSA06] Sackmann, S.; Strücker, J.; Accorsi, R.: "Personalization in Privacy-Aware Highly Dynamic Systems". In: Communications of the ACM, Vol. 49(9), Seiten 32–38, 2006.

[ScMH01] Schneider, F. B.; Morrisett, G.; Harper, R.: "A Language-Based Approach to Security". In: Informatics: 10 Years Back, 10 Years Ahead, Seiten 86–101, *LNCS*, vol. 2000, 2001.

[SKGL08] Sackmann, S.; Kähmer, M.; Gilliot, M.; Lowis, L.: "A Classification Model for Automating Compliance". In: Proceedings of Tenth IEEE Conference on E-Commerce Technology (CEC08), Seiten 79–86, 2008.

[Smit93] Smith, R. E.: "The law of privacy in a nutshell". In: Privacy Journal, Vol. 19(6), Seiten 50–51, 1993.

[SmMi96]   Smith, H. J.; Milberg, S. J.: "Information privacy: measuring individuals' concerns about organizational practices". In: MIS Quarterly, Vol. 20(2), Seiten 167–169, ISSN 0276-7783, 1996.

[Solo06]   Solove, D. J.: "A Taxonomy of Privacy". In: University of Pennsylvania Law Review, Vol. 154(3), Seiten 477–564, 2006.

[SpGB01]   Spiekermann, S.; Grossklags, J.; Berendt, B.: "E-privacy in 2nd generation E-commerce: privacy preferences versus actual behavior". In: Proceedings of the 3rd ACM conference on Electronic Commerce, Seiten 38–47, ISBN 1-58113-387-1, 2001.

[SPGK07]   Sirin, E.; Parsia, B.; Grau, B. C.; Kalyanpur, A.; et al.: "Web Semantics: Science, Services and Agents on the World Wide Web". In: Web Semantics: Science, Services and Agents on the World Wide Web, Vol. 5(2), Seiten 51–53, 2007.

[SrBh05]   Srikumar, K.; Bhasker, B.: "Personalised recommendations in e-commerce". In: International Journal of Electronic Business, Vol. 3(1), Seiten 4–27, 2005.

[Stan08]   Stanford Center for Biomedical Informatics Research: "Protégé-OWL Editor". http://protege.stanford.edu/, letzter Abruf 14.02.2009, 2008.

[StSa04]   Strücker, J.; Sackmann, S.: "New forms of customer communications: Concepts and pilot projects". In: Proceedings of the Americas Conference on Information Systems (AMCIS04), 2004.

[Swee02]   Sweeney, L.: "k-anonymity: a model for protecting privacy". In: International Journal on Uncertainty, Fuzziness and Knowledge-based Systems, Vol. 10(5), Seiten 557–570, 2002.

[SWKG07] Strüker, J.; Wonnemann, C.; Kähmer, M.; Gille, D.: "Managing the Deactivation Process of EPC Class-1 Generation-2 Tags in Retail Industry". Expert Report on Password Management for EPC Gen2 Tags for a German retail group, University of Freiburg, 2007.

[Syve03]   Syverson, P.: "The paradoxical value of privacy". In: Workshop on the Economics of Information Security (WEIS), 2003.

[TaHo03]   Tam, K. Y.; Ho, S. Y.: "Web Personalization: Is It Effective?" In: IT Professional, Vol. 5(5), Seiten 53–57, 2003.

[Tayl03]   Taylor, H.: "Most People Are Privacy Pragmatists Who, While Concerned about Privacy, Will Sometimes Trade It Off for Other Benefits". The Harris Poll No. 17, http://www.harrisinteractive.com/harris_poll/index.asp?PID=365, letzter Abruf 14.02.2009, 2003.

[TeKo04]   Teltzrow, M.; Kobsa, A.: Designing personalized user experiences in eCommerce, Kapitel Impacts of User Privacy Preferences on Personalized Systems: a Comparative Study, Seiten 315–332. Kluwer Academic Publishers Norwell, MA, USA, 2004.

[TiPe01]   Tichy, G.; Peissl, W.: Grundrechte in der Informationsgesellschaft, manu:script, Vol. ITA-01-01, Kapitel Beeinträchtigung der Privatsphäre in der Informationsgesellschaft, Seiten 22–48. Institut für Technikfolgen-Abschätzung, Österreichische Akademie der Wissenschaften, 2001.

[Tivo09]   "IBM Tvoli Sicherheitsmanager". http://www-01.ibm.com/software/tivoli/products/privacy-mgr-e-bus/, letzter Abruf 14.02.2009, 2009.

[Unit48]   United Nations (Vereinte Nationen): "The Universal Declaration of Human Rights". http://www.unhchr.ch/udhr/index.htm, letzter Abruf 14.02.2009, 1948.

[Unit74]   United States Department of Justice: "The Privacy Act of 1974". http://www.usdoj.gov/oip/privstat.htm, letzter Abruf 14.02.2009, 1974.

[WaBr90]   Warren, S. D.; Brandeis, L. D.: "The Right to Privacy". In: Harvard Law Review, Vol. 4(5), 1890.

[Weis91]   Weiser, M.: "The computer for the 21st century". In: Scientific American, Vol. 265(3), Seiten 94–104, 1991.

[West67]   Westin, A. F.: Privacy and Freedom. Atheneum, New York, NY, 1967.

[XTHT03]   Xu, Y.; Tan, B. C. Y.; Hui, K.-L.; Tang, W.-K.: "Consumer Trust and Online Information Privacy". In: Proceedings of International Conference on Information Systems 2003, Seiten 538–548, 2003.

[YuLA04]   Yu, T.; Li, N.; Antón, A. I.: "A formal semantics for P3P". In: Proceedings of the 2004 workshop on Secure web service within the Conference on Computer and Communications Security, Seiten 1–8, ISBN 1-58113-973-X, 2004.

[Zeyh08]　Zeyher, S.: Entwicklung eines Werkzeugs zur automatisierten Auswertung und Analyse von ExPDT-Datenschutzrichtlinien. Diplomarbeit, Universität Freiburg, 2008.

MIX
Papier aus verantwortungsvollen Quellen
Paper from responsible sources
FSC® C105338

If you have any concerns about our products,
you can contact us on
ProductSafety@springernature.com

In case Publisher is established outside the EU,
the EU authorized representative is:
**Springer Nature Customer Service Center GmbH
Europaplatz 3, 69115 Heidelberg, Germany**

Printed by Libri Plureos GmbH
in Hamburg, Germany